MANFRED GÖRG
DIE BEZIEHUNGEN ZWISCHEN DEM ALTEN ISRAEL
UND ÄGYPTEN

ERTRÄGE DER FORSCHUNG

Band 290

MANFRED GÖRG

DIE BEZIEHUNGEN ZWISCHEN DEM ALTEN ISRAEL UND ÄGYPTEN

Von den Anfängen bis zum Exil

WISSENSCHAFTLICHE BUCHGESELLSCHAFT
DARMSTADT

Einbandgestaltung: Neil McBeath, Kornwestheim.

Die Deutsche Bibliothek – CIP-Einheitsaufnahme

Görg, Manfred:
Die Beziehungen zwischen dem alten Israel und
Ägypten: von den Anfängen bis zum Exil /
Manfred Görg. – Darmstadt: Wiss. Buchges., 1997
(Erträge der Forschung; Bd. 290)
ISBN 3-534-08426-8

Bestellnummer 08426-8

Das Werk ist in allen seinen Teilen urheberrechtlich geschützt.
Jede Verwertung ist ohne Zustimmung des Verlages unzulässig.
Das gilt insbesondere für Vervielfältigungen,
Übersetzungen, Mikroverfilmungen und die Einspeicherung in
und Verarbeitung durch elektronische Systeme.

© 1997 by Wissenschaftliche Buchgesellschaft, Darmstadt
Gedruckt auf säurefreiem und alterungsbeständigem Werkdruckpapier
Satz: Setzerei Gutowski, Weiterstadt
Druck und Einband: Frotscher Druck GmbH, Darmstadt
Printed in Germany
Schrift: Linotype Garamond, 9.5/11

ISSN 0174-0695
ISBN 3-534-08426-8

INHALT

Zur Einführung 1

I. Das „vorisraelitische" Palästina und Ägypten 5
   1. Die Anfänge der Beziehungen 5
   2. „Asiaten" und „Nomaden" im Kontakt mit Ägypten . 8
   3. Attraktion und Ächtung Palästinas 13
   4. Die „Herrscher der Fremdländer" 19
   5. Ägyptische Dominanz im Werden 23

II. Das vorstaatliche „Israel" und Ägypten 39
   1. Bevölkerungsstruktur im Übergang 39
   2. Ramses II. – Prototyp des „Pharao" 51
   3. Merenptahs „Israel" 58
   4. Sethnacht – Pharao der Vertreibung 63
   5. Ramses III. – Die Philister 67

III. Das staatliche „Israel" und Ägypten 72
   1. Die Philister und David 72
   2. Salomo – Israels „Pharao" 75
   3. Die zwei Reiche und Ägypten 86
   4. Judas Reformer und Ägypten 95
   5. Das Exil und Ägypten 104

IV. „Israel" und „Ägypten" in biblischer Rückschau . . . 113
   1. Die „Väter Israels" und Ägypten 113
   2. Josef in Ägypten 117
   3. Das Exodusproblem 124
      a) Das „Credo" 124
      b) Die Formel 126
      c) Das Lied 127
      d) Die Erzählung 128
      e) Die geographischen Angaben 134
   4. Mose – „Ägypter" und „Hebräer" 142
      a) Der kanonische „Mose" 142

  b) Der historische „Mose" 143
  c) Der biblische „Mose" 145
 5. *JHWH* und der Weltgott in Ägypten 151

Auswahlbibliographie Israel – Ägypten 165
 Teilbibliographien 165
 Spezialreihe 165
 Monographien, Sammelwerke 165
 Historische Kontakte Palästinas 166
 Politische Kontakte Israels 170
 Sprachlich-literarische Beziehungen 172
 Ikonographische Beziehungen 175
 Väter- und Exodustraditionen 176
 Weisheits- und Kulttraditionen 181

Namen und Sachen 183

ZUR EINFÜHRUNG

Das Verhältnis Israels zu Ägypten ist ein Grundthema des Alten Testaments. Das die „Ältere Bibel" beherrschende Bekenntnis zu *JHWH* ruht auf dem Glauben an die „Herausführung" aus Ägypten. „Ägypten" erscheint denn auch überwiegend als ein Land der Unfreiheit, gilt als „Haus der Knechtschaft". Demgegenüber sieht die bekannte Erzählung von „Josef in Ägypten" das Land in einem ganz anderen Licht: Hier begegnet es als attraktive Region der faszinierenden Fremdheit, als Ort mit geheimnisvoller Vergangenheit, aber auch als Raum der internationalen Akzeptanz, voll von Humanität und Zukunftsfreude.

Diese Ambivalenz Ägyptens im Blickfeld der Bibel gründet in den wechselnden Erfahrungen, die Israel mit seinem westlichen Nachbarn machen mußte. Politische und kulturelle Verbindungen stehen mehr oder weniger deutlichen Abgrenzungsversuchen gegenüber.

Das Studium der „Beziehungen" kann nun nicht einfach mit der Bibel in der Hand betrieben werden. Vor allem können die ersten Schritte, die Israel in Palästina machen konnte und durfte, nicht in erster Linie nach den Angaben der Bibel mitvollzogen werden, denn gerade hier schaut die Bibel aus sehr viel späterer Zeit zurück. Die Anfänge biblischer Literaturgeschichte reichen frühestens in das zweite Viertel des 1. Jahrtausends v. Chr. zurück. In der fortgeschrittenen Königszeit beschreiben ihre Schriftsteller deutend und malend die überlieferten Kontakte zum Ausland und vergessen dabei nie, auf die gegenwärtigen Erfahrungen zu achten. Das Ägyptenbild der Bibel ist immer auch von der Perspektive der Schriftsteller her gezeichnet.

Für eine Erhebung der historischen Zusammenhänge bedarf es demnach zunächst der kritischen Informationssuche in zeitgenössischen Quellen, literarischen und nichtliterarischen Zeugnissen, die uns vor allem die Archäologie Palästinas und seiner Nachbarländer beschert hat. Dabei bleibt die Bibel die wichtigste Sekundärquelle, die uns erst eigentlich auf die Fragen nach dem historischen Hintergrund so mancher Erinnerungen etwa zum sogenannten Exodus oder zu den sagenhaften Verbindungen des Königs Salomo nach Ägypten aufmerksam macht.

Die vom Standpunkt des Historikers relativierte Position der Bibel hat soeben W. G. Davies auf den Punkt gebracht: „Today many scholars have come to see that 'ancient Israel' cannot be comprehended simply in terms of its own self-understanding but must be situated in its broader Palestinian and ancient Near Eastern context, including long-term settlement history" (EI 25, 1996, 25*).

Ohne hier eine Geschichte der Erforschung vorlegen zu wollen, sei doch auf das wachsende Interesse hingewiesen, das zunächst mit dem Aufkommen der Ägyptologie als einer sich allmählich emanzipierenden Wissenschaft verknüpft gewesen ist. Die Fragen der Exegeten nach den genaueren Umständen, den möglichen Hintergründen nämlich der spektakulären Geschehnisse um Israels Aufenthalt in Ägypten und den Exodus, führten Theologen und Ägyptologen zusammen.

Die Publikationen des 19. Jahrhunderts, wie etwa des Bibeltheologen E. W. Hengstenberg ›Die Bücher Mose's und Ägypten‹ nebst einer Beilage: ›Manetho und die Hyksos‹ (Berlin 1841) oder des Ägyptologen G. Ebers ›Aegypten und die Bücher Mose's. Sachlicher Commentar zu den aegyptischen Stellen in Genesis und Exodus‹ (Leipzig 1868), atmen noch dieses dringliche Interesse an unmittelbarer Verifikation und Vertiefung des in der Bibel mitgeteilten Wissens über Land und Leute Ägyptens. Je mehr Bibeltheologen und Ägyptologen freilich ihre eigenen Wege gegangen sind, um so weniger ist das ehedem verbindende Interesse bedacht worden; zu viel gab es zu tun, das eigene Terrain auszuschöpfen. Bezeichnend ist, wie ungern sich A. Alt an sein Frühwerk ›Israel und Ägypten. Die politischen Beziehungen der Könige von Israel und Juda zu den Pharaonen‹ (Leipzig 1909) erinnern ließ, obwohl darin nach wie vor richtige und wichtige Beobachtungen zu finden sind. Um so nötiger ist es festzustellen, daß nicht nur Alt selbst, sondern vor allem seine und des Ägyptologen S. Morenz Schüler S. Herrmann, nicht zuletzt mit seinen Schriften ›Israels Aufenthalt in Ägypten‹ (Stuttgart 1970) und: ›Geschichte Israels in alttestamentlicher Zeit‹ (München 1973), sowie H. Donner, vor allem mit seinem jüngsten Werk ›Geschichte des Volkes Israel und seiner Nachbarn in Grundzügen‹ (Göttingen 1995), dem Feld der Beziehungen ihr besonderes Interesse gewährt haben. Das jüngste deutschsprachige Werk von G. Pfeiffer ›Ägypten im Alten Testament‹ (München 1995) ist eine nützliche Bestandsaufnahme und Informationsgrundlage für alle, die das biblische Material in einer zusammenfassenden Überschau zur Kenntnis nehmen wollen.

Dennoch sind die Versuche dieses Jahrhunderts, dem Beziehungsfeld

---

* Die Abkürzungen erfolgen in diesem Erträge-Band nach: M. Görg – B. Lang, Neues Bibel-Lexikon (NBL) I, Zürich 1991, VII–XV.

Israel–Ägypten in einer Monographie gerecht zu werden, seltsam rar geblieben. Die Erforschung der asiatischen Nachbarschaft, das Studium vor allem der mesopotamischen und syrischen Informationsquellen gewann und gewinnt weithin immer noch die Oberhand. Ob man wegen der Annahme, das Paradies und die Wiege der Menschheit habe sich in Mesopotamien befunden, zumal auch das neue Israel aus dem babylonischen Exil hervorging, diesem Raum bevorzugt Untersuchungen angedeihen ließ? Konnte man sich da nicht auf die Perspektiven der Bibel selbst berufen? Bis zur Stunde gibt es noch genug Stimmen, die das Vorbild gerade für die Darstellungen der Anfänge von Kosmos und Mensch ausschließlich im Zweistromland suchen.

Das Land der Schöpfungslehren in Poesie und Prosa ist jedoch Ägypten. Die beiden Schöpfungstexte am Anfang des Alten Testaments profitieren in je besonderer Weise von diesem Erbe. Die rätselhafte Paradiesesgeographie in Gen 2,11–14 nennt als Ströme aus dem Garten Eden zunächst den Hauptfluß Ägyptens, den Nil, unter dem Kryptonamen Pischon, der zugleich die ganze Welt „umfließt", und den äußerlich so unbedeutenden Stadtbach Jerusalems, den Gihon, der Kusch, d. h. das Ägypten der Äthiopenzeit „umfließt", erst dann folgen die mesopotamischen Flüsse Tigris und Euphrat. Deutlicher kann man kaum die Präferenzen nennen. Auf dieser phantastischen Karte hat die Welt ihren Platz mit Jerusalem in der Mitte.

Eine Darstellung der Beziehungen kann letztlich nicht mehr als einen Einblick und eine Instruktion in die Fülle der vordergründigen und hintergründigen Kontaktebenen im Beziehungsfeld geben. Viele offene Fragen müssen Detailstudien vorbehalten bleiben. Die Schriftenreihe ›Ägypten und Altes Testament‹ (Wiesbaden, bisher 40 Bände) hat sich zur Aufgabe gesetzt, Ägyptologie und Bibelwissenschaft wieder einander näherzubringen und den Informationsaustausch aktueller zu gestalten.

Auch die folgenden Ausführungen haben weit längere Zeit beansprucht, als beabsichtigt war. Die Arbeit am Material hat immer wieder Fragen ausgemacht und nach überzeugenderen Antworten auf die altbekannten Rätsel suchen lassen, um gleich wieder auch dunkle Felder mit neuen Unbekannten zu eröffnen. Dies wird auch weiterhin so sein.

Dies diem docet.

I. DAS „VORISRAELITISCHE" PALÄSTINA UND ÄGYPTEN

1. Die Anfänge der Beziehungen

Die Anfänge des Interesses Ägyptens an Palästina müssen im Kontext der frühen Beziehungen Ägyptens zum vorderasiatischen Raum überhaupt betrachtet werden. Gegenüber den syrisch-mesopotamischen Kontakten mit Palästina fallen die Primärverbindungen Ägyptens mit Palästina allerdings stärker ins Gewicht.[1] Ägypten tritt hier allem Anschein nach zunächst nicht mit einem demonstrativen Anspruch auf politische Dominanz verbunden mit militärischer Kontrollgewalt auf, sondern operiert auf den Wegen ökonomischer Kontaktnahme. Dazu ist Palästina zwar das Ägypten nächstgelegene Kulturland auf dem Boden des anderen Kontinents, aber keine politische Einheit, die machtpolitischen Ansprüchen Ägyptens geschlossen hätte begegnen können. Zentralpalästina ist nach dem bisherigen Befund von frühägyptischer Kontaktnahme weitestgehend unberührt geblieben. Die allerersten Berührungen haben allem Anschein nach den Raum Südpalästinas zum Schauplatz. Die Migrationsbewegungen der Frühphase vollziehen sich von Ägypten nach Palästina, aber auch, vielleicht sogar in größerem Ausmaß, in gegenteiliger Richtung, wie nichtägyptische Keramik im Deltagebiet anzeigt.[2] Die ökonomische Prärogative läßt denn auch die These begründet erscheinen, als sei mit einem in früher Zeit überwiegend gewaltfreien Nebeneinander der Kulturzonen zu rechnen.

Dennoch steht nach wie vor zur Diskussion, unter welchen Begleiterscheinungen der offenbar zur fortgeschrittenen FB I-Zeit, d.h. dem Beginn der ägyptischen Thinitenzeit (1. und 2. Dynastie), intensivierte Zustrom ägyptischer Einwanderer vonstatten gegangen ist. Hier kann mit

---

[1] Vgl. W. E. Rast, Palestine in the 3rd Millennium. Evidence for Interconnections, Scripta Mediterranea I, Toronto 1980 (5–20), 6: „During EB I Palestinian assemblages and features suggest greater contacts with the Sinai and Egypt and less with Syria and Mesopotamia." Zuletzt: A. P. Largacha, Some Reflections on Trade Relations between Egypt and Palestine (IV–III Millenia), GM 145, 1995, 83–94 (mit Literatur).

[2] Vgl. dazu u.a. P. Lapp, Bab edh-Dhra' Tomb A 76 and Early Bronze I in Palestine, BASOR 189, 1968, 31. Rast, Palestine, 9.

Indizien operiert werden, die nicht mehr ausschließlich an einen schiedlich-friedlichen Handelsverkehr denken lassen, sondern auch den Gedanken an gelegentliche militärische Aktivitäten der Ägypter und damit an eine zumindest zeitweilige politische Dominanz nahelegen.[3]

Die möglichen Hinweise auf militärische Präsenz der Ägypter in Südpalästina verbinden sich bereits mit der Gestalt des Narmer.[4] Die bekannte Schminkpalette dieses Pharao zeigt u. a. eine Szene, die als Darstellung umfriedeter Anlagen interpretiert worden ist, wie diese unter dem Namen „desert kites" der Forschung geläufig sind.[5] Die jedoch noch keineswegs überzeugend gelungene Identifikation des fraglichen Objekts auf der Palette verbietet einstweilen die Annahme der Szene als Beweisstück für einen Feldzug Narmers nach Südpalästina. Dieser Vorbehalt wird um so mehr gelten dürfen, als die Möglichkeit einer symbolischen Darstellung gegnerischer Anlagen nicht zwingend auch mit einer historischen Überwältigung rechnen läßt, eine Beobachtung, die freilich erst für einschlägige Texte und Szenen des Mittleren und Neuen Reichs als Warnsignal vor eilfertiger Datierung ägyptischer Eroberungen in Palästina Geltung zu finden pflegt. Ein militärisches Unternehmen des Narmer in Südpalästina kann natürlich auch nicht durch die Identifikation von Gefäßritzungen mit seinem Namen aus Tel 'Erani (Tel Gat), Raphia und Arad bestätigt werden.[6]

Dennoch ist nicht auszuschließen, daß es schon während der 1. Dynastie im Zuge des Handelsverkehrs zu Expeditionen mit militärischem Begleitschutz und auch zu gelegentlichen Beutezügen der Ägypter in Palästina gekommen ist, die freilich nicht auf eine kontinuierliche militärische und politische Dominanz während der 1. Dynastie schließen

---

[3] Vgl. dazu u.a. R. Gophna, Egyptian Immigration into Southern Canaan during the first Dynasty?, TA 3, 1976, 31–37. R. Amiran, Early Arad. The Chalcolithic Settlement and Early Bronze City I, Jerusalem 1978, 51 f. Zweifel äußern u.a. Rast, Palestine, 9 und zuletzt W. Helck, Untersuchungen zur Thinitenzeit (ÄgAbh 45), Wiesbaden 1987, 130–132.

[4] Vgl. dazu Y. Yadin, The Earliest Record of Egypt's Military Penetration into Asia?, IEJ 5, 1955, 1–16. W.A. Ward, The Supposed Asiatic Campaign of Narmer, Mélanges de l'Université Saint-Joseph de Beyrouth 45, 1969, 296–310.

[5] Vgl. dazu u.a. Z. Meshel, New Data about the „Desert Kites", TA 1, 1974, 129–143.

[6] Vgl. dazu u.a. R. Amiran, An Egyptian Jar Fragment with the Name of Narmer from Arad, IEJ 24, 1974, 4–12. Zum Nachweis der Präsenz Narmers in Palästina vgl. auch Yadin, Record, 1–16. S. Yeivin, Early Contacts between Canaan and Egypt, IEJ 10, 1960, 193–203. Rest, Palestine, 8 mit Anm. 18. Helck, Thinitenzeit, 130 (mit Lit.).

lassen. Nach dem Befund der Strata I–IV in Arad und vergleichenden Beobachtungen an anderen Grabungsstätten Südpalästinas, vor allem in Tel ʿErani, dürfte damit zu rechnen sein, daß zumindest der Verlauf der 1. Dynastie, d. h. FB I und FB II, von einer relativen Kontinuität von Wirtschaftsbeziehungen gekennzeichnet ist, womöglich in der Gestalt einer „trade relationship depending on and mixed with raiding activities"[7].

Von dem wachsenden Handelsverkehr während der FB II-Periode legen vor allem die zahlreichen Belegstücke der sog. „Abydos-Ware" Zeugnis ab, die nach der gleichgestaltigen und zeitgleichen Keramik in Abydos benannt sind.[8] Die Abfolge der FB II-Schichten in Arad entspricht in etwa den Regierungszeiten der frühdynastischen Könige Djer bis Qaʾa, wobei Pharao Den allem Anschein nach die längste Phase zukommt, einem König, der vielleicht auf dem Palermostein mit dem „Schlagen der *Jwn.tjw*" in Verbindung gebracht wird, d. h. mit feindlichen Gruppen aus dem Osten, die unter diesem Namen schon zu Beginn der protodynastischen Zeit semitisch-nomadische Aggressoren des Ostdeltagebietes darzustellen scheinen.[9] Ob mit dieser Bezeichnung auch militante Formationen aus Palästina gemeint sein können, muß allerdings noch offenbleiben, wenn auch Anzeichen einer mit ägyptischen Interessen kollidierenden Bewegung semitischer Gruppen in den Sinai greifbar sind, die auch das Deltagebiet heimgesucht haben mögen. Es ist demnach durchaus denkbar, daß vereinzelte Operationen ägyptischer Dynasten der Frühzeit auf dem Boden Südpalästinas als Anlaß für oder als Antwort auf Bewegungen palästinischer Gruppen in unmittelbare Hoheitsgebiete der Ägypter gedient haben.

Der einstweilen zugängliche Befund offenbart einen Sachverhalt, der als relativ ausgeglichenes Beziehungsverhältnis zu qualifizieren ist: Von einer absoluten Dominanz einer Seite kann nicht die Rede sein.

Mit dem Verlauf der der 1. Dynastie entsprechenden Periode in Palästina ist indessen eine Relation sozusagen vorprogrammiert, die die Geschichte der beiden Kulturräume in ihren Berührungspunkten auf weite Strecken hin bestimmt. Handelsbeziehungen gehen mit beidseitigen Operationen aggressiver Natur parallel, ja sogar konform, weil eines

---

[7] Amiran, Early Arad, 119, Anm. 68. Zum Aussagewert der „flint assemblage" in Tel ʿErani vgl. S. A. Rosen, A Preliminary Note on the Egyptian Component of the Chipped Stone Assemblage from Tel ʿErani, IEJ 38, 1988, 105–116.

[8] Dazu Amiran, Early Arad, 115 f.

[9] Vgl. dazu W. Helck, Die Beziehungen zwischen Ägypten und Vorderasien im 3. und 2. Jahrtausend v. Chr. (ÄgAbh 5), Wiesbaden 1969, 361 f.

das andere zu bedingen scheint. Auch in der langdauernden Folgezeit ist die Machtbefugnis der Ägypter auf dem Boden Palästinas zu keinem Zeitpunkt und erst recht nicht kontinuierlich ungefährdet geblieben, wie auch Ägypten selbst bis über das Neue Reich hinaus immer wieder vom Andrang semitischer Gruppen auch palästinischer Provenienz betroffen war.

Die ägyptische Präsenz vor allem in der FB II-Zeit hat allem Anschein nach einen bedeutsamen und für die Kulturgeschichte Palästinas äußerst relevanten Prozeß im Gefolge. Die archäologischen Daten liefern „sufficient data for a beginning of an understanding of the process of urbanization in Canaan, the physical characteristics of a city in Canaan in that early phase of urban living, its economical factors and some hints to the higher culture of the population of Canaan"[10]. Der Handelsaustausch führte zur wirtschaftlichen Verselbständigung, die potentielle Gefährdung durch weitergehende Operationen der Ägypter zur Befestigung und Sicherung der Wohnbezirke, eine Entwicklung, die der Heranbildung einer Stadtkultur auf dem Boden Palästinas nur nützlich sein konnte. Damit sind frühzeitig schon jene Strukturen geschaffen, die der späteren eisenzeitlichen Urbanisierung unter dem Eindruck Israels und den spezifischen interkulturellen Kontakten mit Ägypten in der Königszeit vorausgreifend die Wege ebnen. Aus heutiger Sicht mag der frühbronzezeitlichen Urbanisierung unter dem Einfluß Ägyptens vielleicht sogar eine modellhafte Grundstruktur für das Phänomen Stadtbildung überhaupt zuerkannt werden.

2. „Asiaten" und „Nomaden" im Kontakt mit Ägypten

Wie viele Grenzzonen des Alten Orients und Ägyptens ist auch Südpalästina ein Bereich, der Kulturraum und Wüstengegend umfaßt und die Koexistenz schon seßhafter und noch oder bleibend nomadischer Gruppen ermöglicht. Es sollte von vornherein bedacht werden, daß nach den vorliegenden Informationen von einer zwingend gegebenen Konfrontation zwischen den beiden Bevölkerungsteilen nicht die Rede sein kann. Im Gegenteil: Auch der südpalästinische Raum kennt ein Neben- und Ineinander beider Lebensformen, so daß mit der vermeintlichen Alternative „seßhaft" – „nicht seßhaft" kein Kriterium für eine klassensoziologische Beurteilung der Verhältnisse gewonnen ist.[11]

---

[10] Amiran, Early Arad, 115.
[11] Zur Differenzierung des „Nomadentums" vgl. u.a. H. Donner, Ge-

Auch die Ägypter haben allem Anschein nach hier zunächst keine Differenzierung betrieben, wenn man ihre frühe Terminologie für die östlichen Nachbarn unter die Lupe nimmt. Der Ausdruck *jwn.tjw* (wohl „Pfeilerleute")[12] läßt sich nicht notwendig von vornherein auf nomadische Anwohner in „Reinkultur" deuten, wenn sich auch eine spätere Verschiebung des Aufenthaltsbereichs im Ostdeltarandgebiet zum nubischen Süden hin darzustellen scheint. Gegenüber dieser in der Frühzeit noch nicht ganz eindeutig und räumlich fixierbaren Bevölkerungsgruppe sind die ebenfalls schon in der protodynastischen Zeit erwähnten Bewohner „Asiens", wie der im abydenischen Grab des Qa'a dargestellte und durch die Beischrift *St.t* als „Asiat" ausgewiesene Gefangene,[13] klarer definierbar als nordwärts des Sinai ansässige Leute, obwohl auch hier eine sichere Abgrenzung von der nomadischen Bevölkerung Südpalästinas nicht möglich erscheint. Die äußeren Kennzeichen, von denen als wichtigste Vollbart und lange Haartracht genannt seien, lassen einen charakteristischen Unterschied zu den Nomadenillustrationen, sofern diese überhaupt identifizierbar sind, nicht erkennen. Dieser Eindruck darf wenigstens für die Sicht der Ägypter des frühen Alten Reichs festgehalten werden.

Nach dem bisherigen Befund der archäologischen Arbeit in Palästina und dem vorliegenden Inschriften- bzw. Illustrationsbestand aus Ägypten spricht zwar nichts gegen eine Fortführung des einmal begonnenen Handelsverkehrs auch in der 2. bis 4. Dynastie bzw. in FB III,[14] doch zeigt sich gemessen an der Konzentration der Zeugnisse in der 1. Dynastie eine alsbaldige gewisse Reduktion des politischen Interesses, die vielleicht mit den vor allem während der 4. Dynastie erkennbaren Entwicklungen innerhalb Ägyptens zusammenhängen könnte.[15] Dafür mehren sich die Indizien für eine weitere Aktivierung der Beziehungen im Verlaufe der 5. und 6. Dynastie, die vor allem noch eindeutiger die

schichte des Volkes Israel und seiner Nachbarn in Grundzügen I, 2. Aufl., Göttingen 1995, 54f. E. A. Knauf, Midian. Untersuchungen zur Geschichte Palästinas und Nordarabiens am Ende des 2. Jahrtausends v. Chr., Wiesbaden 1988, 7, Anm. 42 (mit Lit.).

[12] Zur Position der *jwn.tjw* vgl. u. a. L. Borchardt, Das Grabdenkmal des Königs Sa3hu-Reʿ II: Die Wandbilder, Berlin 1913 (Nachdruck: Osnabrück 1981), 80f. Helck, Beziehungen.

[13] Dazu zuletzt Helck, Thinitenzeit, 132 mit Anm. 19.

[14] Dazu u. a. Rast, Palestine, 11–14.

[15] Nach Rast, Palestine, 6 scheint das Gewicht der kulturellen Kontakte „during EB III, and continuing in EB IV ... to have shifted strongly in the direction of Syria and possibly Mesopotamia".

Grundmuster und Entwicklungslinien im Verhältnis der beiden Kulturräume für die Folgezeit festschreiben und dabei auch schon vorausgreifend die geographischen Wohn- bzw. Aufenthaltsbereiche nennen, von denen eine spezifische Kontaktnahme mit Ägypten bis in die israelitische Zeit hinein angenommen werden muß.

Die „Asiaten" der 5. Dynastie treten unter der Bezeichnung *Mnṯw* (vielleicht die „Wilden") als militante Opfer des Königs Sahure und Niuserre textlich und ikonographisch in Erscheinung.[16] Es ist denkbar, daß sie gewissermaßen die Nachfolge der *Jwn.tjw* im Gebiet östlich des Deltas angetreten haben, doch ist hier wahrscheinlich nur eine vorgerückte Vertretung jener wohl schon durch die Namengebung als aggressiv qualifizierten Bevölkerung Palästina-Syriens anzusetzen. Die *Mnṯw*-Leute haben gewiß der offenbar während der 5. Dynastie intensivierten Bergbautätigkeit der Ägypter und den Expeditionen in den Sinai speziellen Widerstand entgegengesetzt, nicht zuletzt wohl in eigenem wirtschaftlichen Interesse. Die während der FB III-Zeit ausgebaute Siedlungstätigkeit in Südpalästina hat selbstverständlich auch die ökonomischen Bedürfnisse dieses Raums anwachsen lassen, so daß die *Mṯnw*-Leute im Bereich des Sinai eigene Nutzungsräume suchen mußten. Von der Ebene des ehemaligen Handelsverkehrs verlagert sich das Beziehungssystem während der 5. und 6. Dynastie zunehmend auch auf das Feld militärischer Auseinandersetzungen, die in Südpalästina vorwiegend um die Sicherung der jeweiligen Interessen im Sinaigebiet geführt worden sein dürften.

Mit der Bezeichnung *wn.t* („Festung") werden spätestens seit der 5. Dynastie Anlagen als Expeditionsziele belegt, die allem Anschein nach ihren Ort in Südpalästina haben. Der Aktenschreiber *K3-ʿpr*[17] führt nicht nur den Titel eines „Militärschreibers des Königs auf der Türkisterrasse" mit der Kompetenz eines Aufsehers im Sinaigebiet, sondern auch die Bezeichnung eines „Militärschreibers des Königs in *Wn.t*, in *Srr*, in *Tp3*, in *Jd3*", von welchen Orten womöglich wenigstens *Wn.t* und *Jd3* „Grenzgebiete im Nordosten von Ägypten" darstellen. *Wn.t* erscheint offenbar hier wie auch vereinzelt zuvor noch als „Festung(sgebiet)", um dann in der 6. Dynastie, vor allem in der Biographie des *Wnj*[18] auf die Behausungen der „Asiaten, die in den fruchtbaren Ge-

---

[16] Vgl. hierzu u.a. Borchardt, Sa3hu-reʿ, 80f. Zu Sahure als Bezwinger „Asiens" (*stt*) vgl. u.a. R. Giveon, BASOR 232, 1978, 76f. und E. Edel, BASOR 232, 1978, 77f.

[17] Zum Folgenden Helck, Beziehungen, 16.

[18] Dazu Helck, Beziehungen, 16f. Zum Text der Biographie vgl. u.a. J. Osing, Zur Syntax der Biographie des Wnj, Or 46, 1977, 165–182.

bieten Palästinas wohnen", Anwendung zu finden. Die Züge nach Südpalästina dürften nicht erst zu dieser Zeit auf dem Landwege durchgeführt worden sein. Nach Ausweis der großen Inschrift des *Wnj* begegnen die Bewohner Südpalästinas, d. h. die Asiaten des *wn.t*-Bezirkes den Ägyptern unter der Bezeichnung ʿ*3mw*, die sich in der Folgezeit immer mehr zur Kenntlichmachung der „Asiaten" überhaupt ausweitet und durchsetzt.

Neben den fünf zu Lande durchgeführten Zügen nach Palästina findet bei *Wnj* auch ein Seeweg Erwähnung, der zur Landung und Eroberung eines Gebietes unter Kontrolle von Räubern von der „Gazellennase"[19] führt, d. h. eines Bereiches, der vielleicht den Karmel meint und als strategisch wichtiger Vorsprung unter der Einflußgewalt von Bewohnern des Hinterlandes steht. Mit der Nennung einer Seefahrt an das Gestade Palästinas kommt der Zugang von See her überhaupt in den Blick, und damit auch die Möglichkeit, Nordpalästina strategisch günstig zu erreichen. Ob die Festungsdarstellungen in den Gräbern des *K3-m-ḥs.t*[20] in Sakkara bzw. des *Intj* in Deshasheh (6. Dynastie), deren Ausführung trotz der Unterschiede wohl „auf die gleiche Vorlage" zurückgeht, über den asiatischen Bezug hinaus konkret palästinische Verhältnisse illustrieren, muß wegen der symbolischen Deutungsmöglichkeit offenbleiben. Eine sichere Identifikation ist auch für das in der Inschrift des *Intj* zitierte *Ndj3* (determiniert mit der Festung) noch nicht gelungen, wenngleich am ehesten an eine nordpalästinische Lokalisation zu denken sein wird.

Wenn in der Inschrift des *Ppj-nḫt* „Asiaten des Nomadengebietes" (ʿ*3mw ḥrj-š*) zitiert werden, die einer ägyptischen Expedition zur Katastrophe werden, sollte man in der Tat an nomadische Stämme des Libanon denken, d. h. an räuberische Bewohner des Hinterlandes von Byblos, welche Stadt als Zentrum des Holzhandels mit Ägypten gewiß Zielpunkt der Reise war. Die gleiche Lokalisierung darf man dann aber auch für den in der Beischrift zu einer Kampfszene am Aufweg zur Pyramide des Unas in Sakkara fragmentarisch erhaltenen Frühbeleg der sog. *Š3św*-Beduinen veranschlagen oder zumindest nicht ausschließen, die gewöhnlich und wie selbstverständlich von vornherein als Nomaden Südpalästinas deklariert werden. Eine ausschließliche Festlegung der Aufenthaltsbereiche der *Š3św* kann allem Anschein nach bis

---

[19] Vgl. dazu Osing, Wnj, 173. 181, der jedoch keine Identifikation vorschlägt. Anders E. Edel, Ägyptische Namen für vorderasiatische Orts-, Berg- oder Flussbezeichnungen, EI 15, 1981, 10–12, der sich für den Karmel entscheidet.

[20] Näheres bei Helck, Beziehungen, 20f.

zur 19. Dynastie nicht nur mit dem Blick auf Südpalästina betrieben werden.[21] Eher ist denkbar, daß die *Š3św* als eine Formation begriffen werden muß, die von Haus aus in Nordpalästina/Syrien „beheimatet" ist und sich erst sehr viel später (wohl zu Beginn der 19. Dynastie) – vielleicht auf äußeren Druck von Nordosten her – auch in Südpalästina bemerkbar gemacht hat.

Byblos[22] ist offenbar, wenn auch erst in der 6. Dynastie erstmals in ägyptischen Texten zitiert, die „Anlaufstelle" und der bereits traditionelle Vermittlungsplatz zwischen Palästina und den von See her kommenden Ägyptern. Dabei ist noch umstritten, ob Byblos im beiderseitigen Handel zunächst eine tonangebende Rolle spielte, um erst später die ökonomische Initiative den Ägyptern zu überlassen, die mehr und mehr an Holzlieferungen aus dem Libanon interessiert waren.

„Asiaten" und „Nomaden" erscheinen demnach während des Verlaufs des Alten Reichs bzw. von FB II/III im besonderen unter nicht exakt voneinander abgrenzbaren Bezeichnungen vor allem in Süd- und Nordpalästina, wobei im ersten Falle dem Landweg, im zweiten dem Seeweg der Vorzug gegeben worden sein dürfte. Dies könnte zugleich bedeuten, daß Mittelpalästina während des Alten Reichs wenigstens nicht bevorzugt in den Genuß von Kontakten mit Ägypten gekommen ist.

Für das gegenseitige Verhältnis von „Asiaten" und „Nomaden" kann weder aus der Terminologie noch aus dem Kontextbefund eine Beobachtung gewonnen werden, die über den offenbaren Tatbestand hinausführt, daß die „Nomaden" gelegentlich als Teil der „Asiaten" aufgefaßt zu werden scheinen. Von einer Zäsur zwischen seßhaften und mobilen Bevölkerungsteilen kann jedenfalls nicht die Rede sein.

Der Wechsel der Nomenklatur im Blickfeld der Ägypter verlangt freilich eine Erklärung, die vielleicht am ehesten mit dem wellenartigen Vordringen wandernder Gruppen aus dem Norden mit variierendem Erscheinungsbild versucht werden kann.

---

[21] Dazu M. Görg, Zur Geschichte der *Š3św*, Or 45, 1976, 424–428.
[22] Zur Bedeutung des Ortes für die Beziehungen M. Görg, Byblos, NBL I, 359f.

3. Attraktion und Ächtung Palästinas

Mit dem Niedergang des Alten Reichs und den Ereignissen der 1. Zwischenzeit kommen auch die Beziehungen Palästinas nach Ägypten zu einem einstweiligen Stillstand.[23] Die archäologischen Daten der frühen Mittleren Bronzezeit Palästinas (MB I), die in etwa dem Beginn des Mittleren Reichs bzw. den Frühphasen der 12. Dynastie entspricht, lassen zudem erkennen, daß auch nach der erneuten Reichseinigung in Ägypten noch nicht unmittelbar Anlaß bestand, die Beziehungen der 5. und 6. Dynastie nach Palästina in vergleichbarem Maß wiederaufzunehmen.

Statt dessen wird gemeinhin die Überzeugung vertreten, mit der Periode MB IIA und der dazu parallelen Verlaufszeit des Hauptteils der 12. Dynastie habe eine intensive und extensive Präsenz Ägyptens auf palästinischem Boden eingesetzt, die wie selbstverständlich auch von einer politisch-militärischen Dominanz Ägyptens über Palästina reden lassen.[24]

Der archäologische Befund an den für MB IIA ergiebigen Grabungsstätten in Nordpalästina (Megiddo, Bet-Schean, Nahariyeh, Safed) und Süd- bzw. Mittelpalästina (Tell el-'Aǧul/Scharuhen), Gezer, Neby Rubin, Dharat el Humraiya, Tell Aviv, Ras el-'Ain, Tell el-Far'ah, Khirbet Kufin, Jericho) vermittelt allem Anschein nach keine Indizien für ein Wiederaufleben des Handelskontaktes zwischen Ägypten und Palästina, da sich keine Importware nachweisen läßt. Es gilt nicht zuletzt zu bedenken, daß Objekte mit scheinbar ägyptischer Provenienz ihre Gestalt lediglich auch aufgrund langfristiger Imitation auf palästinischem Boden erhalten haben können. Unmittelbare Kontakte mit Ägypten werden weder in MB IIA noch in der Übergangsperiode MB IIA/B greifbar. Mit Recht ist auch darauf hingewiesen worden, daß die Aegyptiaca der 12. Dynastie „nur selten *in situ* vorgefunden wurden"[25].

---

[23] Zu den Auswirkungen des Zerfalls des Alten Reichs im asiatischen Ausland vgl. M. Görg, Bronzezeit, NBL I (328–331), 328. Zur Problematik des Übergangs in die Mittlere Bronzezeit und der palästinischen Entsprechung zur ägyptischen 1. Zwischenzeit vgl. u. a. S. Richard, The Early Bronze. The Rise and Collapse of Urbanism, BA 1987, 22–43 und zuletzt Redford, Egypt, 64 f.

[24] So vor allem W. F. Albright, JPOS 15, 1935, 221; BASOR, 168, 1962, 39 u. ö. Dazu Redford, Egypt, 76. Vgl. auch Helck, Beziehungen, 38–43. G. Posener, Syria and Palestine during the Twelfth Dynasty, CAH I/2, 1971, 537–550. D. Wildung, Sesostris und Amenemhet: Ägypten im Mittleren Reich, 1984, 184 ff.

[25] Weippert, Palästina, 208, die sich der weitergehenden Skepsis von Weinstein und Helck jedoch nicht anschließt (Anm. 8).

Der Versuch einer Rekonstruktion der Kontaktebenen und Verkehrswege in Palästina während der Periode MB II A kann auf den relativ spärlichen Befund an den Orten entlang der traditionellen Südroute nach Palästina mit dem Weg durch den Sinai und die Küstenebene bis zur Höhe des Karmel (Megiddo) verweisen, wobei die abseits liegenden Stätten, wie Lachisch, Khirbet Kufin, Jericho etc., so gut wie überhaupt nicht berührt wurden.[26] Dafür aber scheint der von Byblos ausgehenden Nordroute nach Nordpalästina wiederum mit dem ungefähren Endpunkt Megiddo mehr Gewicht zuzukommen, da der Befund von Sin el-Fil, Kafer Garra und Nahariyeh beispielsweise eine relative Konzentration ägyptischer Importware zeigt.[27]

Insgesamt scheinen bislang nicht mehr als fünfzig ägyptische und ägyptisierende Stücke aus MB IIA bzw. MB IIA/B in Palästina zutage getreten zu sein: Meist handelt es sich um Skarabäen und kleine Steingefäße.[28] Wie hier, so ergibt sich auch aus dem Bestattungsmodus dieser Zeit kein Indiz für die Präsenz von Ägyptern. Aus alledem läßt sich entnehmen, daß die Behauptung einer ägyptischen Vorherrschaft in Palästina keine genügende Basis hat, um so mehr, als eine Anzahl scheinbar in die angehende Zeit weisende Objekte aus späterem Kontext geborgen worden ist. Immerhin gestattet vor allem der Befund der Skarabäen die Feststellung, daß das Ende der Periode MB IIA mit der frühen 13. Dynastie übereinkommt und der Übergang zu MB IIB frühestens in der 2. Hälfte des 18. Jahrhunderts vonstatten ging. Eine weitere Bestätigung für diese relative Chronologie liefert das bisherige Grabungsergebnis von Tell el-Dabʿa im Ostdelta, wo MB IIA-Keramik und metallene Objekte in Strata der 13. Dynastie belegt sind.[29] Daraus mag sich auch entnehmen lassen, daß palästinische Präsenz in Ägypten offenbar erst mit der späten 12. Dynastie einsetzt.

[26] Vgl. dazu Weippert, Palästina, die mit Recht bezweifelt, daß „während der Mittelbronze IIA-Zeit die ägyptische Herrschaft tief in das Landesinnere hineinreichte" (209). Zum Vergleich der (unterschiedlichen) Befunde in der Scharon-Ebene und in Megiddo vgl. u. a. P. Beck, The Pottery of the Middle Bronze Age IIA at Tel Aphek, TA 2, 1975 (45–85) 82 mit Anm. 8.
[27] Zur Bedeutung der syrisch-palästinischen Küste unter ägyptischem Einfluß u. a. Weippert, Palästina, 206.
[28] Vgl. dazu u. a. auch Weippert, Palästina, 209.
[29] Vgl. M. Bietak, Avaris and Piramesse: Archaeological Exploration in the Eastern Nile Delta (Mortimer Wheeler Archaeological Lecture 1979), Oxford 1981, 235f. Ders., Problems in Middle Bronze Age Chronology: New Evidence from Egypt, AJA 88, 1984, 471–485. Ders., Avaris. The Capital of the Hyksos. Recent Excavations at Tell el-Dabʿa, London 1996, 9ff.

Die palästinische Kleinkunst in MB I und IIA zeigt nach den neueren Sondierungen neben bodenständiger Dekoration von Skarabäenunterseiten u. a. mit nackten Frauengestalten („Zweiggöttin"), die auf die Verehrung einer dominierenden Muttergottheit deuten lassen können,[30] oder mit dem „Omega"-Zeichen einer wohl gleichgerichteten Symbolik[31] auch deutliche Inspiration aus Ägypten, wie etwa die Darstellungen der Schutzgottheit der Schwangeren („Nilpferdgottheit"), die ebenfalls weiblichen Bedürfnissen Rechnung trägt.[32]

Zahlreiche Hinweise auf die Anwesenheit von Asiaten in Ägypten, die im Privatbereich oder Kultdienst eine Rolle spielten, deuten auf die Zeit Sesostris II. (ca. 1897–1878).[33] Desgleichen weisen einschlägige Inschriften aus dem westlichen Sinaigebiet (Serabit el-Ḫadem; Wadi Magharah) auf asiatische, darunter wohl auch palästinische Beschäftigte beim ägyptischen Bergbau der 2. Hälfte der 12. Dynastie. Eine militärische Bedrohung einer der beiden Seiten mit der möglichen Konsequenz von Gefangenschaft oder Sklaventum ist nicht nachweisbar, wenn man einmal von den gewiß auch schon in MB IIA bestehenden Auseinandersetzungen mit Nomadenscharen am Ostrand des Deltas absieht, die zweifellos das politische Vakuum der 1. Zwischenzeit für sich auszunutzen verstanden. Die Kampagne des Generals Nesumont unter Amenemhet[34] gegen diverse asiatische Formationen könnte der Gefährdung der Ostgrenze gegolten haben, die ja auch durch Anstrengungen des Pharao gesichert werden mußte. So bleibt nur der Hinweis auf den Feldzug des *Ḥw-Śbk* nach *Śkmm* (= Sichem) in Mittelpalästina unter

---

[30] Dazu v.a. S. Schroer, Die Göttin auf den Stempelsiegeln aus Palästina/Israel, OBO 88, 1989, 89–207.

[31] Vgl. dazu O. Keel, Die Jaspis-Skarabäen-Gruppe. Eine vorderasiatische Skarabäenwerkstatt des 17. Jahrhunderts v. Chr., OBO 88, 1989, 213–242. Keel–Uehlinger, Göttinnen, 29–34.

[32] Dazu O. Keel, Der ägyptische Gott Ptah auf Siegelamuletten aus Palästina/Israel. Einige Gesetzmässigkeiten bei der Übernahme von Motiven der Grosskunst auf Miniaturbildträger, OBO 88, 1989 (281–323), 282–286. Keel – Uehlinger, Göttinnen, 28 f. Statt der Typenbezeichnung „Nilpferdgöttin" sollte man m.E. von einer Mischkomposition reden, da die dargestellte Figur neben menschlichen Gliedmaßen mehrfach auch Züge eines Krokodils tragen kann. Zu Nilpferdszenen vgl. zuletzt O. Keel, ÄSL VI, 1947, 123–125. 130.

[33] Vgl. dazu Helck, Beziehungen, 77–81.

[34] Dazu zuletzt J. Baines, The Stela of Khusobek: Private and Royal Military Narrative and Values, in: J. Osing – G. Dreyer (Hrsg.), Form und Maß. Beiträge zur Literatur, Sprache und Kunst des alten Ägypten (Fs. G. Fecht), ÄAT 12, Wiesbaden 1987 (43–62), 54 mit Anm. 11 (Lit.).

Sesostris III., ein Unternehmen, das gewiß nicht mehr bedeutete als ein perspektivisch überhöhtes Ereignis von einem historisch eher peripheren Rang.[35] Dennoch war der angebliche Vorstoß in ein bis dahin wohl nicht berührtes Gebiet beachtenswert genug, um Aufnahme in die biographische Inschrift zu finden; überdies mag schon damals gerade Sichem Herd eines Widerstandes gegen die ökonomischen Interessen Ägyptens in der Periode des Anstiegs ägyptischer Präsenz in Palästina (MB II B–C) gewesen sein, zumal auch die jüngeren Ächtungstexte auf den Ort Bezug nehmen.[36] Der Nachweis der Präsenz des hohen Beamten *Jwfśnb* und besonders des Administrators Tuthhotep in Megiddo, die vermutlich in die MB IIB-Zeit fällt,[37] wird im Zusammenhang mit einem Beleg der jüngeren Ächtungstexte, wo der Ort entgegen landläufiger Meinung doch genannt sein dürfte,[38] auf allenfalls sehr begrenzte und ungesicherte Kontrollgewalt der Ägypter in diesem Zielpunkt der Süd- und Nordroute schließen lassen.

Die Ächtungstexte[39] verdienen in diesem Klima neuerwachenden In-

[35] Jüngste Diskussion der Steleninschrift bei Baines, Khusobek, 43–61, der zu dem Ergebnis kommt: „What cannot be trusted is the precise order of events in the *śkmm* campaign" (61). Zur Relevanz der Nachricht vgl. auch Helck, Beziehungen, 62.

[36] Eine unmittelbare Verbindung der Zitation Sichems in den Ächtungstexten (vgl. Posener, Princes, 68, E 6) und dem Unternehmen unter Sesostris III. ist kaum anzunehmen, vgl. dazu Helck, Beziehungen, 62. – Zur Zurückhaltung gegenüber der Annahme ägyptischer Dominanz über Zentralpalästina im Mittleren Reich mahnt jetzt auch mit Recht E. Gubel, A Cylinder Seal of Sesostris III from Retenu, GM 156, 1997, 63–65, bes. 64.

[37] Zweifel gegenüber der Anwesenheit des Tuthhotep in Megiddo äußert Helck, Beziehungen, 69f.; vgl. auch ders., Ägyptische Statuen im Ausland. Ein chronologisches Problem, UF 8, 1976, 101–115. Weippert, Palästina, 208. Redford, Egypt, 76.

[38] Dazu M. Görg, Megiddo in den Ächtungstexten?, ZAW 88, 1976, 94–96. Ich trage hier nach, daß O. Rössler, Das ältere ägyptische Umschreibungssystem für Fremdnamen und seine sprachwissenschaftlichen Lehren, in: J. Lukas (Hrsg.), Neue Afrikanistische Studien (Hamburger Beiträge zur Afrika-Kunde 5), Hamburg 1966 (218–229), 224 eine Gleichung des Namens *mktrj* (E 5) mit Megiddo vorgenommen hat, was jedoch problematisch erscheint.

[39] Vgl. hierzu auch M. Görg, Ächtungstexte, NBL I,35f. Die „älteren" Ächtungstexte finden sich bei K. Sethe, Die Ächtung feindlicher Fürsten, Völker und Dinge auf altägyptischen Tongefäßscherben des Mittleren Reiches, Berlin 1926, die „jüngeren" bei G. Posener, Princes et pays d'Asie et de Nubie, Bruxelles 1940. Dazu u. a. Helck, Beziehungen, 44–65. Eine exakte relative oder gar absolute chronologische Festlegung erscheint vorerst nicht möglich.

teresses Ägyptens an Palästina besonderes Interesse, obschon bislang die Erwartungen, die man an ihren Informationsgehalt richtete, zuweilen allzu hoch angesetzt worden sind. Während die sog. älteren Ächtungstexte eine begrenzte Anzahl palästinisch-syrischer Namen von Fürsten und deren Kontrollgebieten präsentieren, können die sog. jüngeren, statt auf Tongefäßen nunmehr auf Tonfigürchen aufgetragenen Texte einen umfassenden Namenbestand aufweisen, in welchen die älteren Toponyme überwiegend integriert sind, um dazu aber sowohl neue Fürstennamen als auch eine größere regionale Differenzierung, wenn nicht sogar Ausweitung, anzubieten. Das jüngere Material läßt auch eine bessere Identifikationsmöglichkeit gegeben sein, obgleich mit der Gleichsetzung des Namens mit einem bekannten Toponym noch nicht erfaßt ist, welche Bedeutung der Zitation des Ortes in diesem Kontext u. a. für die Historie zukommt. Es ist auf jeden Fall voreilig, von der gebotenen Materialauswertung im Blick auf Toponyme und vor allem Fürstennamen auf greifbare Veränderungen in der Gesellschaftsstruktur oder in der Siedlungssukzession zu schließen.

Der ältere Bestand nennt u. a. die Ortsnamen Rehob, Askalon, aber auch Byblos und (vielleicht) Jerusalem;[40] im jüngeren Spektrum erscheinen darüber hinaus Namen wie Sichem, Pella, Aphek, Akschaf, dabei auch Hazor und wohl auch Megiddo. Eine vollständige Identifikation der Namenbildungen steht freilich noch aus.

Zur Erklärung der beiden Namenskollektionen werden vor allem zwei Thesen ins Spiel gebracht: Entweder handelt es sich um magische Abwehr wirklicher oder potentieller Feinde Ägyptens durch das Zeichen des Entwertens der Gefäße bzw. Figurinen, oder es liegt ein apotropäischer Gedanke zugrunde mit der speziellen Zielsetzung, die asiatischen Verkehrswege durch eben diese Symbolhandlung zu stabilisieren. Eine klare Alternativentscheidung ist hier wohl nicht möglich: Die Gefährdung der Verkehrswege ist zugleich auch immer ein versteckter Affront gegen das ungeliebte Imperium. Bei aller Relevanz der in den Ächtungstexten zitierten Toponyme und Fürstennamen für das

---

[40] Die Erwähnung Jerusalems in den „älteren" (e 12) und „jüngeren" (E 45) Ächtungstexten wird von A. Jirku, Bemerkungen zu einigen syrisch-palästinischen Namen in ägyptischer Schrift, ArOr 32, 1964 (354–357), 355–357, und zuletzt von N. Na'aman, UF 24, 1992, 278f. zur Disposition gestellt. Eine Alternativentscheidung ist freilich nicht zwingend geboten. Ein besonderes Interesse verdient der weiterführende Hinweis von J. F. Quack, GM 130, 1992, 75–78, wonach in der Namenszitation *Ymwʿrw* Jamhad als die „Bezeichnung des Reiches von Aleppo" vorliege.

konkrete Interesse Ägyptens an ökonomischen Beziehungen bleibt es indessen ein kühnes Unterfangen, die Verkehrswege selbst und ihre Stationsfolge im Detail erfassen zu wollen. Eine überzeugende Rekonstruktion ist hier jedenfalls noch nicht gelungen. Es ist indessen möglich, sich auf ein Urteil über die relative Orientierung der „älteren" und „jüngeren" Texte zu beschränken[41]: wonach die „jüngeren" Texte „witness the development of commerce along north-south transit corridors and to the concomitant sedenterization of the population identified archaeo-logically as MB IIA", während die „älteren" „reflect essentially the same MB I world as does the story of Sinuhe", von der nun die Rede sein soll.

Auch diese bekannte Erzählung vom flüchtigen und in Palästina zu Ehren gekommenen Ägypter kann im wesentlichen nur als ein in Ägypten und von Ägyptern geschaffenes Vexierbild palästinischer Verhältnisse betrachtet werden.[42] Eine gezielte Information über die geographischen, ethnischen, kulturellen Strukturen in der MB-Zeit kann hier nicht erwartet werden, da der Text der im Mittleren Reich anhebenden Eigengesetzlichkeit der Literaturbildung folgend narrativer, nicht bloß deskriptiver Darstellungskunst die Wege bereitet. Die wenigen im Verlauf der Erzählung erwähnten Orts- bzw. Fürstennamen erlauben keine gesicherte Zuordnung innerhalb des palästinischen Bereichs: Wie die vage Regionalbezeichnung *Qdm* (= Osten) sind auch die Zitate des hier erstmals belegten und dann im Neuen Reich so häufig gebrauchten Toponyms *Rtnw* und wohl als Teilgebiet von *Rtnw* zu fassenden *J33* als des Sinuhe überantworteten Herrschaftsbereichs keiner definitiven Identifikation zugänglich.[43] Da ferner mit einer womöglich überlieferungsgeschichtlichen Vermischung von Orts- und Personennamen zu rechnen sein wird, läßt sich auch aus den Fürstennamen wie *Ksj* und *Mnws* keine verbindliche Information über zeitgenössische Stadtstaatensysteme und dergleichen gewinnen, wenn auch dem Herrscher von „Ober-*Rtnw*" der einwandfrei westsemitische Name Ammu-

---

[41] Redford, Egypt, 93. Vgl. auch die Bemerkungen von Weippert, Palästina, 209f.

[42] Zur Sinuhe-Erzählung vgl. u.a. Helck, Beziehungen, 40–42. H. Goedicke, Where did Sinuhe stay in „Asia"? (Sinuhe B 29–31), CdE 1992, 28–40. Redford, Egypt, 83–87.

[43] Zur Landschaft *J33* vgl. u.a. M. Görg, Das Land *J33* (Sin. B.81.238), in: G. Dreyer – J. Osing (Hrsg.), Form und Maß. Beiträge zur Literatur, Sprache und Kunst des alten Ägypten (Fs G. Fecht), ÄAT 12, Wiesbaden 1987, 142–153. Goedicke, Sinuhe, 39f. Die von Goedicke, Sinuhe, 32–38 vorgeschlagene Identifikation von Qdm mit Jericho wird sich schwerlich halten lassen.

neš beigelegt worden ist. Die Charakteristik der Landschaft weist auf Südpalästina, wovon die Verbindungen zur Zeit des Alten Reichs ein ausreichendes Bild dem Ägypter vermittelt haben mögen: Ein historischer Bezugspunkt wird nicht greifbar.

Aus der 12. Dynastie Ägyptens ist erst neuerdings eine memphitische Inschrift zur Diskussion gestellt worden, die von sechs Vorgängen in „Asien" berichtet, ohne daß jedoch palästinische Territorien unmittelbar betroffen zu sein scheinen. Unter den genannten Toponymen sind jedoch einige Schreibformen, die für die Beurteilung der hieroglyphisch/hieratischen Schreibungen von asiatischen Namen im Mittleren Reich im Verhältnis zu denen des Neuen Reichs und später von grundsätzlicher Relevanz sind.[44] In bezug auf asiatisches Festland steht die Erwähnung der kilikischen Stadt Ura zur Debatte, die in der Schreibung *jw3j* belegt sein soll. Da eine Alternative nicht zur Hand ist, wird man es zunächst bei dieser Vermutung bewendet sein lassen.

4. Die „Herrscher der Fremdländer"

Die Perioden MB IIB und C stehen unter dem Zeichen der Hyksosherrschaft, d. h. jenes von den Ägyptern nachhaltig übel beleumundeten Regimes asiatischer Provenienz.[45] So ungeklärt die Frage nach der

---

[44] Publikation der Inschrift: S. Farag, Une inscription memphite de la XII dynastie, RdÉ 32, 1980, 75–82 mit Tafeln 3–5. Neuedition von H. Altenmüller – A. M. Moussa, SAK 18, 1991, 1–48. Der in dieser Inschrift belegte Name *tmp3w* ist zuletzt von H. Goedicke, Egyptian Military Actions in „Asia" in the Middle Kingdom, RdÉ 42, 1991, 89–94 mit dem Landesnamen Tunip ineinsgesetzt worden, was aber phonetisch bedenklich ist. Statt dessen möchte ich mit E. Edel (brieflich 6. 6. 1989) an den mesopotamischen Ort Sippar denken, den ich auch in der Solebliste Amenophis' III. wiederzufinden glaube, vgl. M. Görg, Zu einigen mesopotamischen Toponymen in der Liste Amenophis' III. im Tempel von Soleb, GM 94, 1986, 39–40. Auf die gleiche Inschrift greift jetzt auch J. F. Quack, Ägypten und Levante VI, 1996, 79 zurück, um im Anschluß u. a. an W. Helck, GM 109, 1989, 27–30 und Chr. Eder, DaM 6, 1992, 60 das dort ebenfalls belegte Toponym *j3śy* mit Alaschia (Zypern) zu verbinden, darüber hinaus aber als ältere Schreibung sowohl für das im NR geläufige *jrś* wie auch für *jsy* anzusehen, so daß neben *jrś* auch *jśy* mit Alaschia kompatibel wäre. Desungeachtet bleibt eine Mehrheit von Namen für Zypern wahrscheinlich. Eine Verbindung der Toponyme mit „Kupfer" oder „Bronze" halte ich trotz der einschlägigen Kritik meiner Erwägungen in BN 54, 1990, 12–18 und StAE 15, 1992, 215–221 bei Quack 79 weiterhin für möglich.

[45] Vgl. dazu u. a. Helck, Beziehungen, 89–106. Ders., Das Hyksos-Problem,

ethnischen Besonderheit der Hyksos („Herrscher der Fremdländer") ist, so umstritten ist auch das Problem der spezifischen Machtübernahme dieser neuen Potentaten mit ihrem neugegründeten Zentrum Auaris im östlichen Delta (Tell el-Dab'a). Als Könige der 15. Dynastie tragen die Hyksos überwiegend semitische Namen (*'nt-ḥr*; *J'qb-ḥr*; *H3mwdj*), aber vielleicht auch Namen hurritischer Herkunft (*Š3rk* = Salitis bzw. *Ḥj3n* = Chajan). Die teilweise differierende Überlieferung der Namen im Turiner Königspapyrus und bei Manetho erschwert die Identifikation; ein neu aufgefundenes Stelenfragment mit der Namensnennung *Jnzz* als des „ältesten Königssohns" des Chajan könnte mit dem bei Manetho genannten Jannas (wohl sem. *yanassi*) zu verbinden sein, womit zugleich die verbreitete Ansicht, Chajan selbst sei mit Jannas gleichzusetzen, zu korrigieren wäre.[46]

Aufgrund des Befundes in Tell el-Dab'a läßt sich vermuten, daß „bereits vor der Machterhebung durch die Hyksos eine Inbesitznahme von Teilen des Nordostdeltas durch militante asiatische Bevölkerungselemente stattgefunden hatte"[47] und daß die eigentliche Machtergreifung „durch eine zweite Welle asiatischer Zuwanderer oder im Rahmen einer Unruhewelle und Ausdehnung der sich im Ostdeltabereich festgesetzten Asiaten" erfolgte. Auf jeden Fall muß man mit zwei Faktoren rechnen, die zur Änderung der Machtstrukturen im Deltabereich führen: dem aufbegehrenden, bereits bodenständig gewordenen Asiatentum im Delta *und* dem aggressiven Einfall neuer, vornehmlich semitischer Bevölkerungselemente in der Mitte des 17. Jahrhunderts. Beides zusammen ergibt erst die Möglichkeit eines radikalen Umbruchs

---

Or 62, 1993, 60–65. M. Bietak, Hyksos, LÄ III, 93–103. A. Kempinski, Some Observations on the Hyksos (XVth) Dynasty and its Canaanite Origins, in: S. I. Groll (Hrsg.), Pharaonic Egypt, the Bible and Christianity, Jerusalem 1985, 129–137. M. Görg, Hyksos, NBL II, 286f. Redford, Egypt, 98–122. Zu neuen Lesungen, etwa „Chijaran oder Chajran" für Chian, kommt jetzt Th. Schneider, Lexikon der Pharaonen, Zürich 1994, 104f. (vgl. auch J. F. Quack, Ägypten und Levante VI, 1996, 77 mit Anm. 20). Für exaktere Einsichten in die Lautung erscheinen mir noch weitere Studien zur Fremdnamenorthographie in der 2. Zwischenzeit notwendig. Für die weitere Diskussion sei an dieser Stelle bereits verwiesen auf die wichtige Arbeit von Th. Schneider, Ausländer in Ägypten. Dokumentation und Lebenswelt einer Bevölkerungsgruppe während des Mittleren Reiches und der zweiten Zwischenzeit und das Hyksos-Problem (Diss.Phil.), Basel 1996, zum Druck vorgesehen in ÄAT.

[46] Zum Stand der Diskussion vgl. jetzt auch M. Görg, Zum Hyksoskönig Jannas, BN 70, 1993, 5–8, dazu Schneider, Lexikon, 137.

[47] Bietak, Hyksos, LÄ III, 99. Vgl. auch Görg, Hyksos, NBL II, 286.

der politischen Verhältnisse und der allem Anschein nach als bleibendes Trauma empfundenen Fremdherrschaft in Ägypten. Es gilt, dieses Phänomen angesichts der auch später, lange nach dem Ende der Hyksosherrschaft, aufflackernden Verselbständigungstendenzen semitischer Bewegungen im Ostdelta im Auge zu behalten.

Die Ausdehnung des Hyksosreiches erfaßte ohne Zweifel das südliche Palästina; die Region der Stadtstaatenkulturen Mittel- und Nordpalästinas – ohnehin mit dem Hyksossystem verwandt – verblieb als Nachbarbereich im Beziehungsfeld ökonomischer Kommunikation. Von einem nennenswerten kulturellen Austausch zwischen Palästina und Ägypten kann während der Hyksosperiode wohl nicht ernsthaft die Rede sein.

Von nachhaltiger Bedeutung dagegen ist die Einführung semitischer Kulturformen in Ägypten, ein Vorgang, der gewiß längst durch die sukzessiv einwandernden Semiten vollzogen, durch die Hyksos aber wohl erst augenfällig demonstriert worden ist. Diese religionsgeschichtliche Unterwanderung des ägyptischen Kultes kulminiert in der „Baalisierung" des Gottes Seth.[48]

Die Hyksosherrschaft in Palästina wird vor allem durch die überreiche Anzahl von charakteristischen Skarabäen dokumentiert, die allerdings im besonderen Blick auf die darauf eingravierten Namen noch manche Rätsel aufgeben. Neben den eigentlichen Hyksosskarabäen sind auch die Schatzmeistersiegel zu nennen, von welchen vor allem das Siegel eines *Ḥ3r* auch in Palästina Verbreitung gefunden hat.[49]

Von besonderem Interesse für die religionsgeschichtliche Situation der Hyksoszeit in Palästina sind die Dekorationen der Skarabäenflachseiten mit Motiven wie dem „Falkenköpfigen",[50] einer Figur, die allem Anschein nach den König als Horus, d.h. Sohn des Sonnengottes, meint und diesen häufig in der Pose des Gottesdieners oder Dämonenbezwin-

---

[48] Zum Verhältnis Baal–Seth in der MB IIB-Zeit vgl. u. a. M. Bietak, Zur Herkunft des Seth von Avaris, Ägypten und Levante I, 1990, 9–16.

[49] Zu den Beamtensiegeln der Hyksoszeit vgl. u. a. G. T. Martin, Egyptian Administrative and Private-Name Seals, Oxford 1971. R. Giveon, Hyksos Scarabs with Names of Kings and Officials from Canaan, CdÉ 49, 1974, 222–223. Ders., New Egyptian Seals with Titles and Names from Canaan, TA 3, 1976, 127–133. Ders., Some Scarabs from Canaan with Egyptian Titles, TA 7, 1980, 179–184. Vgl. zuletzt O. Keel, Corpus der Stempelsiegel-Amulette aus Palästina/ Israel. Von den Anfängen bis zur Perserzeit, OBO.SA 10, Freiburg–Göttingen 1995, 235–239 mit Deutungen von Namen und Titeln durch Chr. Eder.

[50] Vgl. dazu Keel, Identifikation, 243–280. Ders., Corpus, 194. 215f. 219–221. 224–226. 228f. Keel–Uehlinger, Göttinnen, 44–48.

gers erscheinen läßt. Ob hier eine gewisse Distanz zum erfahrenen Herrschertum der Hyksos zum Ausdruck kommt, mag offenbleiben. An eine Frühform der sogenannten „Persönlichen Frömmigkeit"[51] wird man nur mit großem Vorbehalt denken dürfen.

Die allmähliche Adaption des Hyksossystems an ägyptische Strukturen scheint nur eine äußere Akkulturierung bedeutet zu haben; das Bewußtsein einer aufgenötigten Fremdherrschaft muß dem Ägypter eine Versöhnung mit den faktischen Verhältnissen unmöglich gemacht haben; die Vertreibung war eine notwendige Folge erwachenden Selbstbewußtseins der Ägypter auf der einen Seite und einer politischen Schwächung auf der anderen. Ahmose, der Bruder des Vorgängers Kamose, kann die Hyksos auf originär semitisches Territorium abdrängen und nach dreijähriger Belagerung der Hauptfestung Scharuhen in Südpalästina endgültig vom ägyptischen Kernland fernhalten. Mit dem Fall der Festung scheint nicht nur die letzte militärische Bastion der Hyksos aus dem Wege geräumt zu sein, sondern zugleich auch der Weg für gegenläufige Interessen Ägyptens an Palästina während der 18. und 19. Dynastie offenzustehen. Durch die Reaktion auf die Dominanz der Hyksos kommt offenbar erst die eigentliche militärische Dimension in das Beziehungsfeld Ägypten–Palästina hinein: Die ökonomische Kontaktnahme findet in der Aufnahme und Intensivierung der militärischen Präsenz Ägyptens in Palästina während des Neuen Reichs eine langdauernde Sicherung.

Es ist hier der Ort, auf die besonders in der älteren Forschung gern akzentuierte Verbindung der Hyksosbewegungen mit der Patriarchenwanderung einzugehen. Die Annahme, daß sich die Hyksos nicht nur aus semitischen Bevölkerungsgruppen, wie u. a. aus der noch zu behandelnden Gruppe der Hapiru, sondern auch aus Hurritern „rekrutiert" haben, führte zu der Lehrmeinung, Gestalten der Erzväterüberlieferung wie z. B. Abraham hätten im Zuge der Hyksosinvasion den Weg nach Palästina bzw. nach Ägypten gefunden.[52] Eine konkrete, über

---

[51] So Keel, Identifikation, 276 f.
[52] So etwa W. F. Albright, The Archaeology of Palestine, 1949, 83, wonach die Patriarchenbewegungen „may have fallen somewhere in the eighteenth or more likely the seventeenth century in connexion with the Hyksos movement". Vgl. aber auch ders., Abram the Hebrew. A New Archaeological Interpretation, BASOR 163, 1961, 36–54. Zu Albrights Positionen vgl. u. a. Th. L. Thompson, The Historicity of the Patriarchal Narratives, BZAW 133, Berlin–New York 1974, 56. Weiteres zum Verhältnis „Väter Israels und Ägypten" im Alten Testament in Kap. IV.1.

eine gewisse philologisch begründbare Verknüpfung der Hapiru mit den „Hebräern" des Alten Testaments hinausgehende Identifikation hat sich indessen noch nicht sicherstellen lassen. Wenn die Etablierung der Hyksosherrschaft in erster Linie auf den zitierten beiden Faktoren Emanzipation und Invasion beruht, muß man gegenüber einer unreflektierten Einbindung der Patriarchentraditionen in den Kontext der Hyksos äußerste Skepsis bewahren.

5. Ägyptische Dominanz im Werden

In der beginnenden Spätbronzezeit (SB) Palästinas und der frühen 18. Dynastie Ägyptens wird der Grundstock für eine langandauernde Kontrollgewalt Ägyptens über die politischen und wirtschaftlichen Verhältnisse Palästinas gelegt, eine Prädominanz, die bis zum Vorabend des Aufkommens Israels als einer neuen Nation anhält.[53] Das Ausgreifen nach dem Nordosten setzt allem Anschein nach mit der Einnahme von Scharuhen in Südpalästina[54] und der wohl anschließenden Auseinandersetzung mit den asiatischen *Mnṯw* ein, wie aus der Biographie des *Jʿḥ-mśjw-s3-Jb3n3* zu ersehen ist.[55] Auch der Namensvetter dieses noch unter Ahmose tätigen Militärs, *Jʿḥ-mśjw-P3-n-Nḫbt*, kämpft ebenfalls noch unter dem Bezwinger der Hyksos in *Ḏ3hj*, einer Bezeichnung, die wohl zunächst der geographisch-klimatischen Charakteristik Südpalästinas entstammt, dann aber für den asiatischen Wüsten- und Kulturrandzonenbereich zwischen dem Ostdelta und der Euphratregion gilt.[56] Es ist denkbar, daß die beiden militärischen Unterneh-

---

[53] Eine gute Übersicht über die Entwicklung der Beziehungen während der Spätbronzezeit bzw. dem Neuen Reich bietet J. M. Weinstein, The Egyptian Empire in Palestine: a Reassessment, BASOR 241, 1981, 1–28. Vgl. auch ders., Egypt and the Middle Bronze IIC/Late Bronze IA Transition in Palestine, Levant 33, 1991, 105–115.

[54] Zum Problem der Bezeugung und Lage des Ortes vgl. zuletzt M. Görg, Zur Diskussion um die Lage von Scharuhen, BN 58, 1991, 17–19.

[55] Vgl. dazu zuletzt J. K. Hoffmeier, Reconsidering Egypt's Part in the Termination of the Middle Bronze Age in Palestine, Levant 21, 1989 (181–193), 182–185.

[56] Zum Namen und geographischen Bezug vgl. u. a. Helck, Beziehungen, 112. 268 f. G. Fecht, Sprache und Religion im Alten Ägypten (Fs W. Westendorf), Göttingen 1992. Die etymologische Verbindung der Bezeichnung *Ḏ3hj* mit dem hebr. *syh* „Steppe" ist m. E. erstmals von I. Levy, Sphinx 9, 1905, 76 vollzogen worden, die hebräische Lexikographie kennt diese Beziehung anscheinend nicht.

mungen, deren letztgenannte sich angeblich mit nur einem einzigen Gefangenen zufriedengeben muß, in Südpalästina nördlich von Scharuhen stattgefunden haben. Zu Scharmützeln dieser Art wird es mehrfach gekommen sein, da Scharuhen gewiß sukzessiv zu einer Grenzfestung mit permanenter Garnison ausgebaut worden ist. Es ist ferner damit zu rechnen, daß am Anfang der Kontrollgewalt über Palästina bereits eine militärische Bewachung eines Teils der später so relevanten Küstenstraße (via maris), vielleicht bis Jurza, eingerichtet wurde. Die von Scharuhen aus kontrollierbare Sektion Südpalästinas ist sozusagen der künftige strategische Ausgangspunkt aller ländlichen Operationen Ägyptens in Asien schlechthin.

Von Amenophis I. sind keine Feldzüge in asiatisches Gebiet überliefert. Aus einer in seine Zeit datierbaren Torinschrift in Karnak[57] geht aber hervor, daß wenigstens seine wirtschaftlichen Interessen über Byblos in den Raum Nordpalästina/Syriens hineingetragen wurden, wie dies die dort zitierten Toponyme Qdm, Tunip und $D3wnj$ (wohl Tyrus)[58] nahelegen. Ob mit der Erwähnung dieser Namen bereits eine Art Stationsfolge der Expedition angezeigt ist, erscheint zweifelhaft. Dafür ist klar, daß der Seeweg nach Palästina zunächst noch keine kriegerische Auseinandersetzung nach sich zieht. Eine weitere Bestätigung für den Befund, daß die militärische Aktion im Süden als Gegenschlag gegen die Aggression der Hyksosbewegung zu verstehen ist! Der „Feind aus dem Norden" existiert noch nicht.

[57] Die Datierung dieser Inschrift auf einem nunmehr rekonstruierten Torbau unweit der Weißen Kapelle in Karnak ist umstritten. Gegenüber D. Redford, A Gate Inscription from Karnak and Egyptian Involvement in Western Asia during the Early 18th Dynasty, JAOS 88, 1979, 270–287, der an Amenophis I. denkt, möchte F. Le Saout, Un Magasin à onguents de Karnak et le problème du nom de Tyr: mise au point, Cahiers de Karnak VIII 1982–1985, Paris 1987, 325–335 die Inschrift dem Mittleren Reich zuweisen. H. Buchberger, Transformation und Transformat. Sargtextstudien I (ÄgAbh 52), Wiesbaden 1993, 448 hält aber auch eine Datierung ins frühe Neue Reich für vertretbar.

[58] So M. Görg, Namenstudien IX: Fragmente von Fremdnamen, BN 14, 1981 (26–29), 26f. Ders., Syrien im Blickfeld Amenophis' I., in: ders., Beiträge zur Zeitgeschichte der Anfänge Israels. Dokumente – Materialien – Notizen (ÄAT 2), Wiesbaden 1989 (1–5), 1f. Unabhängig von meinem Vorschlag hat sich auch Le Saout für diese Identifikation entschieden. Buchberger, Sargtextstudien, 447 macht phonetische Bedenken geltend. Im Blick auf die wohl zeitgenössische Parallelschreibung *rrbni* für Lilimmar (dazu M. Görg, Weiteres zur Asienliste IV, in: ders., Zeitgeschichte [11–14], 11f.) möchte ich jedoch bei meiner Gleichsetzung bleiben.

Dennoch wird in der Folgezeit bei zunehmender Ausweitung der ägyptischen Interessen auf asiatischem Boden eine mesopotamische Rivalität mobilisiert, die sich im Laufe der 18. Dynastie als ernstzunehmende und um den Einfluß auf Palästina/Syrien mehr oder weniger besorgte Konkurrenz darstellt, ohne daß ihr freilich ein eindrucksvoller Erfolg beschieden war. Wieder sind es die beiden Kommandeure mit dem Namen *Jʿḥ-msjw*, die unter Tuthmosis I. im asiatischen Hinterland tätig werden, dabei nicht nur in *Rtnw* (Palästina), sondern auch in *Nhrjn* (Mesopotamien) militärisch aktiv werden müssen. Unter Tuthmosis I. scheint der Einflußbereich Ägyptens am Euphratfluß als der Nordgrenze zu enden, von welchem Raum in dieser Zeit erstmals das Land Mitanni zitiert wird.[59] Die kriegerischen Kontaktnahmen mit der Euphratregion können von jetzt an im Zusammenhang mit der Niederschlagung von Aufständen im Raum Palästinas und wiederholter Befriedung des Kontrollgebiets gesehen werden, so daß eine gewisse Interdependenz zwischen der Etablierung eines östlichen Machtsystems und dem Versuch einer Auflehnung gegen die westliche Dominanz beobachtet werden kann.

Erstmals unter Tuthmosis II., aber noch unter der Regie des genannten Strategen *Jʿḥ-msjw-P3-n-Nḫbt*, treten die Bewohner des *Š3św*-Landes im Neuen Reich in Erscheinung, von welchen eine größere Anzahl in Gefangenschaft gerät.[60] Die Biographie des Kommandeurs gibt keinen Anlaß, an eine Präsenz der *Š3św*-Leute in Südpalästina schon zu dieser Zeit zu denken; die Ausdehnung des militärischen Aktionsradius bis nach Mesopotamien gestattet auch die Annahme, daß mit dem *Š3św*-Land nordpalästinische und im Grenzgebiet zur Euphratregion liegende Aufenthaltsbereiche gemeint sind,[61] deren nomadische oder halbnomadische Bevölkerung eine Art Pufferzone gebildet haben mag und gewiß als erste einer Verführung zum Aufstand erliegen konnte.

Die Situation Palästinas im Schatten der östlichen Machtsysteme und des aufkommenden Großreichs Ägypten kann unter Zuhilfenahme der Texte von Alalaḫ IV., der Statue des Idrimi, des Materials aus Nuzi u. a. konkreter beschrieben werden.[62] Im Verlauf des 16. Jahrhunderts ver-

---

[59] Vgl. dazu zuletzt Hoffmeier, Egypt's part, 186.
[60] Dazu v. a. R. Giveon, Les Bédouins Shosou des documents égyptiens (Documenta et Monumenta Orientis Antiqui 22), Leiden 1971, 9f.
[61] Zum Problem einer frühen Bezeugung der *Š3św* in Südpalästina vgl. u. a. M. Görg, Tuthmosis III. und die *Š3św*-Region, JNES 38, 1979 (199–202), 199. Anders, m. E. nicht beweiskräftig, Hoffmeier, Egypt's part, 186.
[62] Dazu Helck, Beziehungen, 117f.

lieren die Machtzentren Jamhad und Qatanum zunehmend an Bedeutung; im nordöstlichen Bereich scheinen die Stadtstaaten Tunip und Qadesch die Nachfolge von Qatanum, Mukis und Aleppo die Sukzession von Jamhad angetreten zu haben, während für Nord- und Mittelpalästina Hazor als unmittelbar relevantes Machtzentrum verblieben war, um alsbald aber dem für den Raum Palästinas in erster Linie kompetent werdenden Qadesch weichen zu müssen. Zum Ende des 16. Jahrhunderts hatte die östliche Großmacht Mitanni die Führerschaft im nordsyrischen Bereich an sich gezogen, so daß vor allem die militärischen Unternehmungen Tuthmosis III. gegen dieses Imperium gerichtet waren. Der „zwischen Ägyptern und den Mitanni entbrennende Kampf um Syrien ist im Grunde ein Kampf von Diadochen"[63], allerdings nur unter der Voraussetzung, daß Mitanni in der Erbfolge der Hyksos als Feind aus dem Nordosten verstanden wird. Von einer geopolitischen Sukzession Hyksos – Mitanni kann strenggenommen keine Rede sein.

Die sich abzeichnende Konfrontation zwischen den Mächten im Osten und Westen findet ihren Schlachtplatz auf dem Boden Palästinas. Im Interesse Mitannis kann der Fürst von Qadesch 330 syrische Fürsten nach Megiddo kommandieren, d. h. die relative Mitte Palästinas als Aufmarschgebiet zum Angriff auf Ägypten deklarieren. Bis auf das bereits skizzierte Kerngebiet um Scharuhen war Palästina letztlich der Kontrolle Mitannis unterworfen.

Tuthmosis III. ist die Zentralfigur des ägyptischen Interesses an der fortschreitenden Eindämmung der östlichen Aggression. Man kann sich hier des Eindrucks nicht erwehren, daß die von diesem Pharao durchgeführten Aktionen einen Modellcharakter gewonnen haben und zum Maßstab künftiger Züge und Siegestaten in ägyptischem Blickfeld geworden sind. Die „Niederschlagung der Feinde" – in Ägypten seit dem Alten Reich längst nicht nur ein strategisch-kriegstechnisches Thema, sondern Zeichen des umfassenden Widerstands gegen die „Chaosmächte" – gewinnt gerade unter Tuthmosis III. eine exemplarische Dimension, da die Dokumentation seiner Erfolge vor allem in den „Annalen" und den Orts- und Völkernamenlisten im Kontext einschlägiger Ikonographie im Bereich des Amun-Tempels von Karnak das kultisch orientierte Selbstbewußtsein des Königs ungewöhnlich deutlich zu erkennen gibt: Der Pharao versteht sich als Repräsentant der göttlich sanktionierten Ordnung („Maat"), deren Realisation gerade in den Auseinandersetzungen mit den Feinden als Symbolfiguren des Chaotischen immer aufs neue zu geschehen hat.

---

[63] Helck, Beziehungen, 115.

Ägyptische Dominanz im Werden

Vor dem Hintergrund des theologischen Aspektes der Selbstdarstellung des Pharao ist nach dem Informationswert der tuthmosidischen Tempeldekoration für die Rekonstruktion der politischen Verhältnisse Palästinas im Gefolge des erneuten Zugriffs Ägyptens zu fragen.[64] Im Zentrum stehen hier die Nachrichten über die feindliche Konzentration um Megiddo, wie sie in den Annalen und den Großen Listen, insbesondere der sog. Palästinaliste, zur Spiegelung gelangt.

Der erste Feldzug Tuthmosis III. findet seinen literarischen Niederschlag in den Annalen, bei deren Auswertung wohl zu scheiden ist zwischen „Tagebuchnotizen" und „Geschichte".

Die Tagebuchauszüge beginnen mit dem „Passieren der Festung Zillu", lassen dann die „Stadt, die der Herrscher gepackt hat, mit heimischem Namen Gaza" in Erscheinung treten und führen alsbald einen Ort namens Jhm, d.h. Jemma, am Südabhang des Karmel vor. Die Erwähnung von Gaza[65] kann als Signal dafür genommen werden, daß sich die ägyptische Besatzungsmacht nunmehr eines strategisch günstiger als Scharuhen gelegenen „Brückenkopfes" bedienen konnte. Anfang und Ende dieser Ortsnamenkette Südpalästinas sind nicht einwandfrei bestimmbar, obwohl mit der Erwähnung von Ngb (Negeb-Wüste?) und von Orten, die in den Raum südwestlich Megiddos weisen, der Listenausschnitt 57–71 signifikant abgrenzbar erscheinen könnte. Bei der einstweilen noch offenen Identifikationsfrage zu einzelnen Toponymen am Anfang und Ende der Reihung tut man am besten daran, sich vorerst mit der „Einheit" 60 (Jurza) – 68 (Jemma) zu begnügen, da hier die Zwischenglieder problemlos bestimmbar sind. Es ergibt sich eine Namenreihung, die den südpalästinischen Ausschnitt der *via maris* zwischen den auch in den Annalen genannten Ortsnamen Jurza und Jemma darstellt, freilich so, daß hier, und zwar mit relativ hohem Sicherheitsgrad nur hier eine Stationenfolge als perspektivische Einheit greifbar wird.[66] Es wäre voreilig, aus dieser erhebbaren Ortskette auf eine „stationäre" Struktur der gesamten „Palästinaliste" oder gar der Ortsnamenlisten überhaupt zu schließen. Eine Antwort darauf, ob sich noch weitere Teilbereiche der Liste als Stationsfolge sei es selbständiger Züge, sei es innerhalb eines umfassenden Feldzuges ausfindig machen lassen, hängt von der Gewißheit der Identifikationen ab, die in sehr vielen Fällen leider noch nicht erbracht ist. Hier können vor allem vergleichende Unter-

---

[64] Dazu auch Helck, Beziehungen, 119f.
[65] Zum Ort und dessen Geschichte vgl. u.a. M. Görg, Gaza, NBL I, 736f.
[66] Nur für diese Sektion der Liste stimme ich Helcks Urteil, Beziehungen, 121 zu.

suchungen am Bestand der Ortsnamenlisten Amenophis III. über den bisherigen Kenntnisstand hinausführen. Um der Gefahr einer *petitio principii* zu entgehen, sollte neben dem Kriterium der lautlichen Korrespondenz zunächst nur die Vergesellschaftung als solche für die Bestimmung eines Namens in seinem „Kontext" maßgebend sein.[67] Unter Beachtung dieser Auflagen zeichnet sich am ehesten noch im ersten größeren Listenteil (3–35) ein Zusammenhang ab, der nicht nur signifikative und partielle Entsprechungen in jüngeren Listen hat, sondern darüber hinaus auch durch seine Orientierung nach Nordwesten und Nordosten eine regionale Konstellation aufweist. Ob diese in geographischer Perspektive vertretbare Zuordnung allerdings weitere Differenzierungen zuläßt und vor allem den Einschluß anderer begrenzter Listenteile ermöglicht, um eine Listenkonzeption nach Verwaltungseinheiten[68] zu begründen, ist mit Skepsis zu beurteilen. So kann die mittlerweile eingebrachte Alternative zur deduktiven „Stationshypothese" der gleichen Gefahr unzulässiger Generalisierung unterliegen, wenn zwar für einen bestimmten Listenteil die Orientierung an dem Expeditionsweg der *via maris* zugestanden, im übrigen aber angenommen wird, daß „the rest of the towns that participated in the rebellion were added according to a standard arrangement in the Egyptian administration"[69]. Diese „Administrationshypothese"[70] möchte von einer auch noch in den Amarnabriefen greifbaren Distrikteinteilung des Großraums Syrien-Palästina ausgehen und den Listenbestand Verwaltungseinheiten mit den Zentren Kumidi (Nordosten), Sumur (Nordwesten) und Gaza (Süden) zuordnen. Daß dieser Lösungsversuch ebenfalls mit selektiven Operationen am Namenmaterial auskommen muß, liegt bei kritischem Zusehen auf der Hand. Dennoch ist auch diese Konzeption geeignet, einer zukünftigen Gesamteinsicht in die Struktur der Palästinaliste näherzukommen, da sie über die mechanische „Stationshypothese" hinausführend der regionalen Konstellation von Namengruppen eher gerecht werden kann.

[67] Zum methodischen Vorgehen vgl. M. Görg, Identifikation von Fremdnamen. Das methodische Problem am Beispiel einer Palimpsestschreibung aus dem Totentempel Amenophis' III., in: M. Görg – E. Pusch (Hrsg.), Festschrift Elmar Edel (ÄAT 1), Bamberg 1979, 152–173.

[68] Vgl. dazu Y. Aharoni, The Land of the Bible. A Historical Geography, London 1967, 143–153.

[69] Aharaoni, Land, 146.

[70] Aharonis Konzept basiert auf einer sektionsbezogenen Vorstudie von S. Yeivin, The Third District in Tuthmosis III's List of Palestino-Syrian Towns, JEA 36, 1950, 51–62.

Die weitere Forschung muß in Rechnung stellen, daß die „Palästinaliste" in ihren erhaltenen Fassungen auf eine aspektgebundene Komposition zurückgeht, die als ganze eine unmittelbare Umsetzung in historisch-geographische und ökonomische Sachverhalte nicht zuläßt. Bereits die Eröffnung der Liste mit den politisch relevanten Namen Qadesch und Megiddo deutet auf die redaktionelle Gestaltung einer wie auch immer strukturierbaren Kollektion von Namen hin, die teilweise sogar ägyptische Prägung greifbar werden lassen.

Mit den beiden Namen am Anfang wird zugleich eine noch zu ergründende Tendenz zu Zweiergruppen angezeigt, wie sich im Verlauf der Listenfolge mehrfach beobachten läßt. Die Aspektgebundenheit der Liste schließt sowohl eine partielle Entsprechung mit einer bekannten Expeditionsroute wie auch eine partielle regional-administrative Orientierung nicht aus, da der gemeinsame Nenner in dem ägyptischerseits feststellbaren Trend zur wie auch immer motivierten Vergesellschaftung von Namen zu einer mehr oder weniger fixierbaren Gruppenbildung besteht. Ob die in den Annalen erwähnte Beuteliste aus dem Besitz des Fürsten von Qadesch mit besonderer Hervorhebung der Toponyme *Jn'm* (Januammu), *Ḥrkr* (Halkur) und *Ngs* (?) als weiterer Schlüssel zum Kompositionsprinzip der Liste und zur Rekonstruktion der Verhältnisse im Vorraum der Aktivitäten Tuthmosis' III. (Residenzen des Qadesch-Fürsten zur Kontrolle Palästinas oder nur nordostpalästinische Domänen des Herrschers) dienen kann, ist gegenwärtig umstritten.[71] Skepsis ist angezeigt.

Der Anmarschweg auf Megiddo[72] selbst, nach Ausweis der kritisch

---

[71] Zur Trias der 'Residenzen' vgl. Urk. IV 664, 17–665, 3; dazu W. Helck, Zur staatlichen Organisation Syriens im Beginn der 18. Dynastie, AfO 22, 1968–69, 27–29. Ders., Beziehungen, 133. Kritisch dazu N. Na'aman, Yeno'am, TA 4, 1977, 168–174, der die Ortschaften im Südlibanon bzw. in der Baschanregion sucht. Der König von Kadesch habe „the three towns to his own royal domain" erklärt. Nach der ägyptischen „re-conquest" sei die „ownership of the towns" wieder an den Sieger gefallen (172). A. Spalinger, The Historical Implications of the Year 9 Campaign of Amenophis II, JSSEA 13, 1983 (89–101), 99 sucht das in den Annalen genannte *Ngs* im Ostjordanland.

[72] Vgl. zum Folgenden vor allem Helck, Beziehungen, 121–125. Das im Kontext hervorgehobene Toponym *'rn* (wohl *ḫirbet ara*) ist anscheinend nachträglich mit dem Namen *'rn* der Palästinaliste (I,27) verwechselt worden, was die dortige Palimpsestschreibung erkennen läßt (dazu M. Görg, GM 10, 1974, 19 f.). Die Zweifel von J. F. Quack, Ägypten und Levante VI, 1996, 76, Anm. 10 an dem Lautwert eines dagessierten *n* der dort primären Gruppe *nr* kann ich nicht nachvollziehen, da der Name zweifellos keilschriftlichem *ḫalunni* entspricht.

auszuwertenden Annalen Gegenstand strategischer Lagebeurteilung, wird mit dem „Weg von ʿrn" als Direktroute (?) festgelegt. Mit der Konzentration der Kräfte auf Megiddo wird zugleich der Ort in negativer Weise qualifiziert, der über die israelitische Zeit hinaus Schauplatz der Auseinandersetzungen zwischen Ost und West geworden ist.

Am Ende der Belagerung der Stadt steht allem Anschein nach nicht eine Plünderung, sondern eine Art „Lehnseid", mit dem die Fürsten sich an den aktuellen ägyptischen Potentaten binden. Damit ist die Form einer Dependenz geschaffen, die bei allen späteren Tendenzen zur Loslösung oder Emanzipation von Ägypten unter den Nachfolgern Tuthmosis III. das politische Verhältnis der palästinischen Stadtstaaten zur westlichen Vormacht charakterisiert.

Die weiteren Feldzüge Tuthmosis III. auf asiatisches Gebiet lassen eine erneute strategische Konzentration auf den Boden Palästinas nicht mehr deutlich in Erscheinung treten. So dürfte u. a. auch die Erzählung von der ›Einnahme von Joppe‹ durch den General *Dḥwtj* noch in die Zeit des ersten Feldzugs weisen,[73] wenn hier nicht eine ähnliche narrative Typisierung oder Stilisierung der Stadt Joppe vorliegt wie im Pap. Anastasi I mit der dort erzählten ungewöhnlichen Wertung Joppes und damit auch historische Konsequenzen nur mit Zurückhaltung ziehen läßt. Der Feldzug des Jahres 33 wird gern mit den Mitteilungen des Offiziers *Jmn-m-ḥb* verbunden, der von drei Gefangenen aus dem Lande von *Ngb* zu berichten weiß, einer Ortsangabe, die zwar allgemein, aber keineswegs überzeugend auf die palästinische Südwüste bezogen wird.[74] Der Verlauf dieses Feldzuges aus dem Jahr 33 konzentriert sich allem Anschein nach auf die syrisch-mesopotamischen Gebiete und kann hier nur insoweit Beachtung finden, als er die ägyptische Kontrolle über die Region Palästina in der Folgezeit bestätigt. Bezeichnend für die Sicherung dieses Raums in den Augen der Ägypter ist eine ganz und gar unkriegerische Liste von Lebensmittelrationen aus verschiedenen Städten Palästinas, die z. T. auch in der großen Liste verzeichnet sind, wie z. B. Megiddo (!), Kinneret, Achschaf, Taanach, Hazor.[75] Eine

---

[73] Dazu Helck, Beziehungen, 136.

[74] Dazu Görg, Tuthmosis III., 199f.

[75] Vgl. dazu Helck, Beziehungen, 166, der auf eine genauere zeitliche Zuordnung verzichtet. Statt des früher gelesenen Ortsnamens Schimron darf jetzt wohl Schimʿon angesetzt werden, vgl. dazu A. F. Rainey, Toponymic Problems, TA 3, 1976, 57–69. Das Vorkommen des Toponyms Scharon sollte wegen seines Kontextes gegenüber einer Lokalisation in der Baschan-Region (so I. Singer, ʿEmeq Saron or ʿEmeq Siryon?, ZDPV 104, 1988 [1–5], 2 mit Anm.11) Zurückhaltung üben lassen.

Ägyptische Dominanz im Werden 31

eindeutige Zuweisung dieser Liste (zu Tuthmosis III. oder zu Amenophis II.) erscheint vorerst nicht möglich.

Unter dem Nachfolger Amenophis II. sollen zwei militärische Unternehmungen nach Palästina[76] stattgefunden haben, deren erste auch nicht die Kerngebiete selbst zum Ziel hatte, sondern nach Syrien führte, um auf dem Rückwege die Ebene Scharon zu berühren.[77] Die zweite Kampagne hingegen war offenbar direkt auf Mittel- und Nordpalästina mit den Orten Aphek, Soko, Jemma, Anaharat u. a. gerichtet, wohl weil sich in diesen Gegenden Erhebungen bemerkbar machten, die von den Auseinandersetzungen mit dem noch immer potenten Mitanni profitieren wollten. Von umstrittenem Wert ist allerdings die Beuteliste der Memphisstele Amenophis II., wo u. a. 127 Fürsten von $R\underline{t}nw$, 3600 ʿprw und 15020 $\check{S}3\acute{s}w$ aufgeführt werden. Vielleicht bezieht sich diese alles wahrscheinliche Maß sprengende Aufstellung überhaupt nicht auf eine historische Gefangennahme, sondern demonstriert lediglich durch fiktive Übertreibung den umfassenden Erfolg, wobei noch offenbleiben darf, ob ein Rückblick auf die Siegestaten des Vorgängers zugrunde liegt. Über die Rolle der ʿprw und der $\check{S}3\acute{s}w$, hier erstmals terminologisch geschiedener Völkergruppen, muß in besonderem Zusammenhang gehandelt werden.

Die Expeditionen der frühen 18. Dynastie haben zweifellos über die militärischen und ökonomischen Beziehungen hinaus zu einer intensiveren Präsenz Palästinas im Bewußtsein des Ägypters geführt, wie auch umgekehrt in Palästina selbst die beherrschende Kultur Ägyptens manifest werden mußte. Von den eindrucksvollen Erfahrungen der Ägypter auf palästinischem Boden legen u. a. die botanischen und zoologischen Dekorationen im Karnaktempel ein beredtes Zeugnis ab, wenngleich auch hier betont werden muß, daß die Darstellungen des für den Ägypter fremdartigen Lebens nicht nur um ihrer selbst willen, sondern

---

[76] Dazu vor allem E. Edel, Die Stelen Amenophis' II. aus Karnak und Memphis mit dem Bericht über die asiatischen Feldzüge des Königs, ZDPV 69, 1953, 97–176 mit Taf. 1–5;7. Addendum in: ZDPV 70, 1954, 87. Helck, Beziehungen, 156–165. P. Der Manuelian, Studies in the Reign of Amenophis II (HÄB 26), Hildesheim 1987, 221–229.

[77] Singer, ʿEmeq, 1–5, rechnet dagegen mit einer Ansetzung des Toponyms $\check{S}rn$ in der Beqaʿ, ohne jedoch den phonetischen Problemen überzeugend gerecht werden zu können, vgl. dazu einstweilen noch die Sondierung bei M. Görg, Saron als politische Einheit, BZ 19, 1975, 98–99 und zuletzt ders., Sinai und Zypern als Regionen der Erzgewinnung, in: U. Luft (Hrsg.), The Intellectual Heritage of Egypt (Fs. L. Kákosy), Budapest 1992 (215–221), 220 mit Anm. 42.

des Schöpfergottes Amun und seines königlichen Repräsentanten wegen aufgetragen sind.

Die Informanten und Vermittler semitischen und darin palästinischen Vorstellungsguts im besonderen waren gewiß nicht nur die höfischen Schreiber als Begleiter der Expeditionen, sondern vor allem die mehr oder weniger zwangsweise ins Delta und nach Oberägypten Gekommenen. Schon unter Tuthmosis III. zählen nicht nur Kriegsgefangene und Sklaven zu den neuen Asiaten in Ägypten, sondern auch fremde Fürstensöhne und nicht zuletzt Fürstentöchter im königlichen Harim.[78] Damit beginnt eine besondere Form diplomatischer Kontaktnahme, die bis in die israelitische Zeit außerordentlich bedeutsam werden sollte, wenn die Anfänge auch noch im Schatten der Machtpolitik eines Souveräns gestanden haben. Auf palästinischem Boden stellt sich die Spätbronzezeit als „Phase des Niedergangs der Stadtkultur" (H. Weippert) dar. Die politischen und kulturellen Innovationen der 18. Dynastie Ägyptens sind nicht ohne destabilisierende Nachwirkung auf den asiatischen Raum geblieben. Mit einer teilweisen Deurbanisation wird ein empfindlicher Bevölkerungsverlust einhergegangen sein, der vielleicht wiederum partiell mit Abwanderungen und Deportationen nach Ägypten verbunden werden kann.

Der schon mit der Hyksosbewegung einsetzende „Export" semitischer Götter nach Ägypten wird in verstärktem Maß dank der neuerlichen Verbringung von Asiaten nach Ägypten aufgenommen. Die Zeit Amenophis' II. erweist bereits eine kultische Verehrung semitischer Götter wie Baal, Reschef, Astarte auf ägyptischem Boden.[79] Der Baalskult findet anscheinend in Memphis einen ersten zentralen Haftpunkt; Reschef erscheint als militanter „Gott der Pferde"; Astarte als „Schützerin des königlichen Gespanns". Die Funktionen und Prädikationen zeigen sowohl den allmählichen Trend zur Einbindung semitischer Gottesvorstellungen ins ägyptische Pantheon und in das Königsdogma als auch eine formale und inhaltliche Ägyptisierung überhaupt. Die Integration der semitischen Götter ist eine notwendige Begleiterscheinung beim Hineinwachsen der semitischen Neuzugänge in die ägyptische Gesellschaft. Es ist aber von vornherein signifikant, daß dieses Phänomen der synkretistischen Assimilation in erster Linie den Bereich der Kulturlandgötter kennzeichnet; von einer partiellen oder gar totalen Integration nomadischer oder halbnomadischer Gottesverehrung in den ägyptischen Götterkult kann absolut keine Rede sein. Auf palä-

---

[78] Vgl. dazu Helck, Beziehungen, 350–352.
[79] Vgl. dazu Helck, Beziehungen, 446–473.

Ägyptische Dominanz im Werden 33

stinischer Seite geschieht ebenfalls eine deutliche Zunahme der Verehrung kämpferischer Götter wie Baal und Reschef unter allmählicher Zurückdrängung des Typus der nackten Göttin, d. h. wohl auch der schöpferischen Aspekte der erdgebundenen Fruchtbarkeit.[80] In Mittel- und Südpalästina wird ein ägypto-kanaanäischer „Synkretismus" greifbar, der sich u. a. in der Rezeption von Götterfiguren wie Thot, Seth, Min Horus, Amun, Sachmet, Ptah, Osiris und vor allem Bes, aber auch in der Tempelarchitektur etwa in Megiddo und Lachisch manifestiert.[81]

Der Große Sphinx von Giza ist ebenfalls unter Amenophis II. als Haftpunkt der Verehrung des palästinisch-syrischen Gottes Hauron erkenntlich,[82] ein Zeichen dafür, daß selbst eine in Palästina nicht eben verbreitete Gottheit im ägyptischen Ausland zu größeren Ehren als in der Heimat gelangen kann. Die mögliche Ansiedlung von Fremden u. a. in der Gegend von Giza konnte wohl eine solch exponierte Figur wie den Sphinx am Eingang des Pyramidenfeldes zu einem „Wallfahrtsziel" über die ägyptischen Grenzen hinaus werden lassen.

Zunächst aber zur Manifestation der wechselseitigen Beziehungen zwischen Gottheit und König erhoben, hat der Sphinx von Giza auch unter Amenophis' II. Sohn und Nachfolger Tuthmosis IV. zur Bezeugung der besonderen Prädestination königlicher Herrschaft dienen können. Die Textgestaltung der „Traumstele" dieses Pharao ist wahrscheinlich auch charakteristisch für eine Gattung („Prinzennovelle"), die u. a. in der Darstellung des Traums Salomos auf der Höhe von Gibeon (1Kön 3, 4–15) wiederkehrt.[83]

Anzahl und Dimension der militärischen Operationen Tuthmosis' IV. in Asien sind weniger gut greifbar.[84] Lediglich die Stadt Geser wird

---

[80] Näheres zur Verbindung Palästinas mit der ägyptischen Götterwelt bei Weippert, Palästina, 293–317. Keel – Uehlinger, Göttinnen, 68.

[81] Dazu Weippert, Palästina, 277–293. Keel – Uehlinger, Göttinnen, 72–74.

[82] Vgl. dazu Chr. M. Zivie, Giza au deuxième millénaire (Bd'É 70), Le Caire 1976, 305–328.

[83] Dazu M. Görg, Gott-König-Reden in Israel und Ägypten (BWANT 105), Stuttgart 1975, 55–70. Zum Text der „Sphinxstele" vgl. besonders die Ausführungen bei Zivie, Giza, 125–145.

[84] Vgl. dazu R. Giveon, Thutmosis IV and Asia, JNES 28, 1969, 54–59. Weinstein, Egyptian Empire, 13f. Giveon, Impact, 60 bespricht auch eine wiederentdeckte Inschrift aus der Zeit Tuthmosis' IV. im Sinai, wonach ein hoher ägyptischer Beamter als Beauftragter einer Prinzessin vom Hofe Tuthmosis' IV. im Sinai tätig ist.

einmal ausdrücklich genannt, was immerhin die wachsende Bedeutung dieser Ortschaft in Zentralpalästina ins Blickfeld rückt.[85]
Die Pharaonen Amenophis III. und Amenophis IV. (Echnaton) haben allem Anschein nach auf Feldzüge nach Palästina verzichtet. Damit kennt die SB IIA-Periode eine relativ ungestörte Beziehungszeit, die wohl „only a limited number of garrisons, staffed with small numbers of Egyptian and Nubian troops" in Palästina stationiert sein läßt.[86] Mit dieser „Pax Aegyptiaca" ist auch eine wirtschaftliche Blütezeit Palästinas verbunden.

Die Ortsnamenlisten Amenophis' III. aus den Tempeln von Soleb und Kom el-Heitan (Theben-West) stehen, soweit sie palästinische Ortslagen betreffen, in unterschiedlicher, freilich noch nicht in allen Details erschlossener Beziehung zur „Musterliste" Tuthmosis' III. So zeigt die Liste aus Soleb vor allem auf den Säulen III und VII palästinische Ortsnamen.[87] die nur zum kleinen Teil schon in der „Palästinaliste" vorkommen. Dafür kennt die Liste BN von Kom el-Heitan eine Folge von Einträgen, die zum größten Teil auch in der „Palästinaliste" belegt sind.[88] Von besonderer Bedeutung ist eine Konstellation, die allem Anschein nach schon auf der Säule IV von Soleb belegt, jetzt aber nur noch in einer von Soleb abhängigen Liste Ramses' II. von AmarahWest faßbar ist, nämlich eine Folge von mit „Land der $\check{S}3\acute{s}w$" gebildeten Kompositnamen, unter denen auch das $\check{S}3\acute{s}w$-Land *Jhw* begegnet, von dem später noch die Rede sein muß.[89]

Die in der vermutlichen Kopie der Soleb-Liste erhaltene Namensfolge mit dem südostpalästinischen Gebirgsland Seir an der Spitze endet mit der Zitation des Ortes Gintikirmil, einer Ortschaft an den Hängen des Karmelgebirges. Diese Konstellation begegnet auch in einem äußerlich völlig disparaten Textbereich, nämlich den sogenannten Amarnabriefen und hier in einem Brief des Königs Abduḫepa von Jerusalem (EA 288, 26). Der Stadtfürst gibt seinem Unbehagen angesichts einer Geg-

---

[85] Zur Bezeugung und Geschichte Gesers vgl. u. a. M. Görg, NBL I, 823–825.

[86] Weinstein, Egyptian Empire, 15. Vgl. auch Redford, Egypt, 169.

[87] Vgl. dazu E. Edel, Die Ortsnamenlisten in den Tempeln von Aksha, Amarah und Soleb im Sudan, BN 11, 1980 (63–79), 67f.

[88] Vgl. dazu E. Edel, Die Ortsnamenlisten aus dem Totentempel Amenophis III. (BBB 25), Bonn 1966, 9–26. M. Görg, Transjordanische Ortsnamen unter Amenophis III., in: ders., Zeitgeschichte, 40–53. Ders., Nordpalästinische Ortsnamen unter Amenophis III., in: ders., Zeitgeschichte, 58–73.

[89] Vgl. bes. Kap. IV.5.

nerschaft „von den Seir-Ländern bis nach Gintikirmil" Ausdruck,[90] um so das Eingreifen des Pharao zu beschwören. Die territoriale Definition wirft zugleich ein Licht auf die Situation Zentralpalästinas unter Amenophis III., indem die ägyptische Einflußzone zwar noch nicht unmittelbar in der Kontrolle der Stadtstaaten selbst, wohl aber in Zwischenbereichen gefährdet erscheint, was indirekt auch als Bedrohungspotential für die Stadtstaaten wie Jerusalem empfunden werden mußte. Von einem greifbaren Substanzverlust der ägyptischen Dominanz muß deswegen aber noch keine Rede sein.[91]

Die Perspektive der Amarnabriefe aus dem Bereich Palästinas erschließt sich im Rahmen der Amarnakorrespondenz zwischen vorderasiatischen Stadtfürsten und dem Pharaonenhof als Teil der umfassenden Diplomatie und Globalstrategie Ägyptens und seiner benachbarten Mächte.[92] Demnach erscheinen die palästinischen Lokalpotentaten als Vasallen der Ägypter, wobei die Stadtstaatenkette einen genuinen Bestand in der politischen Struktur der Ebenen bildet.[93] Zugleich treten einzelne Herrschaftskonzentrationen und Städtekoalitionen unter herausragenden Dynasten zutage, so etwa unter Lab'ayu, der anscheinend von Sichem aus ein größeres Gebiet Mittelpalästinas kontrolliert.[94] Gerade Sichem erscheint in diesem Zusammenhang erneut als ambitioniertes und vielleicht mit Jerusalem konkurrierendes Machtzentrum, so daß die spätere Rolle der Stadt in israelitischer Zeit eine wegbereitende Vorgeschichte hat. Dazu tritt wohl Milkili von Geser, der u. a. als Adressat eines Briefes mit der Zitation des Gottesnamens Amun begegnet und wohl ebenfalls u. a im Verbund mit Gintikirmil und Sichem gegen Jerusalem agiert. Die Stadtfürsten können sich auch der Parteinahme für die im Landesinneren zwischen den Städten operierenden Hapiru (keilschriftlich: ḫa-BI-ru) beschuldi-

---

[90] Zum syntaktischen Problem vgl. M. Görg, Zur Identität der „Seir-Länder", in: ders., Zeitgeschichte (135–140), 137.
[91] So auch Weinstein, Egyptian Empire, 16.
[92] Zu den politischen Rahmenbedingungen vgl. u. a. Helck, Beziehungen, 168–188. Aharoni, Land, 157–164.
[93] Vgl. dazu A. Alt, Die Landnahme der Israeliten in Palästina, Leipzig 1925, 17–23 (= ders., Kleine Schriften zur Geschichte des Volkes Israel I, München 1953, 107–113). M. Weippert, Die Landnahme der israelitischen Stämme in der neueren wissenschaftlichen Diskussion. Ein kritischer Bericht (FRLANT 92), Göttingen 1967, 20–24. Ders., The Settlement of the Israelite Tribes in Palestine (Studies in Biblical Theology. Second Series 21), London 1971, 11–16.
[94] Vgl. dazu u. a. Weippert, Landnahme, 23 mit Anm. 1. Helck, Beziehungen, 185.

36 Das „vorisraelitische" Palästina und Ägypten

gen,⁹⁵ deren Identität mit den in ägyptischen Texten Aperu (hieroglyphisch: ꜥprw) genannten Formationen außer Zweifel steht und phonetisch (ethnologisch?) mit den „Hebräern" des Alten Testaments vermutet werden kann.⁹⁶

Die Sprache und Phraseologie der Amarnabriefe zeigt überdies eine gewisse Verwandtschaft mit ägyptischen Wendungen und Formeln, so daß sich eine Prägung der Stadtkultur Palästinas durch ägyptische Inspiration erkennen läßt. Die geprägten Formen können noch bis in das Sprachgut des Alten Testaments nachwirken. So kennt der Brief des Abduḫepa von Jerusalem nicht nur die Wendung vom „Setzen des Namens",⁹⁷ sondern auch die Rede vom „starken Arm" Pharaos.⁹⁸ Jerusalem wird auf diese Weise schon in vorisraelitischer Zeit Träger von Vorstellungen, die später zur Konstituierung bestimmter Gottesprädikationen beitragen. Die Rolle der Stadt als Vermittlerin von kosmosbezogenen Eulogien, wie sie sich in den Sonnenhymnen Amenophis' III. (Echnatons) und in Ps 8 oder 104 spiegeln, erfährt in der Amarnazeit zum mindesten eine erste Profilierung.⁹⁹

Das Zeugnis der zeitgenössischen Kunst in Palästina lehrt eine wachsende Herausstellung der Dependenz vom Pharao. Gerade die Miniaturen der Skarabäenflachseiten können den Eindruck einer militärischen Dominanz Ägyptens, verkörpert in der Gestalt des imperialen Pharao, betonen. Die Streitwagenszenen und Kampfesmanifestationen¹⁰⁰ überhaupt bestätigen dies ebenso wie die immer wiederkeh-

---

⁹⁵ Vgl. Helck, Beziehungen, 186.
⁹⁶ Dazu zuletzt Görg, Hebräer, 65f. mit Literatur.
⁹⁷ Vgl. dazu M. Weippert, Bibl. 55, 1974, 431. Görg, ThWAT VII, 1346.
⁹⁸ Vgl. dazu M. Görg, Der „starke Arm" Pharaos. Beobachtungen zum Belegspektrum einer Metapher in Palästina und Ägypten, in: Hommages à Francois Daumas, Montpellier 1986, 323–330 (= ders., Studien zur biblisch-ägyptischen Religionsgeschichte [SBAB 14], Stuttgart 1992, 97–107).
⁹⁹ C. Uehlinger, Leviathan und die Schiffe in Ps 104,25–26, Bibl. 71, 1990, 499–526 vertritt eine Dependenz der Metaphorik in Ps 104 von phönizischen Bilddokumenten her. Eine überzeugende Alternative zu den bisherigen Assoziationen zu ägyptogener Bildsprache scheint damit freilich noch nicht gegeben zu sein.
¹⁰⁰ Vgl. dazu u. a. Keel–Uehlinger, Göttinnen, 68–72.90–92.108f. Zu den frühesten einschlägigen Dokumenten der Miniaturkunst gehören Darstellungen Amenophis' II. als Sphinx, der über einen liegenden Feind hinwegschreitet. Ein Exemplar dieser Szenerie fand sich in Tell el-ꜥAǧul (Abb. u. a. bei Der Manuelian, Amenophis II., 27). Ein weiteres konnte ich in Jerusalem erwerben (noch unveröffentlicht). Die Sphinxillustration könnte vielleicht mit der

renden Kartuschen mit den Königsnamen der 18. Dynastie,[101] denen in der Folgezeit eine eigene Wirkmächtigkeit und Symbolik zugesprochen wird.[102]

Die Regierungszeiten des Reformers Amenophis IV. und der „Gegenreformer" Tutanchamun und Haremheb sind allem Anschein nach ohne greifbare militärische Ambitionen in Palästina ausgekommen. Trotz verschiedenartiger Versuche, auch hier Operationen wahrzunehmen, sind einschlägige Spuren bislang nicht überzeugend nachgewiesen worden.[103] Im Bereich der zeitgenössischen Kultureinflüsse der Amarnazeit auf Palästina soll eigens auf die Palastarchitektur und den Bautyp des „Amarna-Wohnhauses" verwiesen werden, der sich vor allem in den Residenzen ägyptischer Beamter in Bet-Schean oder Südpalästina nachweisen läßt. Die religionsgeschichtliche Nachwirkung der Amarnareligion auf Palästina (über Phönizien?) u. a. am Beispiel des Ps 104 und seiner angenommenen Verwandtschaft mit den Sonnenhymnen Echnatons ist zu Recht erkannt und gewichtet worden. Auf der ägyptischen Seite des Beziehungsfeldes kann dann die Illustration ägyptischer Kontakte mit Asiaten insbesondere aus dem wiederentdeckten Grab des Haremheb in Sakkara[104] als eine höchst bemerkenswerte Zusammenschau dessen gelten, was der Ägypter der 18. Dynastie ange-

besonderen Orientierung des Pharao am Großen Sphinx von Giza in Verbindung stehen. Ob die Darstellung eines falkenköpfigen Sphinx in vergleichbarer Pose auf einer rechteckigen Platte aus Lachisch (O. Keel, Der ägyptische Gott Ptah auf Siegelamuletten aus Palästina/Israel, OBO 88, 1989, 313, Abb. 111) zeitgenössischen Ursprungs ist (so Keel), läßt sich trotz der einschlägigen Kartusche noch nicht sicherstellen.

[101] Nur ein geringer Teil der Skarabäen mit Königskartuschen der 18. Dynastie kann zeitgenössische Relevanz beanspruchen. Am ehesten gilt dies noch für Skarabäen mit Namen Amenophis' III., dazu vgl. etwa Giveon, Impact, 99f.; auch M. Görg, Ein Siegelamulett Amenophis' III. in Palästina, GM 60, 1982, 41–42.

[102] Vgl. dazu u. a. E. Drioton, Trigrammes d'Amon, WZKM 54, 1957, 11–33. A. R. Schulman, Two Scarab Impressions from Tel Michal, TA 5, 1978, 148–151.

[103] Vgl. dazu die Darstellung und Bewertung der Diskussion bei Weinstein, Egyptian Empire, 15–17. Zu fragen bleibt lediglich, ob ein Hinweis auf einen Feldzug im 16. Jahr Haremhebs (vgl. dazu u. a. D. B. Redford, New Light on the Asiatic Campaigning of Horemheb, BASOR 211, 1973, 36–49) historisch ernst zu nehmen ist oder ob eine „ideologische" Inanspruchnahme überkommener Ambitionen vorliegt.

[104] Vgl. G. F. Martin, Corpus of Reliefs of the New Kingdom from the Memphite Necropolis and Lower Egypt I, London 1987.

sichts seiner politischen Dominanz über das potentiell gefährliche Ausland empfinden konnte, da diese Perspektiven sogar in die Begleitvorstellungen zum Jenseits Eingang finden. Andererseits nimmt die ägyptische Bestattungpraxis u. a. darin Einfluß auf Palästina, daß man hier mit der Beisetzung in anthropoiden Tonsarkophagen beginnt.[105] Die Ergebnisse der Grabungen in Deir el-Balaḥ in der Schefela Südpalästinas sind hier von besonderer Signifikanz geworden.[106] Aufs Ganze gesehen steht das mit vielerlei Einzelbefunden besetzte Spektrum der ökonomischen, kulturellen und religionsgeschichtlichen Beziehungen zwischen Palästina und Ägypten in der Spätbronzezeit[107] dem Eindruck nicht entgegen, daß mit dem „Niedergang der Stadtkultur" Palästinas eine Zeit ägyptischer Dominanz begonnen hat.

---

[105] Vgl. dazu Weippert, Palästina, 269.
[106] Vgl. dazu vor allem T. Dothan, Excavations at the Cemetery of Deir el-Balah, Qedem 10, Jerusalem 1979.
[107] Vgl. dazu die instruktiven Beobachtungen von Weippert, Palästina, 264–343.

II. DAS VORSTAATLICHE „ISRAEL" UND ÄGYPTEN

1. Bevölkerungsstruktur im Übergang

Das Bild der Bevölkerungszusammensetzung der auslaufenden SB-Zeit auf palästinischem Boden unterscheidet sich auf den ersten Blick nicht wesentlich von dem vorläufigen Befund, den die ägyptischen Dokumente der 18. Dynastie und darunter vor allem die Amarna-Korrespondenz vermitteln. So kann es nicht verwundern, wenn zur Rekonstruktion der Verhältnisse vor dem Eintritt „Israels" in die Geschichte mehr oder weniger stillschweigend eben jenes beherrschende und von Ägypten begünstigte Stadtstaatensystem supponiert wurde, dessen scheinbar transparente Disposition eine angemessene Folie für die Darstellung eines Einzugs absolut heterogener Bevölkerungselemente hergeben konnte. Auch diejenigen Modelle, die vorwiegend in jüngerer Zeit zur Klärung der Prozesse im Vorraum der Konstituierung „Israels" bemüht werden und erhebliche, zugleich aber vom Innenraum Palästinas her initiierte Umstrukturierungen der gesellschaftlichen Verhältnisse akzentuieren,[1] scheinen der bleibenden Gewichtung des urbanen

---

[1] Vgl. hier besonders die einschlägigen Positionen von G. E. Mendenhall, Convenant Forms in Israelitic Tradition, The BA Reader 3, 1970, 25–53 (= BA 17, 1954, 50–76); ders., The Hebrew Conquest of Palestine, The BA Reader 3, 1970, 100–120 (= BA 25, 1962, 66–87); ders., Bibl 50, 1969, 432–436; ders., The Tenth Generation. The Origins of the Biblical Tradition, Baltimore–London 1973; ders., BA 39, 1976, 152–157; ders., JSOT 7, 1978 28–34; ders., Ancient Israels's Hyphenated History, in: D. N. Freedman – D. F. Graf (Hrsg.), Palestine in Transition. The Emergence of Ancient Israel. The Social World of Biblical Antiquity Series 2, 1983, 91–103; N. K. Gottwald, Were the Early Israelites Pastoral Nomads?, in: Proceedings of the Sixth World Congress of Jewish Studies 1973, I, 1977, 165–189; ders., BAR 4, 1978, 2–7; ders., Domain Assumptions and Societal Models in the Study of Premonarchic Israel, VTS 28, Leiden 1975, 89–100; Early Israel and „The Asiatic Mode of Production" in Canaan, Society of Biblical Literature – Seminar Papers, 1976, 145–154; ders., The Hypothesis of the Revolutionary Origins of Ancient Israel: A Response to Hauser and Thompson, JSOT 7, 1978, 37–52; ders., The Tribes of Jahweh. A Sociology of the Religion of Liberated Israel 1250–1050 B.C.E., New York 1979; ders., Two Models for the Origins of Ancient Israel, Fs. G. E. Mendenhall, 1983, 5–24; Vgl. weiter die Biblio-

Machtfaktors über die 18. Dynastie hinaus weit in die Ramessidenzeit hinein wenig Eintrag tun zu wollen. Je stärker man nämlich das scheinbar etablierte Stadtstaatengebilde noch zur Zeit der 20. Dynastie einschätzt, um so eher läßt sich das Bild einer in Konfrontation zur städtischen Gesellschaft stehenden Stammesorganisation konturieren. Wird dagegen mit der 19. Dynastie auch eine zunehmende Instabilität des kanaanäischen Stadtstaatensystems erkennbar, muß das Phänomen der nichturbanen Gesellschaftsformen sehr viel differenzierter gesehen und gewertet werden, als dies noch weithin geschieht.[2]

Ohne für die Gesamtsituation Palästinas zwingend repräsentativ zu sein, können die beiden Stelen Sethos' I. von Bet-Schean am ehesten dazu dienen, ein vorläufiges Bild der städtischen und nichtstädtischen Bevölkerungsanteile des palästinischen Kernbereichs exemplarisch zu entwerfen. Der Denkstein Sethos' I. vom Jahr 1 (ca. 1304 v. Chr.)[3] gibt über einen Feldzug Auskunft, der anläßlich einer bedrohlichen Lage im engeren Umkreis von Bet-Schean vom Pharao durchgeführt worden sein soll. Das nach einer grundsätzlichen Dokumentation der Dominanz Pharaos über die „Fürsten" Asiens zitierte Hilfeersuchen lautet: „Der elende Feind, der sich in der Stadt *Ḫmt* befindet, hat viele Leute um sich vereint, er erobert die Stadt *Bt-šr* und läßt in Koalition mit den (Leuten) von *Pḫr* den Fürsten von *Rḥb* nicht herausziehen."[4] Obwohl hier nur

---

graphien in VTS 37, 1985, 450 bzw. 461 (erstellt von N.P. Lemche) und BN 33 (1986), 97f. (erstellt von R. Oppermann). Zur Diskussion im letzten Jahrzehnt vgl. die Darstellungen und Wertungen v. a. von V. Fritz, ZDPV 106, 1990 (1991), 63–77. Ders., Landnahme, NBL II, 584–588. D. Vieweger, ZDPV 109, 1993, 20–36. H. Donner, Geschichte des Volkes Israel und seiner Nachbarn in Grundzügen 1, ATD Ergänzungsreihe 4/1, Göttingen ²1995, v. a. 82–149.

[2] Zum „soziologischen Modell" vgl. zuletzt vor allem die Stellungnahmen von N.P. Lemche, Early Israel. Anthropological and Historical Studies on the Israelite Society Before the Monarchy, VTS 37, Leiden 1985, 1–290; R. Oppermann, Die Rebellionsthese in Gottwalds ›The Tribes of Yahweh‹, BN 33 (1986), 80–99. Fritz, Landnahme, 75–77. Vieweger, Landnahme, 20–27. Donner, Geschichte, 144f.

[3] Vgl. die neuere Edition in KRI I, 11–12. Wiedergabe und Kommentar (mit Literatur) u. a. bei E. Edel, in: K. Galling (Hrsg.), Textbuch zur Geschichte Israels, Tübingen 1979, 36f.

[4] Zu den ägyptischen Namenbelegen vgl. u. a. M. Görg, Untersuchungen zur hieroglyphischen Wiedergabe palästinischer Ortsnamen, BOSt NS 29, Bonn 1974, 56–69 (Bet-Schean), 90–106 (Hamat), 164–177 (Rehob); M. Görg, in: W. Helck – W. Westendorf, Lexikon der Ägyptologie IV, Wiesbaden 1982, 924f. (Pella). Die Stele nennt ferner die Ortschaft *jnʿm* (Januammu), vgl. dazu u. a. R. Giveon, in: Lexikon der Ägyptologie III, Wiesbaden 1980, 244f.

ein lokaler Konfliktfall skizziert zu sein scheint, ohne daß die Ursachen und Vorgänge selbst im Detail ins Licht treten, kann doch vermutet werden, daß der rettende Feldzug Pharaos im Zusammenhang umfassenderer Sicherungsoperationen vonstatten gegangen ist, die der Nordostgrenze des ägyptischen Einflußbereichs und zugleich dem „Hinterland" der Š3św-Leute gewidmet gewesen sein mögen.[5] Dazu läßt der Wortlaut nicht einwandfrei erkennen, ob der „elende Feind" mit den Fürsten von Ḥmt identisch ist, so daß auch mit einer akuten Besetzung von Ḥmt selbst durch eine marodierende Truppe gerechnet werden kann, der auch die Kontrolle über Nachbarorte gelungen wäre. Der Pharao läßt jedenfalls die Städte Ḥmt, Bt-šr und dazu Jnʿm belagern,[6]

---

[5] Wie sich die Steleninschrift mit den strategischen Ereignissen verträgt, die auf der Nordwand des großen Säulensaales von Karnak (triumphale Heimkehr des Pharao und Deportation von Š3św-Gruppen im ersten, Kampf des Pharao bei der mittelpalästinischen Stadt Januammu und Einzug im Libanon im zweiten Register) dargestellt und gleichfalls in das erste Jahr des Königs zu datieren sind (s. u.), steht gegenwärtig zur besonderen Diskussion, vgl. A. Spalinger, The Northern Wars of Seti I: An Integrative Study, JARCE 16, 1979, 29–47, wonach die Kriegsszenen von Karnak zum gleichen strategischen Unternehmen gehören wie das Unternehmen der Steleninschrift (gegen G. A. Gaballa, Narrative in Egyptian Art, Mainz 1976, 100–105, der das zweite Register einem zweiten Feldzug des Pharao gegen Norden zuordnet, den Auseinandersetzungen der Steleninschrift aber nur den Rang einer unbedeutenden Nebenoperation zubilligt), wobei die militärischen Ereignisse in Mittel-und Nordpalästina (Libanon) gegenüber den relativ harmlosen Scharmützeln mit den Š3św-Gruppen im nördlichen Sinai dominieren. Demgegenüber darf ein ägyptisches Interesse an einer über den Sinai hinausgreifenden Vertreibung der Š3św-Gruppen bis zu deren nördlichen Stammesregionen vermutet werden, da man in ihnen eine wesentliche Ursache der palästinischen Unruheherde ausmachen konnte.

[6] Eine jüngste Interpretation gibt W. J. Murnane, The Road to Kadesh. A Historical Interpretation of the Battle Reliefs of King Seti I at Karnak, The Oriental Institute of the University of Chicago, Studies in Ancient Oriental Civilization 42, Chicago, Ill., 1985, 75, nach welcher der Pharao im ersten Regierungsjahr zwei Feldzüge durchführte: „the war with the Shasu (presumably fought near the start of the regnal year) and the Yenoam Campaign, from Palestine into Lebanon (at its end)". Auch diese Theorie läßt die ideelle Zusammengehörigkeit der süd-, mittel- und nordpalästinischen Operationen außer acht, die selbst durch eine hypothetische Mehrheit von Feldzügen im ersten Jahr nicht durchbrochen wird. Die Vertreibung und Demütigung der Unruhestifter und deren Verbündeter steht auf dem Programm der militärischen Ostpolitik, selbst wenn dieses Motiv bei den Lokalnachrichten nicht eigens benannt wird.

gewiß um den Aktionsradius der Unruhestifter radikal zu begrenzen und damit der Gefährdung des Durchgangs zum nördlichen Ostjordanland ein Ende zu setzen. Der Vorgang kann insgesamt als signifikativ für die gewachsene Anfälligkeit ehemals sicherer ägyptischer Positionen in Palästina empfunden werden, die freilich in höchst unterschiedlichem Maß betroffen gewesen sein mögen. Die zweite Stele Sethos I. von Bet-Schean, ohne Jahresangabe,[7] nennt ausdrücklich die ʿprw des Gebirges Jrwmt als Unruhestifter, die in Verbindung mit den tjrw-Leuten den „Asiaten" von Rwhm zu schaffen gemacht haben sollen.[8] Hier handelt es sich allem Anschein nach um rivalisierende Stammesgruppen, die einander befehden, ohne daß die bekannten Ansiedlungen namentlich in Mitleidenschaft gezogen sind. Es wird aber auch deutlich, daß die ʿprw – als konfliktschürende Elemente längst bekannt – auch nicht davor zurückscheuen, Stammesbildungen außerhalb der urbanen Sphäre gegeneinander aufzubringen.[9] Ob mit der Kennzeichnung der Parteien weitere Differenzierungen angezeigt sind, ist nicht sicher zu entscheiden. Daß mit rwhm eine Verbindung zum alttestamentlichen „Abraham" hergestellt werden könne, wie jüngst vorgeschlagen worden ist,[10] kann nicht als erwiesen gelten, zumal den phonetischen Problemen auch skeptische Rückfragen zur sonstigen Beleglage von rwhm einerseits und zur traditionsgeschichtlichen Ortung der Gestalt Abrahams andererseits zur Seite stehen.[11] Vielleicht ist rwhm nichts anderes als die Neue-Reichs-Fassung des Toponyms 3rhn aus den älteren Ächtungstexten des Mittleren Reichs,[12] so daß angesichts der noch fehlenden

[7] Jüngste Edition: KRI I, 16. Zum Text vgl. u. a. W. Grdseloff, Une Stele scythopolitaine du roi Sethos Ier, Le Caire 1949; W. F. Albright, The Smaller Beth-Shan Stela of Sethos I (1309–1290 B.C.), BASOR 125, 1952, 24–32.

[8] Vgl. besonders Z. 10f. (KRI I, 16, 8–9). Zum Toponym Jrmt (Jarimuta) vgl. vorläufig M. Görg, BOSt NS 29 (1974), 126–136.

[9] Die ʿprw, hier mit Andeutung der i-Vokalisation (ʿpirw) geschrieben, werden hier auch mit dem Zeichen des Kriegers determiniert, was ihren militanten Charakter hervorhebt.

[10] Vgl. vor allem M. Liverani, Un' Ipotesi sul nome di Abramo, Henoch 1 (1979), 9–18.

[11] Näheres dazu bei M. Görg, Abraham – historische Perspektiven, BN 41, 1988, 11–14 (= ÄAT 2, 1989, 171–174). Vgl. jetzt auch E. A. Knauf, BN 86, 1997, 49.

[12] Vgl. dazu bereits M. Görg, BOSt NS 29 (1974), 170f. Damals habe ich im Anschluß an Grdseloff noch mit einer „stabilen Siedlungsstätte" rechnen wollen. Das Fremdlanddeterminativ in Verbindung mit dem Fremdvölkerpfahl ist indessen kein untrügliches Zeichen für eine fixierte Ortslage oder gar ein urbanes Zentrum, sondern kann wie im Fall der Š3św-Reservate auch für grob ein-

Identifikation des Ortsnamens auch mit einer „Retribalisierung" gerechnet werden könnte: Eine stabile Ansiedlung in Gestalt einer befestigten Stadt wäre in ein Stammeszentrum umfunktioniert worden. Auch über die Natur der *tjrw*-Leute ist keine Klarheit zu gewinnen; nicht undenkbar ist ein Konnex mit der bekannten Kriegerbezeichnung *thr*,[13] so daß wenigstens für die *ʿprw* und die *tjrw* deren militanter Charakter manifest gemacht wäre. Immerhin zeigt die zweite Stele unzweideutig an, daß Ägypten in der Region südlich des Kinneret-Sees eine besonders empfindliche Zone zu kontrollieren lernen mußte, deren urbane wie nichturbane Strukturen gleichermaßen instabil erscheinen konnten. Es hat aber den Anschein, daß die *ʿprw* zunehmend von geschützten (gebirgigen) Gegenden aus operieren können, wo sie der wirksamen Überwachung durch Ägypten wenigstens zeitweise entzogen sein konnten. Sie stehen möglicherweise in Verbindung mit professionellen Kriegern und auf Kriegsfuß mit quasisedentären Stammesformationen. Damit ergibt sich ein kontrastreiches Bild der Gesell-

grenzbare Territorien bzw. Aufenthaltsbereiche Anwendung finden, vgl. dazu u. a. M. Görg, Ein ägyptisches Listenfragment mit asiatischen Toponymen, ZDPV 98, 1982, 9–16, hier 14 mit Anm. 35.

[13] Vgl. die Zusammenstellung der Belege dieses Ausdrucks bei Helck, Beziehungen, ²1971, 490f. Weitere Nachweise bei D. Kessler, Eine Landschenkung Ramses III. zugunsten eines „Großen der *thrw*" aus *Mr-msʿ.f*, Studien zur altägyptischen Kultur 2 (1975), 103–134, besonders 117f. Gegenüber dem Versuch von W. F. Albright, The Vocalisation of the Egyptian Syllabic Orthography, American Oriental Series 5, New Haven, Conn. (= New York 1966), 52 (XI.B.1), ein kanaanäisches **doher* mit der wahrscheinlichen Bedeutung „chariot racer" zu postulieren, dessen Basis sowohl in Ri 5,22 wie auch in Neh 3,2 bewahrt sei, befürwortet Helck zunächst eine Ableitung von semit. *thr* „rein" (524.560), während er in seinem Anschlußwerk ›Die Beziehungen Ägyptens und Vorderasiens zur Ägäis bis ins 7. Jahrhundert v. Chr.‹ (Darmstadt 1979, 136) semit. *thrh* „Verwirrung" zu Rate ziehen möchte. Beide Deutungsversuche haben phonetische und semantische Bedenken gegen sich. Ohne die Legitimation des Albrightschen Vorschlages grundsätzlich zu bestreiten, darf ich doch meinen Vorschlag wiederholen (vgl. WdO 13, 1982, 129), die Bezeichnung *thr* auf die semit. Basis *TWR* „umherziehen" (vgl. u. a. M. Noth, Könige 1, KB IX/1, Neukirchen-Vluyn 1968, 204 mit Diskussion der Stelle 1 Kön 10,15) zurückzuführen. Zu ergänzen wäre die Vermutung, daß auch die Stammesbezeichnung *tir* der gleichen Derivation folgt. Albrights Ableitungsversuch hat den Vorteil, sowohl die phonetischen als auch die semantischen (militärischen) Aspekte zur Geltung bringen zu können; nur fragt es sich, ob der alttestamentliche Verwendungsbereich von *dhr* nicht bereits von der eingeführten Titulatur *thr* als wortartbildender Grundlage her zu verstehen ist.

schaften eines bestimmten Raums in der 1. Hälfte des 13. Jahrhunderts, das weithin dem differenzierten Spektrum von Stammesorganisationen bis in unsere Tage entspricht.[14]

Die vielbehandelten topographischen Listen Sethos' I. zeigen u. a. einen Namenblock mit Toponymen der Krisenregion südlich des Kinneret-Sees,[15] die auch im Text der „ersten" Stele erscheinen. Die Rekonstruktion einer Stationenfolge scheint auch in diesem Fall nicht möglich zu sein,[16] mehr als ein Signal für die Zugehörigkeit der Ortschaften zu einem relativ geschlossenen Spannungsgebiet wird man nicht erkennen dürfen.[17] Die Listen mit dem „Viererblock" geben leider auch keinerlei Auskunft über Konstitution und Stabilität der genannten Orte, schon gar nicht über die realen Machtverhältnisse zwischen den wohl befestigten Ansiedlungen. Möglicherweise spiegelt die wiederholte Zitation der Namenreihe lediglich den ideellen Kontrollanspruch des Pharao wider, so daß nicht ohne weiteres auf eine faktische Konsolidierung geschlossen werden kann. Dennoch muß der Feldzug des 1. Jahres im angehenden Raum Verhältnisse geschaffen haben, die noch unter Ramses II. „beschworen" werden konnten,[18] welchem Pharao im übrigen eine weitere Stele von Bet-Schean in kumulativer Weise einen Sieg über die

---

[14] Zur differenzierten Gestalt der Gesellschaftsstruktur, vor allem der sozialen Verhältnisse vgl. die gegenüber Mendenhall und Gottwald kritischen Beobachtungen von Lemche, VTS 37, 1985, 223–231, wo auch ein Einblick in die ethnographischen Entwicklungen von Tribalgesellschaften im Nahen Osten bis in die neuere Zeit vermittelt wird.

[15] Vgl. die stereotpye Reihung der Toponyme *pḥr* (Pella), *ḥmt* (Hamat), *Bt-šr* (Bet-Schean) und *jnʿm* (Januammu); vgl. meine in Anm. 1 genannten Arbeiten. Die Spitzenstellung von Pella verdient besondere Aufmerksamkeit.

[16] Mit Helck, Beziehungen, ²1971, 193 gegen M. Noth, Die Wege der Pharaonenheere in Palästina und Syrien. Untersuchungen zu den hieroglyphischen Listen palästinischer und syrischer Städte, II. Die Ortslisten Sethos I., ZDPV 60, 1937, 183–239 (= ders., Aufsätze zur biblischen Landes- und Altertumskunde II, Neukirchen-Vluyn 1971, 22–36).

[17] Helck, Beziehungen, ²1971, 193, bestreitet zunächst die Zusammengehörigkeit der Listennamen, will unmittelbar darauf aber doch die Koordination eines Blocks von vier Namen am Anfang der parallelen Listen (vgl. hier auch die Gegenüberstellung bei Noth 213 bzw. 25) beachten.

[18] Die Konzeption der Listen unterliegt, wie hier thesenhaft festgestellt werden soll, nicht vordergründig strategisch-geographischen oder ökonomisch-administrativen Gesichtspunkten, sondern dient in erster Linie (in Aufnahme der Intention von Toponymreihungen in den Ächtungstexten) einer quasimagischen Kontrolle eines mit den Ortsnamenketten beanspruchten Territoriums. Näheres dazu an anderer Stelle.

„Asiaten" zuschreibt.[19] Die Erinnerung an die Krisenregion manifestiert sich nicht zuletzt in der besonderen, von den Listen gelösten Zitation der „Stadt" *Jnʿm* in Karnak.[20] Allerdings geben die Tempelinschriften keinen Hinweis auf die Präsenz von ʿ*prw*-Leuten in Palästina, vielleicht ein Zeichen, daß man dieser Gegner nicht gänzlich habhaft werden konnte. Dafür nehmen sich die offiziellen Inschriften auf den Tempelwänden von Karnak und Luxor sowohl unter Sethos I. wie auch unter dessen Sohn um so mehr der *Š3św*-Leute an, die allem Anschein nach als die unangenehmsten Störenfriede angesehen worden sind.

Das Verhältnis der ʿ*prw*-Leute zu den *Š3św*-Leuten ist keineswegs so klar zu definieren, wie dies die bisherige Forschung für möglich zu halten scheint. Namentlich unter Sethos I. treten Differenzierungen zutage, die es weder geraten sein lassen, die *Š3św* gegenüber den ʿ*prw* generell dem südlichen Palästina zuzuordnen,[21] noch gestatten, von einer Kooperation der ʿ*prw* mit den *Š3św* z. Z. Sethos' I. zu reden. Die Stelentexte von Bet-Schean erwähnen die *Š3św* nicht; doch stehen diese nach Ausweis der topographischen Listen Sethos' I. durchweg im Kontext nordöstlicher Toponyme,[22] wobei die unmittelbare Vergesellschaftung mit Arzawa in den Karnaklisten und die Zusammenstellung mit *Sngr* (Babylonien) in der Liste von Kanais (Redesieh)[23] die geographische

---

[19] Vgl. die jüngste Edition in KRI II, 150–151. Die in das Jahr 18 zu datierende Stele (jetzt in Philadelphia) findet sich in Übersetzung u. a. in ANET 255, wo fälschlicherweise das 9. Jahr als Entstehungsdatum benannt wird.

[20] Zur Diskussion über die topographische Identifikation vgl. die Zusammenstellung der Thesen bei R. Giveon, LÄ III, 244f. Am wahrscheinlichsten bleibt die Lokalisation auf dem Tell Obeidieh, südlich des Sees Kinneret. Die Identifizierung mit Tell el-Shihab am Jarmuk (so N. Naʾaman, The Political Disposition and Historical Development of Eretz-Israel according to the Amarna Letters, Tel Aviv 1975, 54ff.) ist trotz der dort gefundenen Stele Sethos' I. (KRI I,17) nicht zwingend. Die Stele bestätigt lediglich das Interesse der Ramessiden am mittleren Ostjordanland.

[21] Vgl. etwa Helck, Beziehungen, 1971, 335, der von den *Š3św* als den „Beduinen Südpalästinas" spricht. Auch R. Giveon, Les Bedouins Shosou des Documents Egyptiens (Documenta et Monumenta Orientis Antiqui 22), Leiden 1971, 220ff.; ders., in LÄ V, 1984, 539 redet vom Ursprung der *Š3św* im südlichen Transjordanien. Dagegen ist die Präsenz der *Š3św* in Südpalästina vor und während der 18. Dynastie nicht gesichert, vgl. M. Görg, Zur Geschichte der *Š3św*, Orientalia 45 (1976), 424–428; ders., Tuthmosis III. und die *Š3św*-Region, JNES 38 (1979), 199–202. Vgl. auch. Weinstein, Egyptian Empire, 7.

[22] Vgl. dazu Giveon, Shosou, 60–65.

[23] Vgl. dazu Giveon, Shosou, 64.

Zugehörigkeit signalisieren, dies um so eher, als weder die „Vierergruppe" der thebanischen Listen[24] noch die singuläre Folge mittelpalästinischer Namen der Liste von Abydos[25] einen assoziativen Bezug zu den *Š3św* erkennen lassen. Hier gibt freilich zu denken, daß auch die Folgen nordpalästinischer Toponyme (Libanon und Südsyrien) innerhalb der thebanischen Listen ohne den Eintrag *Š3św* auskommen, vielleicht ein Zeichen, daß die Region der *Š3św* in der Listenperspektive im weiteren Nordosten angesetzt wird, jedenfalls nicht im Zentralbereich des Kulturlands Palästina. Dieser Befund mag wiederum damit zusammenhängen, daß diejenigen Listen oder Listenteile, die sich auf den ersten Feldzug Sethos' I. beziehen, lediglich die Namen der angeblich unter ägyptischer Kontrolle stehenden Ortschaften Palästinas nennen, die ihrerseits von internen (*'prw*) oder externen (*Š3św*) Bevölkerungsformationen bedrängt worden sein mögen. Die „Lokalisierung" der *Š3św*-Region im Nordosten Palästinas schließt damit keineswegs aus, daß von dorther mobile Bevölkerungsteile nach Südwesten gezogen sind, um im Grenzbereich des Kulturlands zu operieren. Diese Beobachtungen legen den Verdacht nahe, daß der erste Feldzug Sethos' I. nicht nur die Entspannung innerhalb lokaler Konfliktzonen, sondern vor allem die Zurückdrängung der *Š3św*-Leute in deren nordöstliche Ausgangsbasis zum Ziel hatte.

Weit mehr Beachtung als die Hinweise auf *Š3św*-Bewegungen nördlicher Provenienz hat nun jene extensive Dekoration an der nördlichen Außenwand des großen Säulensaales des Tempels von Karnak gefunden, die die Rückkehr Sethos' I. von einem Feldzug gegen die *Š3św* spektakulär dokumentiert.[26] Da diese Szene im Zusammenhang der unmittelbaren Kontaktnahme von Asiaten mit Ägyptern in der 19. Dynastie noch eigens betrachtet werden muß, soll hier nur das bevölkerungspolitische Problem einer offenbar südpalästinischen Präsenz der *Š3św*-Leute behandelt werden.

Wie auch immer die Reihung mit den Subregionen des *Š3św*-Gebiets in der Liste Amenophis' III. von Soleb zu beurteilen sein mag, unzweifelhaft wird der Tatbestand einer Konzentration von *Š3św*-Leuten in Südpalästina erst mit der besonderen Dokumentation in Karnak. Hier stellt sich eine Szenenfolge dar, die mit der Einnahme einer „das Ka-

---

[24] Zu der Spitzengruppe mit den Ortsnamen Pella, Hamat, Bet-Schean, Januammu vgl. u. a. Helck, Beziehungen, 192 f.
[25] Vgl. Simons, Handbook, 146. KRI I,36.
[26] Dazu A. H. Gardiner, The Ancient Military Road between Egypt and Palestine, JEA 6, 1920, 99–116. Helck, Beziehungen, 191 f. Giveon, Shosou, 39–60.

naan" genannten Festungsanlage beginnt, dann den Marschweg südwärts an den Brunnenstationen der nördlichen Küstenregion des Sinai entlangführt, die Auseinandersetzung mit den *Š3św* demonstriert, um schließlich den triumphalen Empfang beim Passieren der Grenzfestung *T3rw* (Zillu) und die Präsentation der *Š3św* zu Ehren Amuns zu zeigen. Mit der Bezeichnung „das Kanaan" ist allem Anschein nach zunächst zwar die Stadt Gaza gemeint, doch muß auch bedacht werden, daß die Einnahme der Stadt zugleich die Kontrolle über Palästina signalisiert. Schon diese metaphorische Sinngebung darf vor dem Urteil warnen, die Illustration betreffe lediglich einen räumlich und zeitlich begrenzten Feldzug gegen die südpalästinischen *Š3św* innerhalb des ersten Jahres Sethos' I.[27] Es ist vielmehr damit zu rechnen, daß die Darstellung einerseits einen elementaren Bestandteil des ersten Feldzugs ausmacht und andererseits der Zielsetzung des gesamtem Feldzugs dient. Für diese vorläufige Einschätzung ist es nicht sonderlich relevant, daß es noch nicht gelungen ist, die den stilisierten Darstellungen der Zwischenstationen beigegebenen Toponyme zweifelsfrei mit bestimmten Ortslagen zusammenzubringen.[28] Demgegenüber können die relativ ausführlichen Textbeischriften die eigentliche Dimension der Szenenfolge verraten. Während es etwa zur Illustration der Einnahme von „dem Kanaan"[29] heißt: „Vernichtung, die der mächtige Arm Pharaos ... vollzog unter den Feinden (des Landes) der *Š3św* von der Festung *T3rw* bis zu dem Kanaan"[30], enthält der Kommentar zur triumphalen Rückkehr des Pharao nach Ägypten u. a. folgenden Wortlaut:

„Die Feinde des *Š3św*-Landes empören sich (?). Ihre Stammesführer sind an einem Ort beisammen, während sie auf den Hügeln von *H3rw* stehen. Sie stiften Unordnung und Unruhe. Sie töten sich gegenseitig."[31]

Wer sich auf der Suche nach der geographischen Orientierung der *Š3św* in der Zeit Sethos' I. ausschließlich auf das Verbreitungsgebiet Südpalästina festlegt, genauer „das südliche Palästina und die nordwestliche Sinai-Halbinsel bis zum Isthmus von *Sūwēs*"[32], ist nicht nur an

---

[27] So mit Helck, Beziehungen, 192.
[28] Zur Diskussion mit Vorschlägen vgl. Giveon, Shosou, 41–47.
[29] Zu dieser Bezeichnung Gazas vgl. auch M. Görg, Kanaan, NBL II (438–439), 438.
[30] Hieroglyphischer Text: KRI I,8, 8–9.
[31] Hieroglyphischer Text: KRI I,9, 3–5.
[32] M. Weippert, Semitische Nomaden des zweiten Jahrtausends. Über die *Š3św* der ägyptischen Quellen, Bibl 55, 1974, 265–280. 427–433.

eine kaum vertretbare enge Auslegung der Phrase „von *T3rw* bis zu dem Kanaan" im Sinne einer territorialen Interpretation des „Horusweges" von Zillu bis Gaza gebunden, ohne ausreichend zu bedenken, daß eine solche Limitation der nördlichen Präsenz der *Š3św* nicht gerecht würde, sondern auch genötigt, die „Hügel" (*ts.wt*) als „Charakteristikum ihres Wohnbereichs" in dieser geographischen Region zu suchen und damit eine „abwegige" Begrenzung des offenbaren Landesnamens *Ḫ3rw* in Kauf zu nehmen. Da aber mit *Ḫ3rw* kaum etwas anderes als ein Synonym für Kanaan gegeben ist, muß an die Präsenz von *Š3św*-Leuten in den gebirgigen Gegenden sowohl im Südosten wie auch im Nordosten Palästinas gedacht werden, so daß insgesamt auch die zitierten Beischriften der über Südpalästina hinausgreifenden Zielsetzung des ersten Feldzugs das Wort reden. Damit ist auch signalisiert, daß aus ägyptischer Sicht ein Erfolg über die *Š3św* Südpalästinas letzten Endes nur durch Zurückdrängung des *Š3św* in ihre östlichen Wohngebiete bzw. durch Deportation möglich erschien. Für die Beobachtung der demographischen Verschiebungen in Palästina im Verlauf der 19. Dynastie darf demnach festgehalten werden, daß die Bedrohung durch die *Š3św* nicht nur im südlichen Palästina, sondern an den Grenzen des gesamten ägyptischen Kontrollgebietes wirksam war, so daß sich eine umfassende Strategie empfahl.

Wenn die Bezeichnung *Ḫ3rw* auch noch besonders in östlichen Gebirgszügen gelten sollte, die das Kulturland Palästina grob gesehen von den Wüstenregionen trennen, muß die spätere alttestamentliche Tradition nicht von vornherein im Unrecht sein, wenn sie das mit *Ḫ3rw* etymologisch verbundene Ethnikon der „Hurriter" in Relation zur Bevölkerung im Südosten Palästinas setzt.[33] Zur Erklärung der Präsenz von *Š3św*-Leuten in scheinbar unverbundenen „Weltgegenden" bleibt vorläufig nur eine Bestätigung der schon geäußerten Annahme, daß die *Š3św*-Konzentrationen im Südosten die Folge einer sukzessiven Ausdehnung der Aufenthaltsbereiche und „Wohngebiete" von den Randterritorien Nordostpalästinas her darstellen. Diese Expansion, die im wesentlichen außerhalb der palästinischen Kernlandzone verlaufen sein wird, muß auf jeden Fall vor Beginn der 19. Dynastie stattgefunden haben. Im Blick auf die Bevölkerungsgeschichte muß es doch wohl problematisch erscheinen, wenn in jüngerer Zeit versichert wird: „an ori-

---

[33] Zur historischen Relevanz der Zitation von *ḫōrī* im Alten Testament vgl. A. Kammenhuber, Die Hurriter und das Problem der Indo-Arier, Revue Hittite et Asianique 36, 1978, 85–90. Kritisch dazu u.a. G. Wilhelm, Grundzüge der Geschichte und Kultur der Hurriter, Darmstadt 1982, 1.

ginal concentration of Shasu settlements lay in southern Transjordan in the plains of Moab and northern Edom."³⁴

Die Auseinandersetzungen mit Ägypten lassen nun auch das Verhältnis der *Š3św* zu den *'prw* zu Beginn der 19. Dynastie exakter definieren und damit ein Charakteristikum der demographischen Entwicklung in dem Palästina des Übergangs zur Eisenzeit aufzeigen. Eine jüngere Vergleichsstudie zu den Bevölkerungsgruppen sieht folgende Gemeinsamkeiten³⁵:

1. Beide sind „definable continuing (as opposed to ad hoc) militarized groups, imperfectly integrated into the feudal system and posing a threat to the Egyptians and to particular city-states in Canaan".

2. Beide sind „similarly caught up in the cross-currents of shifting coalitions and counter-coalitions involving Egypt and the city-states".

3. Beide sind „variable power factors that could appear from point to point, now aligned with one city and now with another, depending upon the immidiately perceived mutual interests of the city-states and of the semi-independent militarized groups".

4. Beide erscheinen meistenteils „on the side of Canaanite city-states that are antagonistic to Egypt in the sense that they are disturbing the status quo of the Egyptian imperium, even though they are not always directly engaged with Egyptian forces".

Unterschiede werden dagegen in folgenden Punkten gesehen³⁶:

1. Die *'prw* waren „recently formed, or constantly augmented, communities of persons who withdrew as 'outlaws'".

2. Die *Š3św* waren „continuing self-supporting communities of persons engaged in an agricultural and pastoral mixed economy, some of whom were pastoral nomads". Ihre „relative freedom from urban statism" läßt sie als „self-subsisting communities with self-defense forces" erscheinen, „which could not always be well controlled by the city-states", und demzufolge, besonders in ägyptischer Perspektive, als „a threatening entity".

Bei der vorstehenden Einschätzung der Relation zwischen *Š3św* und *'prw* tritt der topographische Aspekt eingestandenermaßen etwas in den Hintergrund. Zur Beurteilung des Verhältnisses gehört jedoch primär der möglichst genaue Einblick in die Verbreitung und Lokalisation der

---

³⁴ Redford, Egypt, 272. Vgl. auch Gottwald, Tribes, 480: „In fact, their primary identifiable locus was in southern Edom." Zurückhaltender urteilt Spalinger, Historical Implications, 99f.
³⁵ Gottwald, Tribes, 479.
³⁶ Gottwald, Tribes, 479.

Gruppen, der weithin auf der Basis der ägyptischen Dokumente gewonnen werden kann. So muß man den *Š3św* im Anschluß an ihre weit verstreute Präsenz eine erheblich umfassendere Mobilität gegenüber den *ʿprw* zubilligen, wobei deren Nord-Süd-Expansion eigens in Rechnung zu stellen ist. Die unterschiedliche Provenienz der *Š3św* als von den Stadtstaaten unerwünschte Eindringlinge von auswärts und der *ʿprw* als im Spannungsfeld der Stadtstaaten operierende Opponenten des Machtgefüges im Innenraum Palästinas fordert zu einer noch entschiedeneren Differenzierung der Funktionen beider Gruppierungen heraus. Trotz aller Verhaftung mit originären Regionen und sekundären Aufenthaltsräumen stellen die *Š3św* überwiegend den Faktor der Migration dar, während die *ʿprw* trotz ihrer offenbaren Loslösung vom „Feudalsystem" des Stadtstaatengebildes ökonomischen Interessen und sedentären Ambitionen unmittelbarer anhangen und damit den Faktor der emanzipatorischen Konsolidierung einer alternativen Gesellschaft ausmachen. Die ägyptischen Dokumente können, soweit sie ihrer ideologischen Perspektive entkleidet werden, diese beiden Pfeiler einer sich abzeichnenden Umstrukturierung der palästinischen Gesellschaft ins rechte Licht rücken, die migrative Mobilität der *Š3św* und die ökonomische Emanzipation der *ʿprw*.

Die gebotenen Differenzierungen vermögen freilich noch nicht gänzlich plausibel zu machen, welches Interesse gerade die südpalästinischen *Š3św* an der Störung des klassischen Expeditionsweges und den Angriffen auf die befestigten Brunnenstationen gehabt haben könnten. Die unmittelbare Nähe zum ägyptischen Grenzbereich dürfte dazu beigetragen haben, daß sich die *Š3św*-Konzentrationen dieser Region in einem höheren Ausmaß mit der ägyptischen Dominanz auseinanderzusetzen hatten als ihre nördlichen Stammesgenossen. Es liegt jedenfalls kein Anlaß vor, die Schlagkraft der südlichen Gruppierungen gering einzuschätzen. Die Aggressivität dieser Stämme könnte nämlich ausnahmsweise mit spezifischen Wirtschaftsinteressen gekoppelt gewesen sein, da im Nordosten der Sinaihalbinsel mindestens ein Kupfergewinnungsgebiet (Timna) gelegen war,[37] dessen Ausbeutung und Kontrolle durch die Ägypter zur Rivalität mit denen führen konnte, die dort eine Art Hausrecht beansprucht haben mögen, eben jenen *Š3św*, die als Mitarbeiter gewonnen werden mußten, sich aber wohl zunehmend ägyptischer Kontrolle zu entziehen trachteten.[38] Die „midianitische" Kera-

---

[37] Dazu u. a. E. A. Knauf, Midian, 110–112.
[38] Dazu u. a. M. Görg, Punon – ein weiterer Distrikt der *Š3św*-Beduinen?, BN 19, 1982, 15–21 (= ders., Zeitgeschichte, 188–194). E. Knauf, Supplementa Ismaelitica 13. Edom und Arabien, BN 45, 1988, 62–81.

mik in Timna belegt die Präsenz der *Š3św* nicht weniger deutlich als qualifizierte Hinweise auf spezifische Dekorationen (Felszeichnungen), Wohnformen (Zeltbau) und Kultpraktiken,[39] von denen noch eigens die Rede sein muß. Nicht nur in Timna, sondern wohl auch in Punon mögen die *Š3św* sozusagen autochthone Fachleute im Bergbau gestellt haben. Die Auseinandersetzung mit Ägypten wurde zu dem Zeitpunkt unvermeidlich, da man selbst in den Genuß der wirtschaftlichen Ausbeutung gelangen wollte. Um die Ägypter vom weiteren Zugriff fernzuhalten, mag man sie schon im Vorfeld der Zugangswege gestört haben wollen.[40]

Die szenische und literarische Charakteristik der *Š3św* unter Sethos I. ist nicht ohne weiteres ein getreues Spiegelbild der historischen Verfassung. Das äußere Erscheinungsbild im Relief ist nicht weniger von aspektivischer Interpretation gekennzeichnet als die textlichen Hinweise auf Stammesfehden und fehlenden Respekt vor dem Pharao. Die *Š3św*, die nunmehr in vereinfachender Wiedergabe als „Schasu" zitiert werden sollen, sind in den Augen der Ägypter nichts anderes als eine genuine Manifestation des „Chaos".

2. Ramses II. – Prototyp des „Pharao"

Die beherrschende Gestalt in der zweiten Hälfte des 13. Jahrhunderts ist zweifellos Ramses II. (1279–1213 v. Chr.), Sohn und Nachfolger Sethos' I., ein „Pharao der Pharaonen", dessen Bedeutung für die Ermöglichung und das Werden der Größe „Israel" kaum zu überschätzen ist. Dabei sind es nicht nur die geschichtlichen Prozesse, die einer politischen Konstellation mit dem Aufkommen Israels die Wege ebnen, sondern auch die kulturellen und vor allem die religiösen Prägungen des palästinischen Raums, die wie nie zuvor einer allseitigen und umfassenden Kontrolle durch Ägypten entgegenwirken und der Entstehung autonomer politischer Gebilde förderlich sind.

Die politischen Ereignisse in Palästina stehen unter dem Eindruck militärischer Auseinandersetzungen des Pharao mit dem Großkönig der Hethiter, die in Ägypten als Sieg propagiert worden sind, jedoch in einem Arrangement enden und in einen Friedensvertrag münden, der geradezu als Muster eines Staatsvertrages dieser Gattung in die Geschichte eingegangen ist. Im weiteren Vorfeld der großen Konfrontation

---

[39] Vgl. dazu u. a. Knauf, Midian, 111 f.
[40] Vgl. dazu auch Knauf, Midian, 113.

mit den Hethitern liegt der 1. Syrienfeldzug Ramses' (Sommer 1276/5), der über Tyros und Byblos ins Landesinnere Nordpalästinas führt (Stele vom Jahr 4 am Nahr el-Kelb).[41] Der Aufmarsch zur großen Auseinandersetzung mit den Hethitern beginnt im nächsten Jahr, wichtige Stützpunkte sind zunächst die „Stadt im Tannental" (wohl in der libanesischen Beqaʻ-Ebene) und Schabtuna, südlich von Qadesch. Die sogenannte Qadesch-Schlacht endet für Ramses historisch gesehen mit einem dubiosen und relativierbaren Ergebnis,[42] hat aber für die Folgezeit eine vieldimensionale Wirkungsgeschichte. Der politische Einfluß der Hethiter dehnt sich auf die Provinz Upe mit der Stadt Damaskus aus. Die Schilderungen von Strategie und Verlauf des Geschehens in den prosaischen und poetischen Varianten auf den Tempelwänden in Theben haben Rekonstruktionsversuche[43] ausgelöst, die freilich nicht immer dem literarischen Genre gerecht werden. Die Auseinandersetzung ist jedenfalls zu einem Muster der grundsätzlichen Bezwingung einer chaotischen Gegnerschaft durch den Pharao hochstilisiert worden, ohne daß dieser ideologischen Version eine historische Äquivalenz entsprechen muß. Damit hat die Schlacht eine nachträgliche Dimension gewonnen, die ihr eine geradezu mythische Qualität zukommen läßt. Einfluß und Nachwirkung dieser Konzeption auf die biblischen Schlachtberichte ist angesichts des Gewichts assyrischer Kriegsschilderungen noch nicht genügend erforscht.

Zwischen der Qadesch-Schlacht und dem Friedensschluß liegen allerdings ca. 16 Jahre, die Ramses II. auf weiteren Feldzügen im palästinischen Raum sehen lassen. Erneut sind Städte im phönizischen und syrischen Raum, diesmal Tyros, Sidon, Byblos, Ullaza, Irqata, Simyra, Tunip und Dapur, Stationen einer militärischen Unternehmung (1271), die wohl nur der Absicherung gefährdeter Kontrollgebiete dient (Pylonwand im Totentempel Ramses' II.).[44] In das zweite Jahrzehnt fällt u. a. die Wiedergewinnung der Stadt Schabtuna südlich von Qadesch. Diese Kriegstat, die sich den Anschein einer Rückeroberung eines wich-

---

[41] Vgl. dazu K. A. Kitchen, Pharaoh Triumphant. The Life and Times of Ramesses II, King of Egypt, Warminster–Mississauga 1982, 51.
[42] Vgl. dazu besonders Kitchen, Pharao, 53–64 („Triumph in Disaster"). Th. von der Way, Die Textüberlieferung Ramses' II. zur Qadeš-Schlacht, Hildesheim 1984. G. Fecht, SAK 11, 1984, 281–333; ders., GM 80, 1984, 55ff. Schneider, Lexikon, 230.
[43] Vgl. dazu zuletzt W. Mayer – R. Mayer-Opificius, Die Schlacht bei Qades. Der Versuch einer neuen Rekonstruktion, UF 26, 1994, 321–368 mit Literatur.
[44] KRI II,148f.

tigen Vorpostens gibt, findet auch Ausdruck in einer Palimpsestschreibung an der östlichen Außenwand des Tempels in Luxor, wo sich der Name Schabtuna an der Stelle eines älteren Namenseintrags findet. Ein weiterer Feldzug nach Syrien bleibt ebenfalls ohne hethitische Reaktion (Stele vom Jahr 10 am Nahr el-Kelb)[45]. Vielleicht ist auch die Stele Ramses II. in Bet-Schean (Jahr 18)[46] im Zuge eines der Feldzüge in den südsyrischen Raum aufgestellt worden. Noch ins erste Jahrzehnt fällt anscheinend ein Unternehmen, das in das moabitische Bergland führt und möglicherweise gegen antiägyptische Koalitionen des frühen Moab mit dem „Feind aus dem Norden" gerichtet ist.[47]

Die eben erwähnte Tempelwand in Luxor ist für das Frühstadium Israels von besonderem Interesse, sind doch dort in einem ursprünglicheren Zusammenhang Städte aus dem Raum des Berglands östlich des Toten Meeres, dem Gebiet des alten Moab, aufgetragen, die später z. T. offenbar mit syrischen Toponymen überschnitten worden sind. Zu den moabitischen Ortschaften gehört die auch im Alten Testament genannte moabitische Hauptstadt Dibon, ferner eine Ortschaft, deren Name *Bwtrt* sich bisher einer unangreifbaren Identifikation widersetzt hat.[48]

Die „Moab-Wand" in Luxor bezeugt auf exemplarische Weise den herrschenden Trend zur Verselbständigung einzelner ethnischer Größen und Einheiten, wie sie auch im Falle des nachherigen Israel beobachtet werden darf. Moab und Edom sind hier vorgängige Landesnamen, die dem sich allmählich etablierenden Israel als Vorbild gedient haben mögen.

Gerade hier wird die eminente Rolle greifbar, die der Analyse der politischen Situation im Zentrum Palästinas unter der speziellen, aber sich deutlich abschwächenden Dominanz der Kontrolle Ramses' II. zu-

---

[45] KRI II,149.

[46] KRI II,150 f.

[47] Vgl. dazu Kitchen, Pharaoh, 67. P. Haider, SÄK 14, 1987, 107–123. Die Rekonstruktion dieses Feldzugs durch Kitchen ist einigermaßen kühn, vgl. dazu auch M. Görg, BN 85, 1996, 9–11.

[48] Solange keine unwiderlegbare Lösung gefunden ist, erlaube ich mir, trotz der nicht vorurteilsfreien Ablehnung bei K. A. Kitchen, in: SAM 7, 1992, 31, bei der Möglichkeit zu bleiben, daß es sich um eine Wiedergabe eines hypothetischen *Bet-Lōṭ*, „Wohnsitz des Lot", handeln kann. Eine lautliche Inkompatibilität erkenne ich nicht. Daß Kitchens eigener Vorschlag einer Gleichsetzung mit Rababatora seinerseits auf Phantasie beruht, kreide ich ihm nicht an, vgl. dazu auch S. Timm, ÄAT 17, 1989, 16–18 und M. Weippert, ÄAT 30, 1995, 333–338.

kommt. Die einschlägigen topographischen Listen zu Vorderasien, die zu keiner Zeit so intensiv entworfen und an den Tempelwänden Oberägyptens aufgebracht worden sind wie zur Zeit dieses Pharao,[49] gehen über die Namenskonstellationen unter Sethos I. nicht hinaus und berühren das zentralpalästinische Gebiet und die Bergregionen Mittel- und Südpalästinas so gut wie gar nicht.[50] Die einzige Dokumentation mit Listennamen aus Mittel- und Südpalästina ist aus dem Tempel von Amarah-West erhalten, eine Liste freilich, die zum größten Teil auf eine Liste der Zeit Amenophis' III. von Soleb zurückgeht, so daß zeitgenössische Konsequenzen nur mit erheblichem Vorbehalt zu ziehen sind.[51] Immerhin wird zur Zeit Ramses' II. auch jene Konstellation vergegenwärtigt, die wohl schon unter Amenophis III. bestand und ihr Gegenstück im zeitgenössischen Brief EA 288 mit der Erwähnung der Seir-Länder im Südosten Palästinas und der Ortschaft Gintikirmil als nordwestlichem Fixpunkt hat.

Die charakteristische Konstellation führt jene Länderfolge mit Seir in führender Position mit dem Karmelgebiet zusammen, die u. a. das *Š3św*-Land *Jhw3* (= *JHWH*) kennt. Die Liste ergänzt somit die aus EA 288,26 gewonnene Information und läßt den vom Stadtkönig in Jerusalem beklagten Unruhebereich hinreichend definiert sein,[52] einen palästinischen Sektor, der später auch das Kerngebiet der Größe „Israel" zu umfassen und in der sog. Israelstele des Ramsessohnes Merenptah ein weiteres Entwicklungsstadium zu präsentieren scheint.

Unter Ramses II. sind offenbar nicht nur die Seir-Länder, sondern auch die nordwestwärts angrenzenden Landschaften Südpalästinas nicht mehr derart pazifiziert worden, daß der seit der 18. Dynastie hier herrschende virulente Unruhezustand in dauerhafte Stabilität hätte überführt werden können. Möglicherweise hat der Pharao es nicht mehr vermocht, der sich entwickelnden Assoziationsgesellschaft aus Aperu- und Schasu-Leuten im Widerstand gegen die urbanen und von

---

[49] Vgl. die Editionen in Simons, Handbook, Listen XIX–XXVI und in KRI II.

[50] Die soeben wieder einmal ins Spiel gebrachte Identifikation des Namens *šrm* (Liste XIX,15 = KRI II,149,5) mit Jerusalem, vgl. D. Rohl, Pharaonen und Propheten, München 1996, 17–22, beruht auf Verkennung der einschlägigen Listentopographie.

[51] Vgl. die Edition in KRI II,215–217. Eine Synopse der Namenseinträge von Amarah-West mit jenen des Tempels Ramses' II. in Aksha und des Tempels Amenophis' III. in Soleb mit Kommentar bietet E. Edel in: BN 11, 1980, 63–79.

[52] Vgl. dazu im einzelnen M. Görg, ÄAT 2, 1989, 135–140.

Ägypten kontrollierten Kulturzonen vor allem in der Küstenebene wirksam zu begegnen. Die sich hier darbietende Situation dürfte sich von der Lage jenseits der Araba mit der beginnenden Staatenbildung von Moab und Edom doch wohl in nicht unbeträchtlichem Ausmaß unterschieden haben. Die geographisch-politische Verfassung Palästinas unter dem Eindruck der problematischer werdenden Kontrollgewalt Ägyptens bietet sich unter einer kritisch-satirischen Perspektive in einem zeitgenössischen Brief dar, der im Papyrus Anastasi I. enthalten ist und wohl mit Recht als eine „öffentliche Anklage zur Zeit Ramses' II. an die Adresse des Schreiber- und (des literaten) Offiziersstandes" bezeichnet worden ist, „mit dem Ziel, deren vermeintliches berufliches Wissen sowie dessen schulische Vermittlung bloßzustellen und einer eingehenden Kritik zu unterziehen".[53] Von einer allseits befriedigenden Information über den sich abzeichnenden Raum des beginnenden Israel in Südpalästina kann allerdings keine Rede sein. Der südlichste Punkt scheint Sichem zu sein, wenn man von den küstennahen Orten wie Joppe absieht. Möglicherweise ist das Gebiet der judäischen Berge bereits von unkontrollierbaren Bevölkerungselementen durchsetzt, mit denen der Reisende am besten nichts zu schaffen haben soll. Bezeichnend ist ohnehin die negative Charakteristik der im Großraum agierenden Schasu-Leute mit ihrer Begabung zu hinterhältigen Angriffen.[54] Hier kommt den Operationsgebieten der Schasu-Leute geradezu die sinnfällige Dimension des Chaotischen zu.[55] Genau dies dürfte der Eindruck sein, den insbesondere das mittel- und südpalästinische Bergland bei den Ägyptern hinterlassen hat. Um so eher konnte sich hier eine eigenständige Bevölkerungsstruktur bilden, die im Widerstand gegen ägyptische Überfremdung ein vitales Motiv ihrer Existenz gefunden hat.

Nicht nur um eine bessere Gegenwehr gegen die aus der östlichen Wüste kommenden Aggressionen aufzubauen, auch nicht nur, um sich dem beginnenden Ansturm der Seevölker von einem geeigneten Stützpunkt entgegenstellen zu können, hat Ramses II. Auaris, die alte Hauptstadt der Hyksos im östlichen Delta am ehemaligen pelusischen Nilarm zu einer neuen Metropole ausgebaut und nach Norden (heute in und um den Ort Qantir) zu einer Residenz mit Palastanlagen, Tempeln und

---

[53] H.-W. Fischer-Elfert, Die satirische Streitschrift des Papyrus Anastasi I. Übersetzung und Kommentar (ÄgAbh 44), Wiesbaden 1986, 290.

[54] Vgl. dazu vor allem die Beobachtungen bei Fischer-Elfert, Streitschrift, zu Abschnitt XVI (158–169) und XIXc (201–207).

[55] Vgl. Fischer-Elfert, Streitschrift, 210.

Wirtschaftsbereichen umgestaltet. Die Ausgrabungen[56] haben hier u. a. ausgedehnte Bauanlagen als „Streitwagengaragen" und Pferdeställe ausmachen können, darüber hinaus auch rekonstruierbare Schmelzöfen und Waffenschmieden, in denen hethitische Schilde produziert worden sind. Die Ramsesstadt dürfte auch die Perspektive bestimmen, aus der der obengenannte Brief u. a. zu den lokalen Gegebenheiten in Syrien-Palästina geschrieben worden ist.

Die Präsenz von Ausländern in der Ramsesstadt ist mittlerweile ein nachweisbares Faktum. Von möglichen Tätigkeitsfeldern „protoisraelitischer" Gastarbeiter wird noch die Rede sein. Daß Leute aus dem Herrschaftsgebiet der Hethiter oder deren Bundesgenossen tätig werden können, ist freilich erst nach Abschluß des Friedensvertrages denkbar, der als ein Erstlingswerk und ein Musterbeispiel in die Rechtsgeschichte eingegangen ist. Da es sich um das Dokument einer Vereinbarung zweier gleichgestellter Staaten handelt, das einem festen Strukturschema folgt und die Götter der beiden Länder als Garanten beschwört,[57] ist ihm eine juristische und zugleich religiöse Dimension zu eigen, die es letztlich auch als modellartige Grundlage für die biblische Konzeption von der „Berit" als „Bund" zu Rate ziehen läßt, obwohl die Bibel zur Idee einer ausschließlich von *JHWH* her autorisierten Bundschließung bzw. Bindung Israels durch seinen Gott gefunden hat.

Die ägyptische Fassung des Vertragswerkes stellt eine Götterformation in den Vordergrund, die der sog. Reichstriade, bestehend aus den Hochgöttern Re-Harachte, Amun und Ptah, entspricht, wie sie in exemplarischer Weise in der Cella des berühmten Felsentempels Ramses' II. in Abu Simbel vor Augen tritt.[58] In der Ramsesstadt hat sich ebenfalls ein großer Tempel befunden, der dem Kult der Reichstriade

---

[56] Vgl. hier vor allem die Arbeiten des Pelizaeus-Museums Hildesheim unter dem Grabungsdirektorium von E. Pusch. Publikationen in Auswahl: E. Pusch, Metallverarbeitende Werkstätten der frühen Ramessidenzeit in Qantir-Piramesse/Nord – Ein Zwischenbericht, in: Ä&L 1, 1990, 75–113. Ders., „Pi-Ramesses-Beloved-of-Amun, Headqaurters of thy Chariotry". Egyptians and Hittites in the Delta Residence of the Ramessides, in: Pelizaeus-Museum Hildesheim. The Egyptian Collection, Mainz 1996, 126–144. Ders., Qantir. Berichte und Beiträge zu den Arbeiten an der Ramsesstadt, ÄAT 10, 1997.

[57] Vgl. die Wiedergabe der akkadischen und hieroglyphischen Fassungen von E. Edel, in: TUAT I/2, 1983, 135–153. Eine gründliche Bearbeitung der Texte bei E. Edel, Der Vertrag zwischen Ramses II. von Ägypten und Hattusili III. von Hatti, WVDOG 95 (im Druck).

[58] Vgl. dazu zuletzt P. O. Scholz, Abu Simbel. In Stein verewigte Herrschaftsidee, Köln 1994, 143 f.

gewidmet war und ebenso wie in Abu Simbel der unvergleichlichen Gottesnähe des regierenden Pharao als des „Gottessohns" Rechnung trug. In dieser exorbitanten, auch für ägyptische Religiosität einzigartigen Hervorhebung der königlichen Göttlichkeit muß die eigentliche religiöse Herausforderung der Zeit gesehen werden, die geradezu auf einen kritischen Umschlag in einer Gegenbewegung hinsteuern mußte. Mit der anschließenden Dekadenz der ägyptischen Dominanz und dem Wachstum der innerpalästinischen Opposition haben wir die geschichtliche Antwort auf die grandiose und nicht mehr zu überbietende Selbsteinschätzung des „Pharao" vor uns.

Die ägyptische Reichstriade ist auch in Südpalästina präsent. Die zeitgenössische Glyptik kennt Darstellungen des Amun-Re wie auch besonders des Ptah, dessen Bedeutung im unterägyptischen Raum von seiner „Wallfahrtstätte" Memphis mit dem dortigen, von Ramses ausgebauten Ptahtempel nach Osten ausstrahlt. Unbeschadet der Frage, ob Ptah in Aschkelon eine Verehrungsstätte oder gar einen Tempel besaß, darf doch von einer ausgesprochenen Ptahfrömmigkeit die Rede sein, die sich im Gebrauch der einschlägigen Stempelsiegel-Amulette äußert. Wohl auf diese Weise konnte auch die Ptah-Theologie auf fruchtbaren Boden fallen, die später die Abfassung des ersten, priesterschriftlichen Schöpfungstextes (Gen 1, 1–2, 4 a) in dessen vermutlicher Primärfassung mit der Preisung der Wortschöpfung und der abschließenden Ruhe Gottes beeinflußt hat. Schließlich ist auch die griechische Ineinssetzung des Ptah mit dem Feuergott Hephaistos nicht ohne Folgen für die Kultpraxis in Südpalästina geblieben.

Durch die mit großer Akribie und umfassender Sachkenntnis durch E. Edel erschlossene Korrespondenz des ägyptischen Königshofs mit dem hethitischen Herrscherhaus[59] sind nicht zuletzt auch Informationen über den Raum und die Verfassung in Syrien-Palästina hinzugetreten, so über die nördliche Grenzprovinz Upi (Damaskus) und die südlichste Region Kanaan. Als Durchgangsland fungierte Palästina offenbar auch bei der Geleitung der Hethiterprinzessin bis zur Übernahme durch die Ägypter; einem Parallelbriefpaar (KUB III 37 + KBo I,17 und KUB III 57) zufolge „waren die Landstatthalter von Upi und (Kinaḫḫi) beauftragt worden, die Prinzessin und ihre Hochzeitskarawane – jeder in seiner Provinz – in Empfang zu nehmen, zu verpflegen und weiterzuleiten"[60]. Für die Stärke der „vereinten ägyptisch-hethiti-

---

[59] Vgl. jetzt E. Edel, Die ägyptisch-hethitische Korrespondenz aus Boghazköi in babylonischer und hethitischer Sprache I und II, Opladen 1994.
[60] Edel, Korrespondenz, II, 241.

schen Hochzeitskarawane" könnten Tausende Mitwirkende aus Palästina benötigt worden sein. Hier sei noch ein weiterer Aspekt der Heiratsbeziehung benannt, der auch für die spätere Geschichte des Raums Palästina von Interesse geworden ist. Die „Musterbeziehung" auf internationaler Ebene kann auch für die Heiratsbeziehung Salomos zum zeitgenössischen Hof in Tanis Pate gestanden haben. Ohne daß sich äußerlich ein nur annähernder Vergleich anbietet, darf doch, wie noch zu zeigen ist, mit einer umgekehrt proportionalen Wirkungsgeschichte gerechnet werden.

3. Merenptahs „Israel"

Die palästinische Präsenz Merenptahs als eines Sohnes Ramses' II. nimmt sich gegenüber der seines Vaters relativ bescheiden aus. Dennoch ist ein Textzeugnis seiner Zeit zum ersten und wichtigsten Dokument der außerbiblischen Bezeugung Israels überhaupt und der frühen Beziehungen zu Ägypten im besonderen geworden. Gemeint ist die sog. Israelstele, die ihren Namen freilich nur der unter Merenptah beschriebenen Seite verdankt, während die andere bereits unter Amenophis III. gestaltet wurde. Die Bezeichnung ist dazu keineswegs für den Stelentext charakteristisch, da es primär um den Libyerfeldzug des Regierungsjahrs 5 geht und Israel nur beiläufig erwähnt wird.

Die für die Geschichte der Beziehungen zwischen Israel und Ägypten so relevante Passage der Inschrift lautet[61]:

163 Alle Fürsten haben sich niedergeworfen und rufen „Schalom!",
164 kein einziger von den Neunbogen erhebt mehr sein Haupt.
165 Verwüstet ist das Libyerland, und Chatti ist befriedet,
166 geplündert ist das Kanaan (Gaza) mit allem Übel.
167 (27) Aschkelon ist fortgeholt und Geser gepackt,
168 Jenoam ist zu Nichtseiendem gemacht.
169 Israel liegt wüst und hat keinen Samen,
170 und Syrien ist zur Witwe für (28) geworden.

Die Geschichte der Einbindung dieses Textes in die Forschung zur Geschichte Israels ist ein besonderes Kapitel und in ihrer Divergenz

[61] Wiedergabe hier im Anschluß an E. Hornung, ÄAT 5, 1983, 232 in Verbindung mit G. Fecht, ÄAT 5, 1983, 120. S. auch Th. von der Way, Göttergericht und „Heiliger" Krieg im Alten Ägypten. Die Inschriften des Merenptah zum Libyerkrieg des Jahres 5, SAGA 4, Heidelberg 1992, 99.

Merenptahs „Israel" 59

kaum noch zu erfassen.[62] Der gegenwärtige Stand der Auswertung sucht die Identität der Größe „Israel" im Blick auf die Determinierung und den Kontext zu erfassen.[63] Die in der sog. Gruppenschreibung gefaßte Form lautet in Transliteration: jj-sir-j3-r' (= YŚR'L) + Determinative (Wurfholz/Mann und Frau/drei Pluralstriche). Die Schreibung[64] favorisiert die syntaktische Auffassung des Namens als Satznamen mit einer Präfixkonjugationsform (Langform) der Basis ŚRY („heilen", „herrschen" oder „streiten"?) und der Gottesbezeichnung El. Dazu ist die Determination weiterhin signifikant: Im Unterschied zu den benachbarten Orts- und Völkernamen ist „Israel" mit „Mann und Frau" gekennzeichnet, was für ein ägyptisches Verständnis des Namens als Sippenbezeichnung spricht, wie auch für die Schreibung des Schasu-Namens das gleiche Determinativ verwendet werden kann. Zugleich ist aber die territoriale Bindung keineswegs ausgeschlossen, so daß ohne weiteres auch das Gebiet gemeint sein kann, in dem der besondere Sippenverband sich aufhält oder ansässig ist. Es sei ausdrücklich darauf hingewiesen, daß die ägyptischen Belegformen des Namens Š3św (Schasu) sowohl mit dem Fremdlanddeterminativ wie auch mit dem Determinativ Mann/Frau geschrieben werden können,[65] so daß die jeweilige Graphie nicht in exklusivem Sinn zu nehmen und bestenfalls perspektivisch zu verstehen ist.

Die Identifikation der Namenschreibung mit „Israel" erhebt sich über jeden vernünftigen Zweifel.[66] Von der soziographischen Größe Israel wird in agrarischer und geprägter Terminologie geredet. Vor einer vorschnellen Übertragung der semantischen Konnotation auf reale Befindlichkeiten ist jedoch zu warnen. Wahrscheinlich liegt doch eher Bildsprache vor, die Israel in metaphorischer Diktion eine weitere Existenz abspricht oder absprechen will. Die Formulierung kann sogar auch ohne weiteres als „magischer Optativ" verstanden werden, wie

---

[62] Vgl. dazu die eingehende Dokumentation von H. Engel in: Biblica 60, 1979, 373–399.

[63] Vgl. M. G. Hasel, Israel in the Merenptah Stela, BASOR 296, 1994, 45–61. Hier auch Diskussion der neueren Literatur.

[64] Vgl. dazu zuletzt M. Görg, NBL II, 248.

[65] Vgl. die Dokumentation der Belege bei R. Giveon, Les Bedouins Shosou des documents Égyptiens, Leiden 1971. Beispiele für Fremdlanddeterminativ: Dok. 24.25.26.28.32, für Mann/Frau-Determinativ: Dok. 29.30.31. Vgl. dazu auch D. Lorton, JARCE 9, 1971–72, 149.

[66] Die jüngst von O. Margalith, ZAW 102, 1990, 225–237 vorgeschlagene Alternative „Jesreel" ist aus lautlichen Gründen nicht vetretbar, vgl. auch Hasel, Israel, 46f.

denn Eintragungen in ägyptische Listen nicht immer historischen Eroberungstaten entsprechen müssen und wenigstens teilweise „Wunschlisten" sein können. So bleibt im Grunde nur eine Wahrnehmung des Namens „Israel" als einer ethnischen Größe in Palästina. Hasels Deutung des „Israel" Merenpthas als „an agriculturally-based/sedentary socioethnic entity in the late 13th century B.C."[67] kann mit dem nötigen Vorbehalt übernommen werden. Die Bevölkerungsgruppe kann man ebenfalls mit der gebotenen Zurückhaltung als „Proto-Israeliten" bezeichnen, ohne daß damit notwendigerweise eine kontinuierliche Identität mit der im Alten Testament als „Israel" bezeichneten Größe behauptet werden soll.[68]

Kann man diese Größe „Israel" räumlich näher definieren? Sieht man von den nordwärts gelegenen Territorien ab, bleiben als rahmende Fixpunkte die Städtenamen Aschkelon und Geser im Westen, Januammu im Nordosten und der einzige mit Artikel erscheinende Name: „das Kanaan", d. h. wohl Gaza, als südliches Eingangstor nach Palästina. Zwischen diesen Ortslagen erstreckt sich allem Anschein nach das Gebiet, das als Raum der sich entfaltenden Größe Israel gelten darf. Es ist zugleich der Raum, der sich schon in den früheren, spärlichen Informationen zur politischen Geographie Südpalästinas als besonderer Unruheherd hat ausmachen lassen. Interessant ist, daß die Stadt Sichem nicht genannt wird. Möglicherweise ist die paradigmatisch einschlägige Rolle des Ortes, der ja schon in den Ächtungstexten und in der Chusebek-Stele, dann in den Amarnabriefen (Labaja) als gefährlicher Bereich galt, in die Wandlungen der Bevölkerungsstruktur einbezogen, so daß hier eine „Enturbanisierung" im Zuge der Verschmelzungsprozesse zwischen Schasu- und Aperuleuten greifbar würde. Doch hier muß weiteren Spekulationen ein Riegel vorgeschoben werden, selbst wenn solche Überlegungen dem biblischen Eindruck vom Standort und der Rolle Sichems in der biblischen Frühgeschichte des alttestamentlichen Israel entgegenkommen würden.[69]

Das ägyptisch bezeugte älteste „Israel" sollte demnach als spezifische Bevölkerungsgruppe gerade in dem Sektor Mittel- und Südpalästinas gesucht werden dürfen, der im Amarnabrief noch mit den Seir-Ländern im Südosten und dem Karmelgebiet im Nordwesten definiert werden konnte, nunmehr aber weiter eingegrenzt erscheint.

[67] Hasel, *Israel*, 54.
[68] Ich schließe mich hier der zuletzt von W. G. Dever, in: BAR 22/5, 1996, 31 gegebenen Beurteilung an.
[69] Vgl. dazu u. a. K. Jaroš, Sichem, OBO 11, 1976, bes. 139–153.

In jüngster Zeit ist zu der schriftlichen Bezeugung in der „Israelstele" Merenptahs noch eine Illustration auf einer Tempelwand südlich des großen Säulensaals im Tempel von Karnak (neben der hieroglyphischen Fassung des Hethitervertrags Ramses' II.) gestellt worden, die neben den Auseinandersetzungen um Aschkelon, Geser und Januam auch den Kampf mit der Größe „Israel" bieten soll. Die einschlägige Studie von F. J. Yurco[70] erkennt in der Szene 4 des Ensembles die Darstellung von Israeliten, die nicht als Schasu, sondern als Kanaanäer ausgewiesen sein sollen. Die Illustration von Schasu-Leuten in benachbarten Szenen (5, 7, 8) verdeutliche den Unterschied: „Shasou are pictorially and textually Shasou; the Israelites in Scene 4 are Canaanites pictorially, and by inference textually in the Israel stela where Israel is linked with Ashkelon, Gezer and Yano'am."[71] Von einem Hervorgehen Israels aus den Schasu-Verbänden[72] könne dementsprechend nicht mehr die Rede sein.[73] Da freilich „Israel" in der Szenenkonstellation nicht (mehr?) eigens mit einer Beischrift greifbar ist,[74] ist ein uneingeschränkt positives Votum zur These noch nicht angezeigt.[75] Im übrigen steht die Rückführung der ethnischen Größe „Israel" auf Kanaanäer der Annahme einer sekundären Anreicherung durch die von Südosten kommenden Schasu-Verbände nicht im Wege.

Die „Israelstele" hat sowohl in der hypothetischen Verbindung mit den angehenden Szenen im Tempel von Karnak wie auch den Prädikationen Merenptahs als „Bezwinger von Geser" ($w'f\ Qdr$)[76] zur Verstärkung der Position beigetragen, daß Merenptah persönlich mindestens einen Feldzug nach Palästina durchgeführt haben müsse. Der Fund einer Sonnenuhr daselbst mit Namen und Abbildung des Pharao[77] wird als zusätzliches Signal für die Präsenz des Pharao gewertet. Ob allerdings ein Tempelbau in oder bei Jerusalem auf das Konto dieses Pharao

---

[70] F. J. Yurco, Merenptah's Canaanite Campaign, JARCE 23, 1986, 189–215. Vgl. schon ders., SSEAJ 8/1, 1978, 70. Zustimmend zuletzt K. A. Kitchen, JEA 80, 1994, 243.
[71] Yurco, Campaign, 210, Anm. 37.
[72] So noch etwa Giveon, Shosou, 267–271.
[73] Vgl. auch L. Stager, EI 18, 1985, 56–64.
[74] Anders Aschkelon mit der früher Ramses II. zugeschriebenen Szene und Beischrift.
[75] Vgl. auch die knappen Bemerkungen von H. Sourouzian, Les Monuments du Roi Merenptah, Mainz 1989, 150.
[76] Vgl. KRI IV, 9; dazu R. Krauss, LÄ IV, 75.
[77] Vgl. KRI IV, 24.

geht, wie ein einschlägiges Votum aus jüngster Zeit will,[78] muß als höchst unwahrscheinlich gelten.[79] Da weder Annalen noch einschlägige Listen und andere klare Indizien vorliegen, kann immer noch nur von einer Wahrscheinlichkeit militärischer Operationen des Pharao in Palästina gesprochen werden. Daß eine Quelle in der Nachbarschaft Jerusalems noch in Jos 15, 9 18, 15 mit der Bezeichnung *MY NPTWḤ* belegt worden ist, die doch wohl als „Quelle des Merenptah" zu deuten ist[80] und mit dem im Tagebuch eines ägyptischen Grenzbeamten aus der Zeit Merenptahs genannten „Brunnen des Merenptah, der (im) Gebirge (?) liegt", verbunden werden kann,[81] wird nicht mehr als ein Kongruenzkriterium gewertet werden dürfen. Sollte es tatsächlich zu einem oder mehreren Unternehmen gekommen sein, hätte dies keineswegs den „zukunftsweisenden" Durchbruch gebracht, den die Israelstele etwas vollmundig zum Ausdruck gebracht hat. Im Gegenteil, die sich abzeichnende Schwäche Ägyptens hat der Größe „Israel" allen doxologischen und propharaonischen Sentenzen Ägyptens zum Trotz erst eigentlich zur Entfaltung und Entwicklung zu einer nationalen Identität hin verholfen. Über den Tatbestand eines Exodus „Israels" aus Ägypten freilich kann uns keine der erhaltenen Texte und Szenen aus der Zeit Merenptahs hinreichend informieren. Es ist daher auch müßig, die Überlieferungen vom Exodus um jeden Preis mit der Nachricht über eine Größe „Israel" unter Merenptah so abzustimmen,[82] daß es zu einem rekonstruierbaren Geschehenszusammenhang im Verlauf der 19. Dynastie führen müsse. Das Exodus-Problem ist zunächst ein innerbiblisches Problem. Historische Bezüge benötigen ein umfangreicheres Spektrum, als es eine Beschränkung der Sichtweise auf Ereignisse der 19. Dynastie freisetzt.

Immerhin vermittelt die „Israelstele" über die historischen Bezugs-

---

[78] Vgl. G. Barkay, IEJ 46, 1996, 41, dessen Spurenlese allerdings nicht überzeugt.

[79] Zum Problem ägyptischer Tempel in Palästina vgl. bereits S. Wimmer, Egyptian Temples in Canaan and Sinai, in: S. Israelit Groll (Hrsg.), Studies in Egyptology Presented to Miriam Lichtheim II, Jerusalem 1990, 1065–1106.

[80] Vgl. F. v. Calice, OLZ 6, 1903, 224. M. Noth, Das Buch Josua, HAT I/7, Tübingen 1953, 84. 88. M. Görg, BN 86, 1997, 24–26.

[81] Kritisch zur Deutung und Identifikation der biblischen Lokalität u. a. R. Krauss, LÄ IV, 74.

[82] Vgl. zuletzt die Erwägungen bei Sourouzian, Monuments, 209–215 („Merenptah et l'Exode").

punkte hinaus auch einen sprechenden Eindruck von der ägyptischen Sichtweise der Auseinandersetzungen mit dem palästinischen Raum, so daß auch die Beziehungen Ägypten–Israel unter einem speziellen Licht gesehen werden müssen.

4. Sethnacht – *Pharao der Vertreibung*

Die Zeit zwischen den bekanntesten Ramessiden Ramses II. und Ramses III. ist nicht zuletzt von einem außerordentlichen Anwachsen innenpolitischer Probleme gekennzeichnet. Infolge der sukzessiven Zuwanderung von Fremden vor allem aus dem asiatischen Ausland, aber auch wegen der vornehmlich im Deltagebiet präsenten, unfreiwilligen Gastarbeiter – Aperu oder Schasu und Verwandte –, war eine politische Lage entstanden, die Unterägypten in einen Unruheherd mit bedrohlichen Auswirkungen auf die Ordnung und den Zusammenhalt des ägyptischen Staatswesens verwandelte. In mancher Hinsicht stellt sich die Situation so dar wie in der 2. Zwischenzeit vor der Machtübernahme der Hyksos, so daß die Befürchtungen Ägyptens angesichts einer möglichen Prädominanz der Semiten keineswegs unbegründet waren. Die Gefahr einer neuen Überfremdung stand vor der Tür. Es scheint, daß diese Angst die ägyptische Politik beherrscht und so wider Willen gerade den Eintritt einer ganz anders gearteten politischen Größe in die Geschichte gefördert hat.

Über die gespannte Lage der angehenden Zeit des auslaufenden 13. und beginnenden 12. Jahrhunderts informiert zunächst der sog. historische Teil des Großen Papyrus Harris I, der während der Regierungszeit Ramses' IV., des Sohnes Ramses' III., zum ehrenden Gedenken an den Vater verfaßt worden ist.[83]

Der „historische" Abschnitt charakterisiert zunächst die chaotische Lage:

„Das Land Ägypten war nach außen verbannt.
Jeder Mann war seine (eigene) Richtschnur.
Sie hatten kein Oberhaupt viele Jahre vorher bis zur Zeit der anderen, während das Land Ägypten zugehörig zu (fremden) Fürsten und Stadtverwaltern war.
Einer war beim Töten eines anderen bei den Angesehenen und den Geringen."

Der Höhepunkt des Chaos wird mit dem Auftreten eines Fremden beschrieben:

---

[83] Zur Datierung und Wertung des Papyrus vgl. zuletzt Cl. Maderna, GM 123, 1991, 57f. mit Literatur Anm. 2.

„Eine andere Generation entstand nach ihr mit leeren Jahren,
als Irsu, ein Syrer, bei ihnen als Fürst war,
indem er das ganze Land als Leiter unter sich gab.
Einer verbündete sich mit dem andern, um ihren Besitz zu rauben,
während sie die Götter wie die Menschen behandelten,
(und) man keine Opferspeisen im Innern der Tempel mehr darbrachte."

Der nur hier genannte Irsu (*Jjr-św*) ist nach W. Spiegelberg wegen seiner Schreibung mit den Determinativen 'Bumerang' und 'sitzender Mann' nicht als Name, sondern lediglich als Satzglied zu fassen: „X, ein Syrer, machte sich bei ihnen zum Fürst."[84] Gegen diese Auffassung sind u. a. onomastische und syntaktische Bedenken geltend gemacht worden.[85] Die ungewöhnliche Determinierung ist zuletzt als Ausdruck einer „Betonung" gedeutet worden, „daß der Fürst dieses Namens Ausländer, d. h. nicht anerkannter Ägypter war"[86]. Denkbar ist freilich auch, daß es sich um eine literarische und künstliche Namengebung handelt, deren semantische Dimension „Der sich selbst (zum Fürsten) macht" durch die Determinierung nur noch klarer hervortreten konnte. Eine ursprüngliche Titulatur wäre zum Namen geworden.

Vielleicht handelt es sich dabei um eine Art Spottnamen, etwa mit dem Bedeutungsgehalt „der Emporkömmling" o. ä., so daß man weiter nach dem eigentlichen Namen Ausschau halten könnte. Dieser dürfte nun doch wohl in dem Namen *By* zu sehen sein, den ein einflußreicher Hofbeamter, Kanzler und Schatzmeister trägt[87] und der auch in der mit der hieroglyphischen Gestalt kompatiblen keilschriftlichen Fassung *Bi/eja* (RS 86.2230)[88] erhalten zu sein scheint. Der ausführliche Hofname dieses Politikers, der auch als „Königsmacher" (H. Altenmüller) des Pharao Siptah bezeichnet worden ist, lautet: *Rʿ-mś-św-ḫʿ-m-nṯrw*, während *By* der „Geburtsname" des Ausländers sein könnte, dessen semitische Deutung freilich noch Schwierigkeiten bereitet (Kurzform eines PN wie Abija?)[89]. Auf jeden Fall begegnet uns hier eine Gestalt,

---

[84] Spiegelberg, OLZ 2, 1899, 263–265. Vgl. auch u. a. H. Goedicke, WZKM 71, 1979, 1–17. H. Altenmüller, JEA 68, 1982, 107–115.

[85] Vgl. dazu zuletzt Maderna, GM 123, 1991, 78.

[86] So Maderna, GM 123, 1991, 78.

[87] Zur Person vgl. zuletzt Th. Schneider, Lexikon, 275 f. mit Literatur.

[88] Vgl. dazu J. Freu, Syria 65, 1988, 395 f.

[89] J. C. de Moor, The Rise of Yahwism. The Roots of Israelite Monotheism, BEThL 91, Louvain 1990, 136, Anm. 149 deutet den Namen mit „In YH (is my trust)", was bereits auf syntagmatischer und onomastischer Ebene kritische Anfragen stellen läßt. Zum religionsgeschichtlichen Problem vgl. Kap. IV.5.

die eine gewisse Mittlerfunktion im Spannungsfeld zwischen Asiaten und Ägyptern innezuhaben scheint und im Kontext mit der Identität des Mose noch weitere Betrachtung verdient. Über die genauere Datierung der politischen Aktivität dieses Mannes besteht noch Unklarheit: Vielleicht hatte er nach dem Tode der Tausret (1190), der Gemahlin Sethos' II., eigene Machtinteressen verfolgt.[90] Selbst wenn er noch vor Siptah gestorben sein sollte,[91] wirft seine politische Rolle ein bezeichnendes Licht auf die Machtverhältnisse dieser Phase, in der wieder einmal ein semitischer Ausländer die Hand nach der Herrschaft über Ägypten ausstrecken konnte. Die internationale Kontaktnahme des Be/ija signalisiert immerhin ein Brief, den er an den ugaritischen König 'Ammurapi gerichtet hat.[92]

Die Herrschergestalt, die der politischen Aktivität des Ausländers am Hof ein Ende gesetzt haben soll, ist der Pharao Sethnacht (1190–1187). Es ist allerdings damit zu rechnen, daß Sethnacht nicht mehr mit Bi/eja selbst, sondern mit der anscheinend asiatenfreundlichen Hinterlassenschaft der Tausret abgerechnet hat. Der Papyrus Harris bietet hier wiederum keine detaillierte Information, seiner Intention entsprechend beschränkt er sich auf die Charakteristik des Pharao der Wende:

„Er war Cheper-Seth, wenn er wütend war.
Er brachte das ganze Land, das aufrührerisch gewesen war, in Ordnung.
Er tötete die Rebellen, die sich in Ägypten befanden.
Er reinigte den großen Thron von Ägypten."

Weitere Informationen birgt ein erst in jüngerer Zeit auf der Insel Elephantine entdeckter und publizierter Text aus einer Stele des Sethnacht.[93] Im Verlauf des Textes, dessen Phraseologie in Analogie zu ramessidischen Königstexten vor allem der euphorischen Verherrlichung des Regenten dient, finden sich folgende Passagen[94]:

---

[90] Vgl. dazu R. Drenkhahn, Die Elephantine-Stele des Sethnacht und ihr historischer Hintergrund, ÄgAbh 36, Wiesbaden 1980, 40–57.
[91] Zu den Befunden vgl. H. Altenmüller, SAK 10, 1983, 1–24. Ders., GM 84, 1985, 1–17. Ders., GM 107, 1989, 43–54.
[92] Dazu vorläufig J. Frei, La tablette RS 86.2230 et la phase finale du royaume d' Ugarit, Syria 65, 1988, 395–398. Vgl. auch Schneider, Lexikon, 276.
[93] Vgl. u. a. D. Bidoli, MDAIK 28, 1973, 193. R. Drenkhahn, Elephantine-Stele, 61–78. F. Junge, Elephantine XI. Funde und Bauteile, 1–7. Kampagne, 1969–1976, Mainz 1987, 55–58 und Tafel 36. H. Goedicke, Comments on the Sethnakhte Stela, MDAIK 52, 1996, 157–175. Vgl. zuletzt N. Dautzenberg, GM 156, 1997, 43–45.
[94] Z. 6–12 im engeren Anschluß an F. Junge, Elephantine, 55. Problematische

„Jedes Land war unter seiner Leitung wie Re, der alle Köpfe entfernt(?) ...
Es war Seine Majestät wie sein Vater Seth, als er seine Arme erhob,
um Ägypten zu säubern von dem, der sich an ihm verging,
seine bannende Kraft als der Schutzwall, der die Feinde von ihm fernhält.
Die Furcht vor ihm hat sie so ihrer Sinne beraubt, daß sie davonfliehen wie Kleinvögel und Federvieh, den Falken im Nacken.
Sie unterließen nicht einmal die Weggabe ägyptischen Geldes und Goldes an diese Asiaten, um sich das Personal der Oberen Ägyptens gefügig zu machen, aber ihre Anschläge sind fehlgeschlagen und ihr Protest ist wirkungslos."

Am Wortlaut ist bemerkenswert, daß Sethnacht ausdrücklich als Herrscher gefeiert wird, der sich seiner Feinde durch Vertreibung entledigt hat. Obwohl kein zwingender Anlaß besteht, in den Formulierungen des Stelentextes „dunkle Hinweise auf die Herkunft Sethnachts selbst, personalisierbare innenpolitische Widersacher oder gar politische Parteiungen" zu finden,[95] kann man doch nicht umhin, zumindest die in Verbindung mit Asiaten stehende Gegnerschaft des Pharao als Objekte einer Vertreibungsaktion zu sehen. Die Folge dieser Zwangsmaßnahme erscheint als eine Fluchtbewegung, leider ohne irgendwelche näheren Informationen über Orte, Wege, Verlauf etc.

Daß die mögliche Ausweisung der Aufständischen von der Deltahauptstadt Pi-Ramesse aus angeregt und veranstaltet worden sein mag, könnte aus der besonderen Aktivität des Pharao in Pi-Ramesse hervorgehen, wo dank der jüngeren Ausgrabungen in Qantir auch einschlägige Hinweise auf die Wirksamkeit des Sethnacht in Pi-Ramesse bekanntgeworden sind,[96] nachdem bereits Tausret auf Ziegeln von Qantir begegnet.[97]

Die von Asiaten im Deltagebiet verursachten oder zumindest mitgetragenen Oppositionen am Ende der 19. Dynastie sind möglicherweise auch Gegenstand von Anspielungen in bisher noch nicht genügend beachteten Texten. So könnte in einem Bittgebet zu Amun im Papyrus Berlin 3056[98] eine einschlägige Beziehung vorliegen, wenn es dort heißt[99]:

Textstellen sind hier in Klammern gesetzt, vgl. den textkritischen und sprachlichen Kommentar bei Junge, Elephantine, 56f.

[95] Vgl. dazu Junge, Elephantine, 58.
[96] Frdl. Auskunft des Ausgräbers Dr. E. Pusch.
[97] Vgl. dazu u. a. Drenkhahn, Elephantine-Stele, 27–30.
[98] Vgl. die jüngste Bearbeitung bei J. Osing, Die Worte von Heliopolis, ÄAT 5, 1983, 347–361.
[99] Wiedergabe im Anschluß an Osing, Worte, 352.

„Heliopolis sagt:
möge er beseitigen das Rauben von Seiten der Fremdländer,
da nun das Jahr beendet ist und wieder den Scheitelpunkt erreicht hat, ohne daß die Syrer davon ablassen.
So wahr deine Grenze bis zum Ende der Welt geht,
so weit Wind und Meer reichen,
sollen dich bedrängen an deinem Thron
und zu dir rufen die Nordvölker?
Möge man aufmerksam hören!"

Nach J. Osing ist die Situation offenbar die, „daß asiatische Feinde schon seit längerer Zeit in Ägypten marodierten und schließlich auch zu einer unmittelbaren Bedrohung für Heliopolis und seinen Gau wurden"[100]. Sollte die historische Zuordnung des Bittgebets zutreffen, wäre immerhin auch ein deutliches Signal erkennbar, daß die Ägypter ihrerseits einen göttlichen Eingriff erbitten, um von der Asiatengefahr befreit zu werden. Diese Perspektive muß angesichts der bekannten und üblicherweise einseitig reklamierten Glaubenshaltung Israels im Zusammenhang der Exodus-Traditionen im Auge behalten werden.

5. Ramses III. – Die Philister

Die Asienpolitik Ramses' III., Sohnes des Sethnacht (1187–1156 v. Chr.)[101], spiegelt sich sowohl im Großen Papyrus Harris wie auch in den Monumentalinschriften und topographischen Listen. Der Papyrus beginnt die einschlägige Rückschau mit dem Bekenntnis:

„Ich erweiterte die Grenzen von ganz Ägypten.
Ich warf die, die sie überschritten, aus ihren beiden Ländern."[102]

Die kriegerischen Erfolge erstrecken sich u.a. auf die Territorien der Seir und der Schasu:

„Ich zerstörte Seir aus dem Stamm der Schasu.
Ich plünderte ihre Zelte mit ihren Menschen und ihrem Besitz,
ihr Vieh ebenso unzählig,
indem sie gefangen und als Kriegsbeute und als Tributgaben von Ägypten herbeigebracht wurden.
Ich gabe sie der Neunheit als Diener in ihr Haus."

---

[100] Osing, Worte, 359.
[101] Vgl. R. Drenkhahn, LÄ V, 1984, 114–119. Schneider, Lexikon, 233–236.
[102] Wiedergabe, hier und im folgenden, im teilweisen Anschluß an Maderna-Sieben, GM 123, 1991, 63.

Daß es ausgerechnet Seir als Stammesgebiet der Schasu ist, dem die „Ehre" zuteil wird, als Feind des Pharao inmitten der zuvor genannten Seevölker und der folgenden Libyer genannt zu werden, macht die gespannte Situation und die bedrohliche Provokation deutlich, die sich mit der Aktivität der Schasu-Leute für das südpalästinische Machtpotential der Ägypter ergeben hat. Die Grenzfestungen sind offenbar so sehr gefährdet, daß ihre Besatzungen für die Verteidigung nicht mehr ausreichen. Für die Struktur der Schasu ist ihre Gliederung in Stammesgemeinschaften (*mhwt*) interessant, ebenso die für den Ägypter ungewohnte Unterbringung in „Zelten", wofür das semitische Fremdwort *'hl* (hieroglyphisch *jhr*) gewählt wird. Ausdrücklich ist von Deportation und Überantwortung der Gefangenen an den Tempel die Rede, Vorgänge, die ja bereits von den Vorgängern der 18. und 19. Dynastie berichtet worden sind, ohne daß in jedem Fall an konkrete Vollzüge gedacht werden muß. Die Wegführung von Gefangenen gehört spätestens unter Ramses III. auch zum thematischen Repertoire einer demonstrativen „Idealbiographie" eines Pharao. Um so mehr muß die indirekte Reverenz vor den Schasu-Leuten überraschen, die offenbar durch ihre Nadelstichpolitik eine nachhaltige Unruhe ausgelöst haben müssen. Es handelt sich hier allem Anschein nach um jenes Bevölkerungspotential, das die Autonomiebewegung des frühen „Israel" der 19. Dynastie begleitet und konstruktiv angereichert hat.

Es ist mit guten Gründen vermutet worden, daß die spezielle Orientierung auf die südpalästinischen Schasu-Regionen mit ökonomischen Interessen der Ägypter, insbesondere der Sicherung der Kupfergewinnung in Timna und Punon zu tun hat. Dem entspricht die weitere Darstellung des Papyrus:

„Ich sandte meine Beauftragten zu dem Land Atika
zu den großen Kupferminen, die an diesem Ort sind,
wobei ihre Lastschiffe mit ihnen beladen wurden,
(und) andere auf dem Landweg auf ihren (3) Eseln waren.
Nicht wurde solches seit Generationen gehört.
Ihre Minen wurden gefunden, indem sie voller Kupfer waren."

Es besteht darin Konsens, daß das erwähnte Land „Atika" mit dem heutigen Timna (arab. *menenīje*) zu verbinden ist,[103] eine bedeutende Kupfergewinnungsstätte altägyptischer Zeit, deren archäologische Befundlage neben einem ägyptischen Hathor-Heiligtum, das anscheinend später von den ortsansässigen Schasu-Leuten zu einer genuinen Kultstätte umfunktioniert worden ist, zahlreiche Spuren und Anlagen der

---

[103] Zur biblischen Identifizierung vgl. M. Görg, BN 65, 1992, 5–8.

frühen Bergbautätigkeit erkennen und als Zeugnis früher Industriekultur identifizieren läßt. Eine ägyptische Felszeichnung mit hieroglyphischer Beischrift erweist die Präsenz ägyptischer Kontrolle und den Besuch eines hochgestellten Inspektors, des Truchsesses R'-mśj.św – m-pr-R', dessen Gestalt und Name im Zusammenhang der Diskussion um Mose noch bedacht werden muß.

Auch für Ramses III. zählt die Befriedung der Unruhegebiete zu den notwendigen, dem König aufgegebenen Aktivitäten der Überwindung des Chaos. Das Ziel der Unternehmungen ist die Sicherung und das Wohlergehen des eigenen Landes, selbstverständlich wiederum ein literarisches Postulat einer königlichen Autobiographie. Details über die konkreten Verhältnisse in den der Kontrolle des Pharao ausgesetzten Gebieten sind naturgemäß nicht zu erwarten. Immerhin sind die auf dem ersten Pylon von Medinet Habu linksseitig aufgetragenen umfangreichen Sequenzen mit asiatischen Toponymen interessant genug, um ihnen eine traditionsgeschichtliche Untersuchung zukommen zu lassen. Es ist damit zu rechnen, daß neben dem vor allem in den mesopotamischen Raum weisenden Bestand auch Namenfolgen aus Südpalästina verarbeitet sind.[104] Darunter kann auch das jüngste Zeugnis des erstmals unter Amenophis III. in Soleb zitierten Toponyms jjhw3w (= jhw), d. h. des als Ortsname zitierten Gottesnamens JHWH identifiziert werden.[105]

Die bei weitem spektakulärere Aktion Ramses' III. scheint die der Überwindung der sogenannten Seevölker zu sein, deren bekannteste Formation, die Philister, gerade wegen ihrer Gegnerschaft zum frühen Israel besonderes Interesse verdient. Mit den Philistern wendet sich auch der Schauplatz der internationalen Beziehungen. Mit diesem fremden Bevölkerungsschub auf dem Boden Palästinas gewinnt eine Neuorientierung an Profil, die „Israel" ins Rampenlicht der zwischenstaatlichen Kontakte treten läßt.

Die Seevölker-Dramaturgie der Monumentalinschriften erlaubt ebensowenig wie die Konstellation von Seevölkern von Medinet Habu konkrete Rückschlüsse auf historische Prozesse. Dennoch ist es wohl nicht statthaft, die Darstellungen für „anachronistic" zu erklären und zu vermuten, daß der einschlägige Bericht aus dem Totentempel des Merenptah entlehnt worden sei.[106] Die Inschrift des 8. Regierungsjahrs im

---

[104] So etwa im letzten Teil der Liste XXVII (Simons, Handbook, 164–169) mit den Namen 111 ff.
[105] Vgl dazu zuletzt M. Görg, BN 1, 1976, 13 (= ÄAT 2, 1989, 186).
[106] So u. a. L. H. Lesko, The Wars of Ramses III, Serapis 6, 1980, 83–86, 86.

Tempel von Medinet Habu in Verbindung mit der Südstele des Tempels aus dem 12. Jahr und der sog. rhetorischen Stele von Deir el-Medina lassen als historischen Kern ausmachen, daß zumindest Teile der geschlagenen Seevölker im Deltagebiet angesiedelt wurden. Wie und wann sich v. a. die Philister in Palästina etablieren konnten, wird im folgenden Abschnitt zu klären sein. Es darf aber konstatiert werden, daß mit den Philistern eine Verlagerung des Schauplatzes in der Welt der Beziehungen Ägypten–Palästina anhebt, die nunmehr mit dem Beginn des nationalen Israel eine autonome Machtstruktur auf den Plan treten sieht.

Die sich aufdrängende Präsenz der Philister in Südpalästina hindert nicht, daß die ökonomischen Verhältnisse allem Anschein nach im wesentlichen zumindest vorerst ungestört geblieben sind. Darauf können die spärlichen Informationen auf hieratisch beschriebenen Scherben vor allem von Lachisch, Tel Seraʿ, Tel Haror, Tel el-Farʿah und Deir el-Balaḥ über Getreidelieferungen offenbar für den Amun-Tempel in Gaza[107] hindeuten, deren Umfang angesichts numerisch hoher Angaben nicht sicher bestimmt werden kann, wenn nicht letztlich Angaben für den Tempel in Karnak gemeint sind.

Die nach Ramses III. amtierenden Pharaonen können nicht mehr als Herren Palästinas auftreten und gelten. Die letzten sicher erkennbaren Hinweise auf einen Ramessiden dürften Skarabäen mit dem Namen Ramses' IV. sein;[108] die Stücke können aber keine Kontrollvollmacht

---

[107] Vgl. dazu zuletzt v. a. C. Uehlinger, Der Amun-Tempel Ramses' III. in *p3-Knʿn*, seine südpalästinischen Tempelgüter und der Übergang von der Ägypter- zur Philisterherrschaft: ein Hinweis auf einige wenig beachtete Skarabäen, ZDPV 104, 1988, 6–25. Zweitdruck mit Nachträgen in: OBO 100, 1990, 5–26. Uehlinger möchte auch auf einem Skarabäus aus Tel el-Farʿah eine „südpalästinisch-provinzielle Darstellung des Gottes Amun, vermutlich des Amun von Gaza" sehen, „und ihm gegenüber stehend eine lokale männliche Gottheit oder einen lokalen Fürsten mit der für die Philister typischen Kopfbedeckung". Er wertet dies als ein „religionsgeschichtlich bedeutsames Zeugnis für die ägyptisch-philistäische Symbiose im südlichen Kanaan der 1. Hälfte des 12. Jh.s v. Chr."(19). Über die Identität des Fürsten wird man noch streiten dürfen; sollte Amun die dargestellte Gottheit sein, wären auch weitere Erwägungen zur frühen Nachbarschaft des ägyptischen Hochgottes und der allmählich konkurrierenden Gottheit *JHWH* angemessen (vgl. auch Uehlingers Nachtrag 25 und unseren Abschnitt IV.5). Vgl. auch J.C. de Moor, The Rise of Yahwism. The Roots of Israelite Monotheism, BETHL 91, Löwen 1990, 53f. und O. Keel, OBO 100, 1990, 405–410.

[108] Vgl. dazu zuletzt Uehlinger, Amun-Tempel, 21 mit Anm. 63.

belegen. Noch weniger gilt dies für die bronzene Statuenbasis von Megiddo mit der Titulatur Ramses' VI. (1145–1137), die trotz der allgemein damit verbundenen These einer noch andauernden Ägypterdominanz wegen ihrer unsicheren stratigraphischen Zuordnung kein sicheres Indiz hergibt. Vermeintliche Hinweise auf Namensbelege von Ramessiden nach Ramses' IV. auf Siegelamuletten halten einer kritischen Überprüfung jedoch nicht stand.[109]

Den Niedergang des ägyptischen Machteinflusses auf Palästina in der auslaufenden Ramessidenzeit beleuchtet dagegen noch immer am besten die Erzählung des Wenamun, dessen Schicksal auf palästinischem Boden, vor allem die Begegnung mit dem sich souverän gebenden Fürsten von Byblos, zugleich die beginnende Emanzipation vor allem der Küstenstädte signalisiert. Obwohl der Text nachramessidischen Ursprungs ist und im Verdacht steht, eine fiktive Tendenzschrift zu sein,[110] zeigt er doch auch, welches Gewicht gerade die bereits im Namen des Wenamun enthaltene Amun-Theologie für Syrien-Palästina gewonnen hat und weiterhin behält, nicht nur darin, daß ein „Ekstatiker" (ägypt. ʿḏd ʿ3)[111] den Ägypter als Gesandten des Amun autorisiert, sondern vor allem darin, daß Amun von Ägypten mit den Worten des Fürsten von Byblos als Quelle und Ursprung aller Kultur auch auf dem Boden des Auslands tituliert wird:

„Amun wahrlich gründete alle Länder ... Denn technisches Können ist von ihm ausgegangen und hat das Gebiet, wo ich lebe, erreicht, und das Wissen ist von ihm ausgegangen und hat das Gebiet, wo ich lebe, erreicht."[112]

---

[109] Vgl. Uehlinger, Amun-Tempel, 19–24. Vgl. auch I. Finkelstein, TA 22, 1995, 233.
[110] Vgl. dazu W. Helck, Wenamun, LÄ VI, 1215–1217.
[111] Dazu u. a. M. Görg, Der Ekstatiker von Byblos, GM 23, 1977, 31–33.
[112] Hier zitiert in der Wiedergabe von Helck, Beziehungen, 576.

III. DAS STAATLICHE „ISRAEL" UND ÄGYPTEN

1. Die Philister und David

Die Philister[1] (hebr. $p \cdot lištīm$) sind das bekannteste der sogenannten Seevölker, die teilweise auch in Palästina heimisch geworden sind; nach ihnen ist sogar griechischerseits das Land benannt: „Palästina" bedeutet das „Land der Philister". In der Bibel erscheinen die Philister meist als gefährlichste Gegner Israels in den Traditionen, die auf die spätvorstaatliche und frühstaatliche Zeit Bezug nehmen, so zunächst in den Notizen zum Retter Samgar (Ri 3, 31), dann v. a. im Zyklus um Simson (13–16). Die Ladegeschichte läßt die offene Konfrontation mit der Schlacht von Eben-Eser beginnen (1Sam 4), die mit dem Sieg der Philister und dem Verlust der Lade endet. Der anfängliche Erfolg der Philister wird mit der Einnahme von Schilo und weiterer Teile des Ostjordanlandes mit Orten wie Geba in Benjamin (1Sam 10,5 13,3) dokumentiert, er geht mit ökonomischer Dependenz Israels einher, wie u. a. der Hinweis auf das Metallverarbeitungsmonopol der Philister zeigt (1 Sam 13,19). Der Umschwung wird mit Nachrichten über die Rückgewinnung von Städten durch Israel angedeutet (1Sam 7). Während freilich Jonatan mit seiner Attacke gegen den Vogt der Philister in Geba und mit seiner strategischen Kunst bei Michmas (13 f.) erfolgreich ist, verliert Saul nach anfänglichen Siegen (14, 16–46) im Gefolge der Niederlage gegen die Philister beim Gebirge Gilboa sein Leben (28–31). Sauls „Verwerfung" und Davids Erwählung korrespondieren mit dem Schicksal der Philister, die in David ihren entscheidenden Kontrahenten finden. Im Zeichen des Aufstiegs Davids steht der Sieg über den Philister Goliat (17), aber auch die politische Aktivität im Vasallenverhältnis zum Philister-König

---

[1] Literatur in Auswahl: A. Alt, Ägyptische Tempel in Palästina und die Landnahme der Philister, ZDPV 67, 1944, 1–20. K. A. Kitchen, The Philistines, in: D. J. Wiseman (Hrsg.), Peoples of Old Testament Times, Oxford 1973, 53–78. T. Dothan, The Philistines and their Material Culture, Jerusalem 1982. R. Stadelmann, Seevölker, Lexikon der Ägyptologie V, 1984, 814–822. I. Singer, TA 12, 1985, 109–122. C. Uehlinger, OBO 100, 1990, 3–26. A. Raban, BASOR 284, 1991, 17–28. O. Margalit, The Sea Peoples in the Bible, Wiesbaden 1994. I. Finkelstein, The Date of the Settlement of the Philistines in Canaan, TA 22, 1995, 213–239 mit weiteren Literaturangaben.

Achisch von Gat von dessen Stadt Ziklag aus, v.a. aber seine Siege als König von Israel in der Rafaiterebene (2Sam 5,20) und „zwischen Geba und Geser" (5,25), bis die Philister geschlagen und gedemütigt sind, ein Erfolg, der mit dem Hinweis illustriert wird, David habe den Philistern die „Handschelle" aus der Hand genommen (8,1, vgl. aber 1Chr 18,1).[2] In der Folgezeit werden die Philister auf ein Territorium an der Küstenebene zurückgedrängt, dessen Umfang sich in Jos 13,2f. Ri 3,3 1Sam 6,4 spiegelt. Die fünf Städte Gaza, Aschkelon, Aschdod, Gat und Ekron bilden die philistäische Pentapolis (die Awiter in Jos 13,3 sind sekundär, vgl. Dtn 2,23). Orte wie Ziklag und Timna spielen anscheinend nur eine untergeordnete Rolle.

Die außerbiblischen Nachrichten setzen mit den Zitationen unter Ramses III. ein, die graphisch variierenden Formen (pw-$r3$-$s3$-tj u.ä.) lassen eine komplette Erfassung des Vokalbestandes und auf einschlägigen Versuchen basierende Konsequenzen nicht zu. In Monumentalberichten und Völkerlisten, aber auch in der jüngeren Reiseerzählung des Wenamun werden die Philister an der Seite weiterer Seevölker zitiert. Der Tempel von Medinet Habu zeigt eine stilisierte Tracht der Philister mit einer genuinen Kopfbedeckung, deren Ähnlichkeit mit einem der Zeichen auf dem Diskos von Phaistos zu einigen Erwägungen zur kretischen Abkunft Anlaß gegeben hat.

Über die Herkunft der Philister ist noch immer keine sichere Information zu gewinnen. Der Hinweis auf die göttliche Führung der Philister aus Kaftor in Amos 9,7 Jer 47,4 ist ebensowenig ethnogenetisch auszuwerten wie die Notiz zur Verwandtschaft mit den Kasluhitern oder (nach Emendation) den Kaftoritern in der Völkertafel (Gen 10,14). Die Versuche zur Identifikation der Philister mit Bevölkerungseinheiten ägäischen oder anatolischen Ursprungs sind hypothetisch, auch der jüngst vorgenommene Vorschlag einer Verbindung mit Pylos.[3] Dennoch ist eine Herkunft aus dem nordöstlichen Mittelmeerraum mit Zwischenstation auf Kreta wahrscheinlich. Für die Ansiedlung der Philister in Südpalästina bedeutet das 8. Jahr Ramses' III. ein greifbares Datum. Ein höherer chronologischer Ansatz (Dothan) setzt zwei Einwanderungswellen an, eine erste, ausgewiesen durch monochrome Keramik, im Anschluß an die Auseinandersetzung der Seevölker mit Merenptah in dessen 5. Jahr, eine zweite Welle, dokumentiert durch bichrome Keramik, nach der Konfrontation mit Ramses' III. Eine mitt-

---

[2] Vgl. dazu S. Mittmann, Die „Handschelle" der Philister (2Sam 8,1); ÄAT 5, 1983, 327–341.

[3] So O. Margalit, ZAW 107, 1995, 101–109.

lere Chronologie (Mazar, Singer, Stager) datiert die monochrome Ware als lokale Produktion unter ägäischem Einfluß in die Zeit Ramses' III., während die bichrome Ware unter kanaanäischem und ägyptischem Einfluß in die Mitte des 12. Jahrhunderts gesetzt wird. Eine noch niedrigere Datierung (Ushishkin, Finkelstein) rechnet mit einem ersten Aufkommen der monochromen Keramik und damit dem Beginn des Siedlungsprozesses der Philister im letzten Drittel des 12. Jahrhunderts, während die bichrome Ware nicht vor 1100 v. Chr. zu datieren sei und einem späteren Ausbaustadium entspreche. Die weitere Diskussion der Keramik wird das Problem der ethnischen Zuordnung stärker bedenken müssen.[4] Nach Finkelstein sind die Seevölker nach dem Sieg Ramses' III. zunächst z. T. im Delta angesiedelt worden. Erst eine jüngere Welle habe die ägyptische Herrschaft über Südkanaan durch Zerstörung der Festungen wie Lachisch beendet und die Präsenz der Philister etabliert. Für die werdende Nation Israel stellen die Philister jedenfalls die Provokation dar, die zur Institutionalisierung des Königtums entscheidend beigetragen hat. Die Philister sind später v. a. in die politische Dependenz von den Assyrern, Babyloniern und Persern, schließlich von den Griechen (vgl. 1Makk 5,66ff., Sir 28,37) und Römern geraten, ohne je ihre volle Selbständigkeit zurückgewinnen zu können.

Auch die Sprache der Philister (vgl. Neh 13,24) ist bisher nicht erschlossen; neben indogermanischen Elementen und semitischen Einschlägen darf vielleicht verstärkt mit ägyptischer Sprachbeeinflussung gerechnet werden. Vielleicht war der Dialekt der Philister von Aschdod ein kanaanäischer, zumal Gottesnamen wie Baal-Zebub, Dagon und Astarte genannt werden, denen freilich einheimische Gottesnamen entsprechen können. So entziehen sich auch Kultur und Religion der Philister einstweilen noch weithin dem wissenschaftlichen Zugriff, zumal das Alte Testament ihnen das Etikett des unbeschnittenen Ausländers (LXX: *allophyloi*) und des ungeliebten Fremden schlechthin aufdrückt.

Die klassische Kurzerzählung zur Beleuchtung der Verhältnisse zwischen Israel und den Philistern ist die Anekdote zum Kampf zwischen David und Goliat (1 Sam 17).[5] In unserem Zusammenhang verdient sie besonderes Interesse, weil die Gestalt und Ausstattung des „Riesen" Züge jenes „Starken von Retenu" aufweisen, der auf palästinischem

---

[4] Vgl. dazu zuletzt S. Bunimowitz – A. Yasur-Landau, Philistine and Israelite Pottery: A Comparative Approach to the Question of Pots and People, TA 23, 1996, 88–101.
[5] Zur literarischen Zuordnung und Auslegung vgl. zuletzt W. Dietrich – Th. Naumann, Die Samuelbücher, Darmstadt 1995, 95–98.

Boden dem flüchtigen Sinuhe entgegentritt und von diesem bezwungen wird. Die Sinuhe-Erzählung ist auch im Raum Syrien-Palästina länger bekannt gewesen, als bisher bewußt war.[6]

Die Namengebung „Goliat" läßt sich aller Wahrscheinlichkeit nach mit einem ägyptischen Titel verbinden, der *qnjtj* lautet und eine Art Leibwächter meinen kann, der in der Rolle des „Vorkämpfers" erscheint.[7] Aufs Ganze spiegelt die Anekdote das in späterer Rückschau und Erinnerung an David gewachsene Bild des letztlich überlegenen und idealen Herrschers, das dem altüberlieferten und illustrierten Topos vom „Niederwerfen der Feinde" in spektakulärer Modifikation entspricht.

2. Salomo – Israels „Pharao"

Wie die Position und Funktion Davids sind auch Persönlichkeit und Wirksamkeit Salomos gegenwärtig heftiger umstritten als je zuvor. Dabei treten auch hier Extremthesen zutage, zwischen denen es aufs erste gesehen kaum einen Vermittlungsweg zu geben scheint. Schon die Charakteristik dieser radikalen Lösungsversuche ist bezeichnend. Die „maximalistische" Sicht vertritt die Überzeugung, daß die biblischen Informationen über Salomo „in all seiner Herrlichkeit"[8] so lange die historische Glaubwürdigkeit verdienen, als sie nicht durch eindeutige Hinweise des außerbiblischen Raums ausgeschlossen werden können. Dagegen will die „minimalistische" Perspektive auf jede Historisierung biblischer Nachrichten über Salomo verzichten. Es ist selbstverständlich, daß beide Richtungsentscheidungen für eine Urteilsfindung zu den biblischen Hinweisen auf Beziehungen zwischen Salomo und Ägypten außerordentliche Konsequenzen nach sich ziehen.

Die weitestgehend am biblischen Geschichtsbild zu Salomo festhaltende Sichtweise versteht die außenpolitischen Beziehungen des Königs im Rahmen einer Darstellung, die die Blütezeit eines „davidisch-salomonischen Großreiches" zeichnet. Nach A. Malamat wäre es „falsch, in Salomo nur den Sohn eines dynamischen Eroberers zu sehen, der sich auf den Lorbeeren seines Vaters ausgeruht und sie nacheinander eingebüßt habe. Vielmehr verlagerte sich unter Salomo nur der außenpoliti-

---

[6] Vgl. J. F. Quack, ZDPV 105, 1993, 37f.

[7] Näheres dazu bei M. Görg, Goliat aus Gat, BN 34, 1986, 17–21 (= ÄAT 11, 1991, 177–181).

[8] Zur neutestamentlichen Rezeption Salomos vgl. Mt 6,29 Lk 12,27, dazu u. a. Donner, Geschichte, 244. 257.

sche Schwerpunkt von den glanzvollen militärischen Unternehmungen seines Vorgängers zu neuen Horizonten, nämlich der Pflege internationaler Beziehungen, die hauptsächlich in weitverzweigten Wirtschaftsbeziehungen bestanden."[9] Daß der Titel eines *maelaek rab* (Ps 48,3 Esr 5,11), den Malamat jeweils auf Salomo beziehen und mit der „Vorstellung eines allgewaltigen Herrschers" verbinden möchte, „nicht nur Schall und Rauch" gewesen sei, soll u. a. „Salomos Heirat mit einer Pharaonentochter" (vgl. 1Kön 3,1 7,8 9,16.24 11,1) belegen, welches „freudige Ereignis" als „weitere Bestätigung für Israels Ansehen als Großmacht" zu nehmen sei.[10] Als eine „diplomatische Überraschung"[11] angesichts gegenläufiger Heiratsverbindungen im Alten Orient, insbesondere auf Initiative Ägyptens, bedeute die Eheschließung ein höchstpolitisches Signal für die Intensität der internationalen Beziehungen zwischen Israel und Ägypten.

Vorsichtiger zur geschichtlichen Einordnung der „Fürstenheirat" urteilt H. Donner, der die ägyptische Prinzessin zwar als „Prunkstück des salomonischen Harems" bezeichnet, dann aber aus sachkritischen Erwägungen behutsam von einer historischen Verankerung jener Notiz Abstand nimmt, die als Mitgift der Tochter des leider nicht sicher identifizierbaren Pharao die von diesem eroberte und eingeäscherte Stadt Geser nennt (1Kön 9,16), zumal von einem ägyptischen Feldzug nach Palästina während der 21. Dynastie keine Nachricht existiere.[12] Dazu komme eine späte Information aus der Hand der Deuteronomisten, die Salomo einen Harem mit Frauen aus diversen Nachbarländern zuspreche (1Kön 11,1–13).

Radikaler fallen hier Stellungnahmen aus, die die Hinweise auf eine Verbindung mit der „Tochter Pharaos" für unvereinbar mit der Chronologie halten[13] oder gar einfach zu „sagenhaften Ausschmückungen"[14] rechnen. Auch Redford, der Salomo als israelitischen „Sesostris" apostrophiert und unter dieser Perspektive auch die Heirat als historisches Faktum relativiert,[15] sieht nach wie vor Schwierigkeiten „in construing Solomon's marriage to Pharaoh's daughter as historical", obgleich er in

---

[9] Malamat, Königreich, 30.
[10] Malamat, Königreich, 20.
[11] Malamat, Königreich, 21, Anm. 27.
[12] Donner, Geschichte, 245.
[13] Vgl. etwa G. Garbini, History and Ideology in Ancient Israel, New York 1988, 29–30.
[14] J. A. Soggin, Einführung in die Geschichte Israels und Judas, 1991, 70f.
[15] Vgl. D. B. Redford, in: Biblical Archaeology Today, Jerusalem 1985, 200.

offenbarem Anschluß an K. A. Kitchen[16] zugibt, daß „the tenth century, significantly enough, witnessed the prominence of several members of the distaff side of the great noble and royal families of Egypt, whose marital unions were understood to be important for economic and political purposes"[17].

In der Regel weisen die Befürworter einer historischen Anbindung der Nachrichten über die Fürstenheirat auf den König Siamun aus der 21. Dynastie,[18] dessen Regierungszeit mit ca. 978–959 angegeben wird.[19] Dieser Pharao, von dem auch ein Block mit seinem Namen in Tell el-Dabʿa, der Stätte der alten Ramsesstadt, gefunden wurde,[20] regierte von Tanis aus, jener Stadt also, die die Nachfolge der ramessidischen Deltaresidenz angetreten hat. Von ihm ist auch seit langem eine Reliefszene bekannt, die Siamun in der traditionellen Pose der Überwindung eines Gegners zeigt, dessen Identität als Philister freilich nicht ohne weiteres gesichert ist.[21] Die Bautätigkeit Siamuns in Tanis umfaßt vor allem Erweiterungsarbeiten am Amuntempel, die z.T. mit Triumphszenen dekoriert sind, vielleicht Illustrationen in Verbindung mit dem Palästinazug.[22] Der mögliche Feldzug gegen die Philister kann in Anzeichen der Zerstörung in Aschdod sowie in einem Skarabäus des Siamun in Scharuhen südlich von Gaza Spuren hinterlassen haben.[23]

An der Identifizierung des Siamun mit dem ungenannten Schwiegervater Salomos hat jüngst E. A. Knauf Kritik geübt, freilich nicht, um die Historizität der Heiratsbeziehung überhaupt zu bezweifeln, sondern um dem Pharao Schischak (Schoschenk I.) als Zeitgenossen Salomos

---

[16] Vgl. K. A. Kitchen, The Third Intermediate Period in Egypt, Warminster 1973, 276.282.

[17] Redford, Egypt, 311.

[18] Vgl. A. R. Green, Solomon und Siamun: A Synchronism between Dynastic Israel and the 21st Dynasty of Egypt, JBL 97, 1978, 353–367. S. Horn, BR 12, 1967, 3–17 denkt an Psusennes II.

[19] Vgl. zuletzt Schneider, Lexikon, 274.

[20] Vgl. die Nachzeichnung des Fragments mit den unteren Namensteilen bei E. Naville, The Shrine of Saft el Henneh and the Land of Goshen, EEF 5, London 1887, Taf. 9.

[21] Vgl. die Illustration in P. Montet, La Nécropole Royale de Tanis I, Paris 1947, Taf. 9A. Weder die Gestaltung des Gegners noch dessen Waffenart (Doppelaxt?) sind einwandfrei auf einen Philister zu beziehen.

[22] Vgl. dazu zuletzt Schneider, Lexikon, 274.

[23] Vgl. Schneider, Lexikon, 274f.

den Zuschlag zu geben, zumal erst dieser die Stadt Geser nach Ausweis seiner topographischen Liste erobert habe.[24]

Vor allen sachkritischen Argumenten im Blick auf historische Plausibilität muß freilich die formale und kontextuelle Betrachtung der einschlägigen literarischen Hinweise im Alten Testament stehen, um dann aber auch den formalen Gegebenheiten des außerbiblischen Materials Rechnung zu tragen. Von den bekannten fünf Zitationen der „Tochter Pharaos" im Zusammenhang mit Salomo (1Kön 3,1 7,8 9,16.24 11,1) müssen 1Kön 3,1 und 11,1 als rezeptive und redaktionelle Zugaben des Deuteronomisten gelten, die die übrigen Bezugnahmen rahmend gewichten wollen. Von diesen verdienen die Hinweise auf den Hausbau für die Prinzessin (7,8 9,24) und auf Geser als Hochzeitsgabe des Pharao (9,16) besonderes Interesse, das nicht ausschließlich an literarischen Konstruktionen, sondern auch an möglichen Erinnerungen orientiert sein darf. So kann gerade die Verbindung mit der salomonischen Bautätigkeit am sogenannten „Millo" (9,24) in Jerusalem ein Indiz für eine begründete Tradition sein, die den König den „Millo" als eine Art Privatbereich der königlichen Familie in Analogie zu „Lustgärten und -anlagen" in der ägyptischen Palastarchitektur begreifen und die sich auch in der gern mit Fremdwörtern operierenden Architektursprache („Millo" < ägypt. *m3rw*) erkennen läßt.[25]

Die Erinnerung an Geser als Ort pharaonischer Eroberung[26] wird nur scheinbar mit dem Vorkommen des Ortsnamens in der großen Ortsnamenliste des Pharao Schoschenk I. gestützt (XXXIV,12)[27,28] da die Liste als – machtpolitisch gesehen – degeneriertes Produkt in Reminiszenz an alte pharaonische Tradition interpretiert werden muß, wobei mit der Erwähnung kleiner und kleinster Ortslagen nur eine numerische Füllung der Liste erzielt wird und im Einzelfall keine sichere Handhabe für eine konkrete Eroberungstat geliefert werden kann.[29] So kann Geser durchaus von einem Vorgänger der 21. Dynastie in Beschlag genommen und übereignet worden sein, ohne daß sich dies freilich nachweisen läßt.

[24] Vgl. Knauf, King, 182 mit Anm. 59f.
[25] Vgl. dazu zuletzt M. Görg, NBL II, 814 mit weiterer Literatur. Näheres in ders., Die Tochter Pharaos, ÄAT 32, 1997.
[26] Zur pharaonischen Eroberungsgeschichte Gesers vgl. M. Görg, NBL I, 824.
[27] Vgl. Simons, Handbook, 178.
[28] Zur Ergänzung des fragmentarisch erhaltenen Belegs vgl. u. a. Görg, BOS 29, 1974, 88f.
[29] Zu den Intentionen der Liste vgl. auch unten Kap. III.3.

Gegen die Verankerung der „Tochter-Pharaos"-Tradition in geschichtlichen Vorgängen z. Z. Salomos wird man auch nicht die gegenläufige Praxis in der 18.–20. Dynastie ins Feld führen können, wonach eine Verheiratung einer ägyptischen Prinzessin ins Ausland nicht in Frage kommt (vgl. die Formulierung in EA 4, 6 f.: „Von alters her ist eine Königstochter von Ägypten an niemand gegeben worden").[30] Auch erscheint es als keineswegs gesichert, daß das Ausgreifen der Libyer auf den unterägyptischen Pharaonenthron erst mit der 22. Dynastie beginnt, da die Möglichkeit libyscher Präsenz bereits in der 21. Dynastie besteht[31] und somit eine einschlägig verbindliche Kontinuität über die Ramessidenzeit hinaus nicht zwingend gegeben ist. Der mit Vorbehalt reklamierte Siamun als möglicher Schwiegervater Salomos kann also bereits libyscher Herkunft sein und eine Neuorientierung der auswärtigen Beziehungen auch in der Heiratspolitik verfolgt haben. Dazu kann stimmen, daß die „deutlich hervorgehobene Rolle der Frau in der 21. Dynastie auf libysche Tradition zurückgeht"[32].

Die nächste ausdrückliche Kontaktnahme Salomos mit Ägypten ist nach der biblischen Rückschau mit den ökonomischen Beziehungen des Königs gegeben: 1 Kön 10, 28 f. zufolge soll er sich als Importeur von Pferden aus Que im südlichen Kleinasien (Kilikien) und von Streitwagen aus Ägypten betätigt haben. Eine Alternative zu Ägypten (Miṣraim), etwa in Gestalt des asiatischen Muṣri,[33] läßt sich nicht zwingend begründen. An weiteren Details über Handelskontakte Salomos nach Ägypten erfährt man anschließend die Ausfuhr „eines Wagens aus Ägypten für 600 (Schekel) Silber" (10, 29). Nach M. Noth ist hier mit einem „Handel mit Wagen" zu rechnen, „die aus Ägypten bezogen wurden", wobei eine „Vermittlerrolle der königlichen Händler Salomos" anzunehmen sei, „denn der Handelsweg von Ägypten zu den hethitisch-aramäischen Staaten in Nord- und Ostsyrien führte durch das Hoheitsgebiet Salomos"[34].

Angesichts solch spärlicher Informationen aus nicht eruierbarer Quelle erscheint es auf den ersten Blick müßig, nach weiteren, ungleich gewichtigeren Beziehungsfeldern Ausschau zu halten, die Salomo mit

---

[30] Dazu vgl. u. a. M. Noth, Könige, BK IX/1, Neukirchen-Vluyn 1968, 49.

[31] Näheres dazu bei K. Jansen-Winkeln, BN 71, 1994, 71–97. Vgl. auch Donner, Geschichte, 320 f.

[32] Jansen-Winkeln, BN 71, 1994, 93 mit Hinweis auf O. Bates, The Eastern Libyans, London 1914, 108 ff.

[33] Im Anschluß an die Vergesellschaftung von Que und Muṣri in der Monolithinschrift Samanassars III. (Kol. II, 92) Noth, Könige, 234–236.

[34] Noth, Könige, 237.

Ägypten verbinden. Dennoch ist vor allem im Bereich der Außenpolitik und Innenpolitik, näherhin in den Sektionen des kulturellen Aufbaus, an Einflußzonen Ägyptens gedacht worden, die nunmehr zu bedenken sind.

Auch ohne daß man sich auf eine Quelle wie das in 1Kön 11,41 genannte „Buch der Salomogeschichte" als eine Art Annalenwerk einlassen muß, kann doch nach Erscheinungsformen fremden Vorbilds gefragt werden, die in der Salomo-Überlieferung situiert sind. Die Rückfrage beginnt schon bei der Namengebung „Salomo", die in Analogie zur Trennung von Geburts- und Thronnamen in Ägypten an eine Deutung als Thronname gegenüber Jedidja (2Sam 12,24f.) als Geburtsname denken läßt.[35] Ebensogut könnte aber auch Salomo der Geburtsname und Jedidja ein weiterer Name sein, zumal die ägyptischen Könige in der Regel bis zu fünf Namenformen in ihrer Königtitulatur aufweisen.[36]

Die Nachrichten über Salomos ökonomische Schiffsverbindungen nach dem Lande Ofir können als literarische Reflexionen aufgefaßt werden, die auf der Basis geschichtlicher Erinnerung an die Ägyptenkontakte beruhen und den klassischen Trend der Pharaonenzeit nach weltweiten Beziehungen auf Salomo übertragen. Die historische Existenz von Schiffsfahrten in Israels Königszeit vom südpalästinischen Hafen Ezjon-Geber[37] bei Elat aus muß nicht bezweifelt werden, wenn eine tatsächliche Rückführung auf das Zeitalter Salomos in Frage gestellt wird. Die Hinweise auf das Land Ofir freilich, die allem Anschein nach der Vorstellung eines idealen Lebensbereichs mythologischer Dimension entwachsen sind, können einerseits den traditionellen Kontakten der Pharaonen zum „Gottesland" Punt (wohl im südlichen Sudan bzw. im nördlichen Eritrea) nahestehen, andererseits die Orientierung auf das mythische Land des Sonnenaufgangs im Osten spiegeln, die u. a. in der „Geschichte des Schiffbrüchigen" in der ägyptischen Literaturgeschichte eine wichtige Rolle zu spielen scheint. Auch die Erwähnung der Tarschisch-Schiffe muß nicht auf eine Lokalisierung von Tarschisch in der phönizischen Handelskolonie Tartessos am Fluß Guadalquivir (Südspanien) fixiert werden, wenn man „Tarschisch" als Inbegriff eines fernen, mit Kostbarkeiten ausgestatteten Fremdlandes versteht.[38]

---

[35] Vgl. Donner, Geschichte, 244 mit Anm. 5.
[36] So hat etwa Ramses II. u.a. den Beinamen *Mrj-Jmn* „Geliebt von Amun", welche Fügung formal und semantisch *Jedidja* nahesteht.
[37] Dazu J.R. Bartlett, OTS 26, 1990, 1–16. M. Görg, NBL I, 652.
[38] Vgl. dazu M. Görg, BN 15, 1981, 76–86.

Nicht viel anders wird man die Erzählung von der „Königin von Saba"³⁹ beurteilen dürfen, die ebenfalls den König in die Reihe der weltoffenen und vor allem in den Augen der Welt attraktiven Potentaten stellt, wie sie in Ägypten von sich reden machen. Salomo empfängt die fremde Exotin in Jerusalem – eine Umkehrung des klassischen Verhältnisses, wonach der Pharao oder eine Pharaonin wie Hatschepsut den Weg nach dem fernen Punt antritt, um dort die Quellen der Weisheit zu finden. Salomo ist nunmehr die Attraktion, die als Instanz der Weisheit Besuche aus fernsten Ländern an sich bindet. Der Blick auf die historischen Beziehungen lehrt uns zudem, daß Zeugnisse über das südarabische Saba nicht vor dem 9./8. Jahrhundert v. Chr. greifbar sind.

Auch die innenpolitischen Leistungen, soweit sie Salomo zugeschrieben werden, stehen zu einem erheblichen Teil unter dem Eindruck der ägyptischen Nachbarkultur, wobei im einzelnen schwer entschieden werden kann, ob die Einflüsse über die zwischenstaatlichen Beziehungen, sozusagen auf direktem Wege Jerusalem erreichen, oder ob das zeitgenössische Ägypten über Phönizien, d. h. sein „Stellvertreterland" auf asiatischem Boden, in Israel präsent geworden ist. Daß alle Kunstfertigkeit aus Ägypten kommt, hatte ja bereits in der Erzählung des Wenamun Zeker-Baal, der Fürst von Byblos, bekannt. Die einschlägige Formulierung hat geradezu sprichwörtlichen Charakter bekommen und entspricht zweifellos einer nachhaltigen, auch in die israelitische Geschichte hineinwirkenden Gewißheit.

Auf dem Gebiet der Administration soll Salomo eine Ämterhierarchie im militärischen und zivilen Sektor (1Kön 4,2–6) und eine Gaudistribution (4,7–19) etabliert haben, welche Einrichtungen hier lediglich unter der Rücksicht zu bedenken sind, inwieweit sie ägyptischen Vorbildern folgen. Die schon David zugeschriebene Ämterliste⁴⁰ mit den Positionen des „Priesters" (*kohen*), des „Schreibers" (*sofer*), des „Kanzleichefs" (*mazkīr*), des „Heerbannfeldmarschalls" (*ʿal-haṣṣaba*) und des „Frondienstministers" (*ʿal-hammas*) sollen unter Salomo um die Positionen des „über den Gouverneuren" (*ʿal-hanniṣṣābīm*), des „über dem Hause" (*ʿal-habbayit*) und des „Freund des Königs" (*reʿe hammaelaek*) erweitert worden sein. Trotz der in manchen Fällen mangelnden Deckungsgleichheit in der Titelgestaltung⁴¹ ist eine Anlehnung des einen

---

³⁹ Dazu zuletzt Donner, Geschichte, 247. Vgl. auch J. B. Pritchard, Solomon und Sheba, 1974. W. W. Müller, NBL III, s. v. Saba.
⁴⁰ Wiedergabe der Beamtentitel im Anschluß an Donner, Geschichte, 255 f.
⁴¹ Näheres bei U. Rüterswörden, Die Beamten der israelitischen Königszeit, Stuttgart 1985.

oder anderen Titels an das an Berufsbezeichnungen und Titelvarianten überreiche Ägypten mehr als wahrscheinlich.[42] Dennoch will Redford von einer solchen Rezeptionsthese Abstand beziehen: „Titles ... will spontaneously take form with the local purview and function of the officer in question in mind, and will be borrowed without modification only for purposes of enhancing prestige."[43] Nun sind es aber gerade die im Zusammenhang mit Salomo zitierten Ämter, die sich doch nicht nur in der Funktion, sondern auch in der Bezeichnung als Entsprechungen zu ägyptischen Titeln verstehen lassen. So ist „der über den Gouverneuren" relativ leicht mit einem Titel wie dem „Obersten der Gefolgsleute", d.h. des Königs (ḥrj šmśw)[44], zu vergleichen, der „über dem Hause" mit dem Titel „Oberster des Palastes" (mr pr-nśwt)[45] und die Bezeichnung „Freund des Königs" mit dem ägyptischen Titel „Vertrauter des Königs" (rḫ nśwt)[46], wenn auch Differenzierungen und Modifikationen angezeigt sein können.

Die Liste der zwölf „Gaue oder Provinzen" (1Kön 4,7–19)[47] betrifft zwar das Territorium unter der Kontrolle Salomos, nennt aber den Bereich Juda-Jerusalems nicht. Natürlich kann der Blick nicht ungehindert auf die Aufteilung Ägyptens in „Gaue", d.h. Verwaltungseinheiten,[48] gehen, um hier das wünschenswerte Pendant oder gar Vorbild zu entdecken. Dennoch darf eine bestimmte Perspektive weiteres Interesse beanspruchen.

Zunächst kann zwischen der Einteilung in 12 Distrikte durch Salomo und der Einteilung Judas in Verwaltungsbezirke (Jos 15,20–63 18,21–28) eine Entsprechung notiert werden, zumal wenn man den Beobachtungen A. Alts und dessen These einer numerischen Äquivalenz folgt, der die administrative Maßnahme in die Joschijazeit setzt.[49] Über diese innerisraelitische Beziehungsmöglichkeit hinaus, die nach V. Fritz inso-

---

[42] Vgl. dazu T. Mettinger, Salomonic State Officials, Lund 1974. T. Ishida, The Royal Dynasties in Ancient Israel, Berlin 1977, 68.

[43] Redford, Egypt, 370.

[44] Zu keilschriftlichen Äquivalenten der Ramessidenzeit vgl. jüngst E. Edel, Die ägyptisch-hethitische Korrespondenz aus Boghazköi in babylonischer und hethitischer Sprache II, Opladen 1994, 298.

[45] Vgl. auch hier Edel, Korrespondenz, 277.

[46] Vgl. dazu H. Donner, ZAW 73, 1961, 269–277. Weiteres zum Forschungsstand bei D. Kellermann, ThWAT VII, 552f.

[47] Vgl. dazu Donner, Geschichte, 254f.

[48] Vgl. dazu W. Helck, LÄ II, 385–408.

[49] Vgl. A. Alt, Kleine Schriften II, 276–288. Dazu zuletzt V. Fritz, HAT I/7, 1994, 162–164.

fern zu modifizieren ist, als er nicht ausschließt, daß die „Gliederung Judas noch während der Regierung Asas (908–868) in Analogie zu der Einteilung des Reiches in Verwaltungsbezirke durch Salomo 1 R 4, 7–19 geschaffen worden ist", läßt sich vielleicht doch mit einer vorbildorientierten Schematisierung rechnen, als ja auch in Ägypten mit einem zweifachen System der Gaue entsprechend den Landesteilen Ober- und Unterägypten operiert wird. In beiden Landesteilen sind jeweils über 20 Gaue namhaft zu machen. Das Verhältnis 22:20 in Ägypten steht der Relation 12:11 in Israel/Juda nicht so fern, zumal wenn die Betrachtungsperspektive in Ägypten vom Deltagebiet aus und in Palästina von Juda aus eingenommen wird. Mehr als diese äußerliche Analogie wird man jedoch nicht notieren können.

Schließlich ist eine ägyptische Assoziation naheliegend, wenn der Blick auf die Großarchitektur Jerusalems geht, näherhin besonders auf die Bauberichte zu Tempel und Palast. Mag auch der Tempelbautypus auf ein syrisch-phönizisches Vorbild zurückgehen, ist doch das Bild der Innenausstattung mit einer Fülle von Motiven besetzt, die an das Innere eines Tempels mit einer eigenen Eingangspartie, dem Hauptraum und dem Naos erinnern. Dabei kann der Vorbau des Tempels an die Seite des ägyptischen Pronaos gerückt werden, womit auch die Bezeichnung *'ullām* als ägyptisches Fremdwort (*wrm* „Vorraum") verständlich wird. Auch die Bezeichnung des Allerheiligsten mit *d·bīr* entspricht einer ägyptischen Benennung des Naos, nämlich *dbr*.[50] Die konstruierte Beschreibung des Allerheiligsten im Tempel operiert mit der Vorstellung eines Gottesthrons, der mit der „Lade als Thronsockel" ein Bild analog zu ägyptischen Götterthronen suggeriert.[51] Überdies kann auf die Dekoration mit Keruben, d. h. geflügelten Sphingen, und Pflanzenornamenten (Palmetten) verwiesen werden, die der ägyptischen Monumental- und Miniaturkunst geläufig sind.[52]

Termini ägyptischer Architektursprache finden sich im Tempelbaubericht ebenso wie in den Palastdeskriptionen und in der Nomenklatur der Ausstattungsgegenstände, nicht zuletzt erscheinen die beiden Säulen Jachin und Boas als israelitische Substitute für die Säulen des Pronaos eines ägyptischen Tempels, deren Gestaltung und Beschriftung auf den Zusammenhang des königlichen Herrschens mit der göttlichen Bestandsgarantie weisen.[53]

---

[50] WB V 439, 4. Das Wort ist in 'Gruppenschreibung' gehalten und so bezeichnenderweise nur in der 21. Dynastie belegt.
[51] Vgl. dazu bereits M. Görg, BN 1, 1976, 29f. (= ders., ÄAT 11, 1991, 99f.).
[52] Dazu zuletzt M. Metzger, BBB 90, 1993, 503–529.
[53] Vgl. dazu im einzelnen M. Görg, Die „ehernen Säulen" (I Reg 7, 15) und

Auf den Tempelbau oder möglicherweise den Tempelausbau Salomos nimmt der sog. „Tempelweihespruch"[54] Bezug, der in seiner nach LXX rekonstruierbaren, gegenüber der MT-Fassung in 1 Kön 8,12f. umfassenderen Gestalt wohl zu den frühesten Zeugnissen der israelitischen „Literaturgeschichte" gehört:

> „Damals hat Salomo gesagt:
> ŠMŠ hat er an den Himmel gesetzt: JHWH,
> der zu verweilen bekundet im
> Wolkendunkel. –
> Ich habe wahrhaftig ein hochherrschaftliches
> Haus gebaut für dich,
> eine Stätte für dein Thronen auf immer."

Der Text mit seiner offenbar zweiteiligen Struktur kann gattungsmäßig hymnischen Formen zugeordnet werden, die in der ägyptischen Hymnenliteratur Gegenstücke finden lassen. Die Verbindung von kosmologischen Aussagen im Er-Stil und Tempelbauaussagen im Ich-Stil kennzeichnet nicht nur formal einen Teil der ägyptischen Königsreden vor der Gottheit, sondern auch den unmittelbaren Zusammenhang des schöpferischen Handelns der höchsten Gottheit am Kosmos (Sonnenlauf) mit der königlichen Aktivität beim Tempelbau. Darüber hinaus darf konstatiert werden, daß die israelitische Rezeption des ägyptischen Modells auf die Herausstellung einer sowohl kosmogonischen wie auch einer sich offenbarenden Rolle des Wettergottes *JHWH* abzielt. Dementsprechend kann also weder von einer „domestication of an unruly tribal god by the ruler of a Canaanite city"[55] die Rede sein noch auch davon, daß „Salomo die Jerusalemer Sonnengottheit an den Himmel ausgebürgert"[56] habe. Eine noch deutlichere souveräne Rolle gegenüber den Gestirnen wird später dem Schöpfergott in der priesterschriftlichen Verortung nach dem 1. Schöpfungstext zugesprochen (Gen 1,14–16). Das „hymnische Preislied" manifestiert freilich noch einen Status der Gottesverehrung im weiteren Vorfeld der monotheistischen Bewegung („*JHWH* allein"), der als „Pro-*JHWH*-Bewegung" eingestuft werden kann und

---

die „eiserne Säule" (Jer 1,18). Ein Beitrag zur Säulenmetaphorik im Alten Testament, in: Fs S. Herrmann, Stuttgart 1991, 134–154 (= ders., SBAB 14, 1992, 47–71).

[54] Zum Folgenden vgl. M. Görg, UF 6, 1974, 55–63 (= ders., SBAB 14, 1992, 32–46).

[55] Knauf, Copper Supply, 183.

[56] Keel, BBB 90, 1993, 500.

die überragende Position des Bezugsgottes *JHWH* in kosmogonischer und geschichtlicher Perspektive manifestiert.

Als gehobene „Bauinschrift" setzt der Text ein Wissen um die Tempelbautätigkeit Salomos (in welchem Ausmaß auch immer) voraus, zumal auch die ägyptischen Paralleleulogien nur im Zusammenhang mit tatsächlichen Architekturmaßnahmen seitens der gefeierten Pharaonen denkbar sind. Dabei kann offenbleiben, ob der Tempel einen Vorgängerbau gehabt hat oder ob gar, wiederum in gewisser Anlehnung an die mythologische Begründung der Sakralarchitektur in Ägypten, ein Zelt- oder Mattenbau, wie etwa in Edfu, als ursprüngliches Heiligtum postuliert wird.

Im frappierenden Kontrast zu der hochpoetischen Glorifizierung des Königs und seines Gottesverhältnisses stehen Auskünfte über die Heranziehung von kanaanäischen und israelitischen Arbeitskräften zur Bewältigung der großen Bauvorhaben (1 Kön 5, 27–32 9, 15–23). Der Frondienst, den Salomo nach 1 Kön 12, 4 aus „ganz Israel" ausgehoben haben soll, belastet das ansonsten positive Bild, ist aber wohl als deuteronomistische Zuspitzung zu verstehen, die Salomo eine zwielichtige Rolle zuweist und darauf hinzielt, Salomo mit dem Pharao der Unterdrückung in Ägypten zu parallelisieren.[57] Dennoch ist wohl damit zu rechnen, daß der historische Salomo für seine Bauarbeiten gerade Hilfskräfte aus Israel herangezogen hat, „da ohne sie die Reaktion der Nordstämme nach Salomos Tode unverständlich wäre"[58].

Die Teile der Salomogeschichten, die der Profilierung des Königs gewidmet sind, stellen vor allem seine Bedeutung als des „exemplarischen Weisen" in den Vordergrund. Auch dies entspricht in besonderem Ausmaß einschlägiger Charakteristik des ägyptischen Pharao, dessen Beziehung zur „Maat" als Inbegriff der sinnvollen Weltordnung und Weisheit immer wieder zur Sprache und zur ikonographischen Darstellung kommt. In der Königstitulatur der Ramessiden ist die Namengebung „stark an Weisheit des Re" (*wsr m3't R'*, keilschriftlich: *Waschmuria*) fest verankert.

Schon die auf einen vordeuteronomistischen Grundbestand beruhende Szenerie der Gottesbegegnung Salomos im Traum auf der Höhe von Gibeon (1 Kön 3, 5–15) signalisiert den Prozeß der „Verweisheitlichung" des Königs. Der vermutliche Grundtext weist eine Struktur auf, die einer Untergattung der ägyptischen Königsnovelle, der „Prinzennovelle", nahezustehen scheint, dazu auch Formulierungen, die sich mit

---

[57] Vgl. dazu zuletzt W. Dietrich, BN 34, 1986, 7–16.
[58] Donner, Geschichte, 251 mit Anm. 36.

der Phraseologie in ägyptischen „Gott-König-Reden" vergleichen lassen.[59] Dem Bild eines paradigmatischen Weisen entspricht selbstverständlich auch die dem König zugedachte Kenntnis von Sprüchen, Rätseln etc. (vgl. 1Kön 5,9–14), d.h. das Wissen, wie es dem Pharao als Sachwalter der Lebenslehren zukommt (vgl. Hld, Koh, SapSal).

Es kann nicht wundernehmen, daß die innerbiblische Rezeption der Salomogestalt auch immer wieder den Horizont ägyptischer Inspiration konnotieren läßt. Vielleicht hat das von Salomo geschaffene Klima auch den Einfluß ägyptischer Weisheitslehren eröffnet, der sich u.a. in der Verwandtschaft der Lehre des Amen(em)ope mit dem 3. Teil des Buches der Sprüche manifestiert (vgl. bes. 23, 12–18). Andererseits kann die Kritik am Königtum immer wieder bei der Exemplargestalt Salomo ansetzen, ein Aspekt, der bei der tendenzkritischen Beurteilung gerade der „jahwistischen" Texte des Alten Testaments zu den Themen „Mensch" – „Väter" – „Volk" einen zentralen Platz einnehmen muß. Die bekannte Erzählung vom „Paradies und Sündenfall" kann in einer ersten Fassung als narrative Kritik an Salomos Kontakten nach Ägypten, insbesondere an seiner Heirat mit einer ägyptischen Prinzessin verstanden werden, wobei die „Schlange" als „Symboltier" einer Weisheit ohne *JHWH* zu begreifen sein sollte.[60] Desgleichen kann hinter den ebenfalls „jahwistischen" Darstellungen zur Rolle der „Erzeltern Israels" (I. Fischer) nicht zuletzt das Bestreben erkannt werden, ein Kontrastbild zur Insuffizienz der zeitgenössischen Herrscherfiguren am Beispiel Salomos zu zeigen. Schließlich darf man in der „jahwistischen" Darstellung des Exodusgeschehens eine fundamentale Kritik am Herrschertum pharaonischen Gepräges wahrnehmen, das sich in der Rolle des frondienstfordernden Königs manifestiert: Salomo – der „Pharao" Israels.

3. Die zwei Reiche und Ägypten

Das Ende der salomonischen „Ära" ist in den Salomogeschichten auf mehrfache Weise mit einer Beziehung auf das nachbarliche Ägypten verknüpft worden. Als Träger dieser scheinbar aufgenötigten Kontaktnahmen, die sich jeweils als Absetzbewegungen präsentieren, treten zwei Gestalten auf die Bühne, die mit der Bezeichnung *saṭan*, hier in der

---

[59] Näheres dazu bei M. Görg, BWANT 105, 1975, 16–115.
[60] Vgl. dazu M. Görg, Die „Sünde" Salomos. Zeitkritische Aspekte der jahwistischen Sündenfallerzählung, BN 16, 1981, 42–59 (= ÄAT 11, 1991, 235–251).

Regel mit „Widersacher" übersetzt, belegt werden. Schon die Bezeichnung ist signifikant, handelt es sich doch allem Anschein nach nicht um ein semitisches, sondern um ein aus dem Ägyptischen entlehntes Wort (< *sdnj* „Schläger").[61] In jedem Fall liegt eine vorgreifende Charakteristik der Leute vor, die Salomo scheinbar gefährlich werden können, aber ihm im Grunde zuarbeiten. Als erster wird ein Rivale aus Edom in Gestalt des Edomiterprinzen Hadad (1Kön 11,14–40) präsentiert, der noch z. Z. Davids die Flucht nach Ägypten, und zwar über Paran im Sinai angetreten haben soll, um dort Sicherheit und Anschluß an die königliche Familie zu finden. Die Erzählung nennt den Herrscher Ägyptens „Pharao" und setzt den Titel „König von Ägypten" hinzu, während die ägyptische Königin, deren Schwester mit Hadad vermählt wird, zunächst mit ihrem Titel als „Herrin" (*g·bīrā*) und erst dann mit ihrem augenscheinlichen Namen „Tachpenes" präsentiert wird. Schließlich wird auch noch ein Sohn des Hadad und der Königinschwester mit dem singulären Namen „Genubat" zitiert, der „unter den Söhnen des Pharao im Haus des Pharao" von Tachpenes aufgezogen worden sein soll. Eine genauere Betrachtung der vermeintlichen Namen der Erzählung zeigt freilich, daß wir es mit bloßen Titeln ägyptischen Ursprungs zu tun haben, die in hebraisierter Form Eingang in die Textfassung gefunden haben, mit einer kommentierenden Deutung versehen werden und so den eigentlichen Charakter der Erzählung signalisieren. So wird „Pharao" (< *pr ʿ3* „Großes Haus"[62]) zutreffend mit dem hebräischen Ausdruck „König von Ägypten" wiedergegeben, „Tachpenes" (< ägypt *t3 ḥmt nśwt* „die Königsgemahlin") mit hebr. *g·bīrā* erläutert. Endlich muß auch „Genubat" von Haus aus als Titel (< *qnbtj* „Höfling") verstanden werden, der in der Zuordnung zu den „Königssöhnen" im königlichen Palast seine Erklärung findet.[63] Dem hebräischen Leser, der die ursprünglichen Titel für Namen halten soll, wird auf diese Weise suggeriert, eine kundige Information über das zeit-

---

[61] Vgl. dazu M. Görg, BN 82, 1996, 9–12.

[62] Der Titel *pr ʿ3* kann schon in Ägypten als Name innerhalb einer Kartusche erscheinen, vgl. dazu zuletzt M. Görg, Pharao, in: NBL III, s. v.

[63] Zu weiteren Details vgl. M. Görg, BN 36, 1987, 22–26 (= ÄAT 11, 1991, 187–191) und ders., Der Name im Kontext. Zur Deutung männlicher Personennamen auf -*at* im Alten Testament, in: W. Gross – H. Irsigler – Th. Seidl (Hrsg.), Text, Methode und Grammatik, Fs. W. Richter, St. Ottilien 1991, 81–95, hier 91–93. Die jüngst gegebene Ableitung des Pseudonamens „Genubat" von der Basis *GNB* bei W. Richter, ATSAT 47, 1996, 138 („der sich hergestohlen Habende, Fremder") markiert m. E. nur um so deutlicher den semitistischen Erklärungsnotstand.

genössische Ägypten zu gewinnen, einer historischen Szenerie beizuwohnen und zugleich den Eindruck einer realen Akzeptanz Hadads durch Ägypten zu gewinnen, wenn er nicht ohnehin schon spürt, daß es lediglich darum geht, Salomo auch gegenüber den Nachbarkönigen auf einem fiktiven Hintergrund zu profilieren.[64]

Nicht weniger illustrativ ist das Geschick des „Frondienstministers" Jerobeam, der über das „Haus Israel" gesetzt war, aber eigene Machtgelüste zeigte, die ihn in Lebensgefahr brachten. Die Erzählung vermerkt nur, daß Jerobeam zu „Schischak, dem König von Ägypten", geflohen sei (V.40), zugleich im jetzigen Textzusammenhang die erste namentliche Erwähnung eines Pharao „Schischak", offenbar des Schoschenk I. (945–924 v. Chr.), des Begründers der 22. Dynastie. Nach diesem biblischen Synchronismus, der erstmals einen bestimmten, historisierbaren Pharao mit einem König der biblischen Überlieferungen zusammenführt, erscheint Schischak/Schoschenk als Pharao, der sich eher als eigentlicher „Widersacher" zu entpuppen beginnt und damit ganz anders als sein Vorgänger, der Schwiegervater Salomos, dasteht. Jerobeam bleibt angeblich bei Schischak bis zum Tode Salomos; der Erzähler weiß anscheinend um eine Wende im Verhältnis Israel–Ägypten, die in einem nicht näher umschriebenen Ausmaß mit der Diplomatie des Dynastiegründers in Ägypten verbunden ist. Will er dazu den Leser damit konfrontieren, daß Jerobeam als erster König des Nordreiches den Bruch der Reichseinheit bereits mit seinem Ägyptenkontakt vollzogen hat? Daß die „Sünde" Jerobeams letztlich der „Sünde" Salomos nicht nachsteht?

Die beiden Parteinahmen des Pharao mögen die Erinnerung an einen Richtungswechsel andeuten, der sich mit der 22. Dynastie vollzogen hat, selbst wenn man schon für die 21. Dynastie libysche Verbindungen ansetzt.

Das Ende der Ära Salomos wird den biblischen Perspektiven zufolge mit der Politik des Königs in 'die Wege geleitet; der Sohn Rehabeam kann und will den Unmut der mittel- und nordpalästinischen Stämme nicht nehr hinnehmen und tolerieren. Es kommt zum Bruch zwischen Nord und Süd, freilich nur auf den ersten Blick aus innenpolitischen Spannungen heraus. Rehabeam von Juda und Jerobeam von Israel sind die Kontrahenten, die auf palästinischem Boden jene Opposition aus-

---

[64] Daß die erste wie die zweite Episode auf eine Demonstration des allmählichen Niedergangs Salomos ziele, mag Intention des deuteronomistischen Redaktors sein, jedoch nicht unbedingt die der älteren Erzählungen, anders Noth, Könige, 255.

machen, die man in Ägypten für das eigene Reichsgebiet immer gefürchtet hat, die Divergenz zwischen Unter- und Oberägypten und den als Rückfall ins Chaos betrachteten Verlust der Reichseinheit. So wird man auch den Blick auf Ägypten richten müssen, wenn man die Dimensionen der „zwei Reiche" auf dem Boden Palästinas ins richtige Licht rücken will.

Der entscheidende Anstoß nämlich, der zur „Reichsteilung" geführt hat, dürfte die „Ostpolitik" des Pharao gewesen sein, die mit einem strategischen Ausflug nach Palästina ihre äußere Zuspitzung gefunden hat. Die biblische Mitteilung wartet hier mit dem einzigen Synchronismus auf, den die biblische Geschichte Israels mit Ägypten verbindet: das Datum des Zuges des Pharao Schischak (Schoschenk I.) nach Palästina, der nach 1 Kön 14,25 im 5. Jahr des Rehabeam stattgefunden haben soll.

Die Darstellung geht auf den „Feldzug" selbst nicht weiter ein. Nur von den Auswirkungen auf das namentlich nicht genannte Jerusalem ist die Rede. Schischak soll die Tempel- und Palastschätze geraubt haben, wobei es der Erzähler für wichtig hält, daß er auch „alle goldenen Schilde, die Salomo hatte anfertigen lassen", mitgehen ließ (V.26). Von Rehabeams Reaktion wird nur so viel erzählt, daß der König zum Ersatz für die verlorenen Schilde bronzene Exemplare in Auftrag gegeben und diese dann den „Läufern" am Palasteingang überlassen habe (V.27). Nicht weniger merkwürdig ist die Schlußangabe, wonach die „Läufer" bei jedem Gang des Königs vom Palast zum Tempel die Schilde getragen und danach wieder in ihre „Wachstube" verbracht hätten (V.28).

Die knappe Information über den Feldzug selbst sowie das erstaunliche Übergewicht von Nebeneffekten sind ein formales Kennzeichen, das auf jeden Fall deutlich macht, daß der Berichterstatter an einer sonderlichen Herausstellung des pharaonischen Übergriffs auf Palästina nicht interessiert ist. Diese Perspektive mag zwar den üblichen Gepflogenheiten bei altorientalischer und ägyptischer Zurkenntnisnahme von Mißerfolgen entsprechen, darf aber wohl nicht einfach die Frage nach den geschichtlichen Konsequenzen des zweifellos historischen „Feldzugs" beiseite schieben.[65] Andererseits sollte es nicht als selbstverständliche Folge dargestellt werden, daß es in Palästina/Israel ein ökonomisches Desaster mit einer Anzahl verbrannter und schwer geschädigter Wohngebiete gegeben habe.[66] Die eigentliche Folgeerscheinung ist die vom Pharao offenbar intendierte Bestätigung des innenpolitischen

---

[65] Nach Donner, Geschichte, 321 handelt es sich um eine „spektakuläre, aber eigentlich folgenlose" Unternehmung.
[66] So etwa Kitchen, Intermediate Period, 300.

Kurses der Entfremdung zwischen Juda und Israel. Die Devise des *Divide et Impera* wird das strategische Vorgehen des Pharao zutreffend charakterisieren können.[67]

Zur Zeitangabe sollte auf den ersten Blick bestens passen, daß Schoschenk I. selbst von einem Feldzug nach Palästina in Form einer relativ umfänglichen Ortsnamenliste am Bubastidentor im Tempel von Karnak, Oberägypten, Kunde gibt. Doch erscheint die gesicherte Regierungszeit Schoschenks I. kaum kompatibel mit den, freilich nicht in vergleichbarer Weise errechenbaren Daten der Herrschaft des Rehabeam, der frühestens seit 932 v. Chr. amtiert haben soll.[68] Nach dem Vorschlag G. Garbinis hätte der Feldzug des Schoschenk gegen Ende der Regierungszeit Salomos stattgefunden.[69] Eine Korrektur der biblischen Angaben ist freilich so lange nicht angezeigt, als die absolute Chronologie des frühen Königtums nicht auf sicheren Füßen steht, von der fundamentalen Frage der historischen Datierbarkeit ganz abgesehen.

Zu Recht ist die Selektion palästinischer Namen in der Liste als Indiz für das Ausmaß der ägyptischen Präsenz gewertet worden. Das Zentrum Judas mit dem Gebirge und der Schefela ist ebensowenig vertreten wie Jerusalem selbst, so daß die Annahme naheliegt, Rehabeam habe sich mit dem Tempel- und Palastschatz bemüht, „sich und sein Herrschaftsgebiet freizukaufen"[70]. Doch dies sagt unser Text nicht ausdrücklich; der eigentliche Beutezug ist nach V. 26 auf Jerusalem beschränkt.

Die topographische Liste Scheschonks I.[71] will offensichtlich in die Spuren der ramessidischen Demonstration mit den unter Ramses II. und Ramses III. angelegten, umfangreichen Namenlisten eintreten. Der äußere Eindruck kann diese Analogie unterstützen; die nähere Betrach-

---

[67] So Kitchen, Intermediate Period, 294. Vgl. auch Knauf, Copper Supply, 182 mit Anm. 60.

[68] Vgl. dazu die nähere Diskussion bei D. B. Redford, JAOS 93, 1973, 3–17. Donner, Geschichte, 321 f. mit Anm. 14.

[69] G. Garbini, Storia e ideologia nell'Israele antico, 1986, 28 ff.

[70] Donner, Geschichte, 274.

[71] Die Auseinandersetzung mit den bisherigen Thesen in Verbindung mit einer Neukonzeption ist für eine eigene Monographie in ÄAT vorgesehen. Die wichtigsten Positionen bieten M. Noth, ZDPV 61, 1938, 277–304. W. F. Albright, AfO 12, 1937–39, 385 f. B. Mazar, VTS 4, 1957, 57–66. Y. Aharoni, The Land of the Bible, London 1966, 283–290. S. Herrmann, ZDPV 80, 1964, 55–79. Jüngste Bearbeitung mit Diskussion älterer Zugänge bei Kitchen, Intermediate Period, 432–447.

tung legt aber bloß, daß wir es mit einem eher kläglichen Abklatsch der Großzeit der Völkerlisten zu tun haben. Dies wird um so klarer, als ähnlich wie bei dem sehr häufig lediglich reklamierten Bestand von auswärtigen Regionen unter der 18.–20. Dynastie auch in diesem Fall mit einer Füllmasse von Toponymen gerechnet werden muß, die aus „geographischer" Wissensübermittlung an den Pharaonenhof stammen. Sollte sich dazu die Annahme bestätigen, daß die Liste nach dem sog. Boustrophedon-Prinzip[72] konstruiert ist, erledigt sich jeder Anspruch auf eine exakte Umsetzung der Namensfolgen in die Rekonstruktion militärischer Unternehmungen.[73] Selbst der angenommene und mögliche Anlaß für eine militärische Operation im Raum Palästina, die Nadelstichpolitik semitischer Stammesverbände im Ostdelta (vgl. die Siegesstele des Scheschonk in Karnak)[74], kann lediglich als propagandistische Aktivierung eines ramessidischen Topos verstanden werden.

An dieser im Prinzip literarischen Beurteilung der Liste ändert sich auch wenig, wenn man die monumentalen Relikte Scheschonks I. in Palästina einbezieht, die Gedenkstele in Megiddo oder das Inschriftfragment von Kinneret. Als Quelle topographischen Wissens über das Palästina des 10. Jahrhunderts v. Chr. ist die Schoschenkliste gleichwohl unersetzlich und weiteren Detailstudien dringend anempfohlen.

Die textlichen Hinweise auf die Begleit- und Folgeerscheinungen des wie auch immer verlaufenen Schischak-Zuges in Palästina-Israel haben immer wieder zwei Fragen stellen lassen:

1. Wie ist die Haltung des Pharao gegenüber Jerobeam zu erklären, der zunächst bei ihm Schutz findet, zum Zeitpunkt des Feldzuges aber vor ihm flieht?

2. Was ist mit den Tempel- und Palastschätzen geschehen, die Schischak aus Jerusalem mitgenommen haben soll?

Jerobeam, einst Günstling, nunmehr Verfolgter, bleibt trotz seines Flüchtlingsschicksals erster König des Nordreichs. Die deuteronomistische Geschichtsschreibung bemißt ihn an seiner Religionspolitik und definiert seine „Sünde" im Abfall vom *JHWH*-Kult in Jerusalem.[75] Die

---

[72] Vgl. die These von B. Mazar, VTS 4, 1957, 57–66. Zur Kritik vgl. Kitchen, Intermediate Period, 444f.

[73] Selbst Kitchen, Intermediate Period, 296–300 bzw. 432–461, der sich um eine Rekonstruktion besondere Mühe macht, gibt anfangs zu, daß die „precise routes taken by these forces cannot yet be fully recovered" (296).

[74] Vgl. dazu u. a. B. Grdseloff, RHJE 1, 1947, 95–97. Kitchen, Intermediate Period, 294.

[75] Vgl. u. a. C. Dohmen, Jerobeam, NBL II, 293.

Geschichte darf ihn wohl eher als Opfer einer Globalstrategie des Schoschenk sehen, wie auch Rehabeam nicht mehr als eine Schachfigur auf dem politischen Spielbrett des Pharao war. Beide Regenten sind gegeneinander ausgespielt worden, der Bruch konnte dem Pharao nur dienlich sein: Die Nachbarnation würde nie wieder so stark sein können wie unter David und Salomo.

Nach Kitchen haben die Jerusalemer Schätze in den aufwendigen Baumaßnahmen des Pharao in Ägypten und nicht zuletzt in umfassende Gold- und Silberstiftungen an die Tempel der Hauptgötter Ägyptens von seiten seines Sohnes und Nachfolgers Osorkon I. (ca. 924–889)[76] Eingang gefunden. Das Problem bleibt, ob die angeblichen Schätze aus Jerusalem wirklich so umfänglich waren, daß sich mit dieser Beute ein überdimensionales Stiftungsgut ausstatten ließ. Vielleicht ist es doch realistischer, eine „prosperierende Wirtschaft" in Ägypten zu supponieren.[77] Die Hinweise auf die Reichtümer in Jerusalem unter Rehabeam werden wohl ebenso literarischer Natur sein wie jene unter Asa (15, 18): Letztlich sind es wohl Reminiszenzen an die dem israelitischen „Pharao" gebührende Gabenbereitschaft aus aller Welt (vgl. 10, 14–29).

Nach 2Chr 14, 9–15 soll ein Kuschit mit Namen Zerach Juda angegriffen haben, von Asa aber zurückgeschlagen worden sein. Nach Kitchen handelt es sich dabei um einen militärischen Einfall unter Leitung eines nubischen Generals, der auf Geheiß des alten Osorkon I. nach Palästina gesandt worden sein könnte, „to emulate his father's exploit, bring some fresh booty, and dismantle the military build-up of king Asa"[78].

Aus der Regierungszeit der Omriden ist in Samaria, der neuen Hauptstadt des Nordreiches, ein dort gefundenes großes Alabastergefäß mit den Kartuschen Osorkons II.[79] zum Signalgeber für gut funktionierende Beziehungen zwischen dem Nordreich Israel und dem zeitgenössischen Ägypten geworden. Diese politische Allianz wird gern auch als eine Art Schutzbündnis angesichts der heraufdämmernden Assyrergefahr gedeutet, wobei die Vase als „part of the gifts of an Egyptian em-

---

[76] Vgl. Kitchen, Intermediate Period, 302. Schneider, Lexikon, 184.
[77] Vgl. Schneider, Lexikon, 184.
[78] Kitchen, Intermediate Period, 309. Kitchen fügt jedoch hinzu: „Zerah proved no match for the Judean king, and so we have no trace of a triumphal relief of Osorkon to adorn anew the temple walls of Egypt." Phantasievoll bleibt der Gedanke schon.
[79] Vgl. dazu Kitchen, Intermediate Period, 324, Anm. 451 mit Literatur.

bassy to the court of Ahab and Jezebel" zu verstehen sein könne.[80] Doch sind auch andere Wege des Objekts nach dem Nordreich (über Phönizien?) denkbar, so daß politische Assoziationen verfrüht erscheinen. Vielleicht gehören auch die zeitgenössischen Illustrationen und Inschriften auf den Pithoi von Kuntillet ʿAgrud[81] u. a. mit den Darstellungen des ägyptischen Bes in das übergreifende Spektrum der internationalen Kontaktnahmen mit dem ägypto-phönizischen Kulturbereich, ohne jedoch ihre überwiegende Beheimatung im palästinisch-syrischen Raum verkennen zu lassen.

Mit dem Aufkommen der assyrischen Dominanz treten auch die Beziehungen der beiden Reiche Israel und Juda zu Ägypten in ein neues Stadium. Das veränderte politische Klima trifft das beiderseitige Verhältnis jedoch in ganz unterschiedlicher Weise. Das Nordreich ist, wohl nicht zuletzt über Phönizien, bis zu seinem Fall 722 v. Chr. mit Ägypten in höherem Maß verbunden als das Südreich, ohne daß man deswegen schon von einer „Egypto-Israelite alliance"[82] sprechen muß, die „was to last for well over a century". Immerhin soll nach 2Kön 17,4 Hosea als König von Israel „SWʾ (Sōʾ), den König von Ägypten", aufgesucht und um Beistand gegen die Assyrer ersucht haben, eine Nachricht, die auf den Anfang der kurzen Regierungszeit Salmanassars V. von Assur (727–722 v. Chr.), des Nachfolgers Tiglat-Pilesers III., bezogen wird.[83]

Die hebräisch-masoretische Wiedergabe des Namens Sōʾ ist immer wieder Gegenstand von Kontroversen um ihre Identifizierbarkeit mit einem bekannten Namen, sei es Personen- oder Ortsnamen, gewesen.[84] Endgültig ad acta gelegt werden kann die Verbindung mit dem angeblichen Namen des Kommandeurs Sibʾe, der in den Annalen Sargons II. von Assur vom Jahr 720 v. Chr. erwähnt sei, nachdem sich herausgestellt hat, daß der Keilschriftname Reʾe (= ägypt. Raja bzw. Raʿja?)[85] zu lesen ist.[86] Auch die Deutung auf den Horusnamen des Herrschers Tef-

---

[80] So etwa von Kitchen, Intermediate Period, 324.
[81] Vgl. dazu vor allem Keel–Uehlinger, Göttinnen, 237–282. Renz, in: Renz-Röllig, Handbuch, 59–64.
[82] Kitchen, Intermediate Period, 324.
[83] Vgl. dazu H.-U. Onasch, Die assyrischen Eroberungen Ägyptens I, ÄAT 27, Wiesbaden 1994, 6.
[84] Vgl. die detaillierte Auseinandersetzung bei Kitchen, Intermediate Period, 373f.
[85] Dazu Kitchen, Intermediate Period, 373, Anm. 743.
[86] Vgl. R. Borger, JNES 19, 1960, 49–53. Vgl. auch H. Goedicke, BASOR 171, 1963, 64ff.

nachte, nämlich *Sj3-jb*⁸⁷. hat wegen der nicht nachweisbaren Zitation von pharaonischen Horusnamen im Ausland kaum etwas für sich. Ernster zu nehmen ist die Interpretation des Namens als Wiedergabe des Ortsnamens Sais (im Deltagebiet)⁸⁸, womit dann wiederum auf Tefnachte von Sais Bezug genommen sei.⁸⁹ Kitchen nennt mehrere Einwände: 1. die Stadt Sais liege außerhalb des Interesses eines palästinischen Fürsten, 2. das Alte Testament erwähne einen König, nicht eine Stadt, 3. dem hebräischen Königshof sei bis dahin kein Königtum von Sais bekannt geworden, 4. die Prophetie polemisiere gegen die Abwanderung ins Ostdelta, nicht nach Sais. Alles in allem passe *Sō'* am ehesten auf Osorkon IV. von Tanis, zumal die hebräische Namensfassung ohne weiteres der Abkürzungspraxis ägyptischer Königsnamen entspreche.

Doch auch Kitchens Einwände gegen *Sō'* = Sais und sein Alternativvorschlag mit der Deutung auf Osorkon IV. vermögen nicht in allem zu überzeugen. Tefnachte von Sais ist eine führende Herrscherfigur im Deltagebiet geworden, die den Ort Sais über die Grenzen Ägyptens hinaus bekannt werden ließ. Nicht zuletzt ist es die phonetische Kompatibilität, die eine Verbindung mit dem Ortsnamen nahelegt. So muß Sais nach wie vor als brauchbarer Kandidat für eine Identifikation gelten.⁹⁰ Ob dagegen Pharaonennamen im Ausland so ohne weiteres in Gestalt von Kurznamen zitiert werden konnten, erscheint nicht gerade plausibel.⁹¹ Das Alte Testament liefert jedenfalls keinen weiteren Beleg für eine solche Praxis.

Weiterhin Interesse verdient ein Vorschlag von R. Krauss, die Schreibung *Sō'* auf eine ägyptische Variante der Bezeichnung des unterägyptischen Königs als *nśwt* zurückzuführen,⁹² zumal das koptische *śwt* „Matte, Binse" eine kompatible Lautgestalt erkennen lasse.⁹³ Gegen diese Position ist wiederum geltend gemacht worden, die normale Lautgeschichte von *nswt* gehe andere Wege.⁹⁴ Dennoch, ausgeschlossen ist

---

⁸⁷ R. Sayed, VT 20, 1970, 116–118. D. L. Christensen, VT 39, 1989, 140–153.
⁸⁸ Vgl. H. Goedicke, WZKM 69, 1977, 1–19. J. Day, VT 42, 1992, 289–301.
⁸⁹ Nach D. B. Redford, JSSEA 11, 1981, 75 f. ist mit *S3w* „der Sait" gemeint.
⁹⁰ Vgl. zuletzt Schneider, Lexikon, 186.
⁹¹ Kitchen, Intermediate Period, 374, Anm. 751 nennt selbst Kurznamen für Pharaonen, aber keine auswärtigen Beispiele.
⁹² R. Krauss, MDOG 110, 1978, 49–54. Ders., BN 11, 1980, 29–31. Ders., GM 42, 1981, 51. Auch für Donner, Geschichte, 345 mit Hinweis auf G. W. Ahlström, SEA 54, 1989, 5–19, ist diese Deutung „nach aller Wahrscheinlichkeit" zutreffend.
⁹³ Vgl. W. Spiegelberg, ZÄS 64, 1929, 93 f.
⁹⁴ Vgl. etwa G. Fecht, GM 42, 1981, 53.

4. Judas Reformer und Ägypten

Während das Nordreich Israel von der wie auch immer gearteten Partnerschaft mit Ägypten auf Dauer nicht profitieren konnte und dem assyrischen Ansturm unterlag (722 v. Chr.), bedeutete die Heraufkunft der 25. Dynastie Ägyptens, die Dynastie der „Äthiopen", für das von Assur bedrohte Südreich Juda eine gewisse Rückendeckung, soweit man gewillt war, sich überhaupt auf eine Art Koalition einzulassen. Es ist dies die Zeit der großen Auseinandersetzungen vor allem zwischen dem König Hiskija von Juda und dem Propheten Jesaja, bei denen es vorrangig um das Problem einer Rückbindung und Rückversicherung Juda/Jerusalems durch Anlehnung an die westliche „Großmacht" Ägypten ging, um auf diese Weise der Bedrohung durch Assur zu widerstehen. Hiskija, nach H. Donner *„spiritus rector* einer antiassyrischen Koalition von Staaten des Südteils der syropalästinischen Landbrücke"[95], betreibt in Verbindung mit einigen Städten des Philistergebiets und der phönizischen Küstenebene eine Einstellung der Tributzahlungen an die Assyrer, wohl im sicheren Bewußtsein der Rückendeckung durch die Ägypter, vertreten durch Pharao Schabaka (716–702 v. Chr.)[96], der seinerseits sein politisches Interesse an einem Bollwerk gegen Assur durch Abgesandte nach Jerusalem bekundet.[97] Die jesajanische Abwehr resultiert aus dem religiös-politischen „Durchblick" des Propheten und äußert sich im Spott über den scheinbar so gewichtigen Protektor:

„Ha! Land des Flügelgeschwirrs, das Ströme durchziehen,
das Boote auf dem Nil und Papyruskähne über die Wasserfläche sendet!
Geht, ihr schnellen Boten, zu dem hochgewachsenen und blanken Volk,
das überall gefürchtet ist, dem Volk, das stammelt und niederwalzt" (Jes 18,1 f.).

Gemäß der in Jes 7,9 greifbaren Devise „Wenn ihr nicht glaubt, habt ihr keinen Bestand" und dem damit gegebenen prophetischen Pro-

---

[95] Donner, Geschichte, 354.
[96] Vgl. dazu Schneider, Lexikon, 244–246.
[97] Es ist nicht ausgeschlossen, daß Schabaka sein Interesse an Palästina auch durch eine Teilkopie der großen Palästinaliste Tuthmosis' III. im Tempel von Luxor zum Ausdruck gebracht hat, vgl. dazu Ch. C. van Siclen III, Varia Aegyptiaca 3, 1987, 157–165. Hier sind noch weitere Untersuchungen notwendig.

gramm des Glaubens als eines „Sich-fest-Machens" in *JHWH* gibt es für Juda um des Überlebens der kleinen Nation willen nur den Verzicht auf eine Koalition mit Ägypten. Für Jesaja ist das Gericht Gottes über Juda mit Hilfe von Assur in dem Geschichtshandeln *JHWH* begründet, das nicht durch eine fragwürdige Bündnispolitik unterlaufen werden kann. Das Festhalten am Zion als dem Sitz des von *JHWH* begründeten Daviddynastie soll jene Festigkeit vermitteln, die ein wie auch immer geartetes Überleben garantiert.

Die dringende Empfehlung Jesajas ist letztendlich nicht auf fruchtbaren Boden gefallen. Der Trend der Judäer, in Ägypten eine sichere Bastion auszumachen, nahm immer stärkere Ausmaße an. Nur auf diesem Hintergrund kann man die sarkastischen Worte des Propheten verstehen[98]:

> „Wehe denen, die um Hilfe nach Ägypten hinabziehen,
> die sich auf Rosse verlassen.
> Sie vertrauen auf Streitwagen, deren viele sind,
> und auf Wagenpferde, weil sie sehr zahlreich sind.
> Doch auf den Heiligen Israels schauten sie nicht,
> und JHWH suchten sie nicht.
> Aber auch er ist weise und führte Unheil heran,
> und seine Worte hat er nicht zurückgenommen.
> Er hat sich erhoben wider das Haus von Bösewichten
> und wider die Hilfe von Übeltätern.
> Die Ägypter sind Menschen und nicht Gott,
> und ihre Rosse sind Fleisch und nicht Geist" (Jes 31,1–3).

Jesajas Affront gegen eine politische Orientierung auf Ägypten hin spiegelt eine Verfassung Juda/Jerusalems wider, die sich bis zum Regierungsantritt Hiskijas sukzessiv entfaltet hat. Offenbar nimmt schon die innenpolitisch ausgerichtete Sozialkritik des Propheten an dem ägyptischen Einfluß Anstoß, der freilich im ökonomischen Bereich anscheinend ungehindert verläuft und seine Spuren in zeitgenössischen Dokumenten, etwa auf den u. a. mit hieratischen Maß- und Zahlzeichen versehenen Ostraka u. a. von Arad[99], und Zeugnissen des Wirtschaftslebens[100] hinterlassen hat.

---

[98] Vgl. Wiedergabe und Kommentar bei H. Wildberger, BK X/3, 1982, 1226ff.

[99] Vgl. dazu zuletzt die Angaben von J. Renz, in: J. Renz – W. Röllig, Handbuch der althebräischen Epigraphik, I/1, Darmstadt 1995, 111–241; II/1, Darmstadt 1995, 47–51.

[100] Hier läßt sich u. U. auf das Bauteil einer Waage verweisen, das in Lachisch

In der Person und Regierungsart des Hiskija findet Jesaja allem Anschein nach den Inbegriff zwielichtigen Verhaltens. In der Tat zeigt dieser König im Ansatz eine Bereitschaft zu Reformen, tritt aber aus der umfassenden Dependenz von Ägypten nicht heraus. Die einzige, wohl historisch verankerte Reformtat Hiskijas bestand darin, ein offenbar von der Bevölkerung Jerusalems gern frequentiertes Kultmal, den sog. Nehuschtan[101], zu zerstören (2Kön 18,4). Die Bezeichnung, die sich sowohl mit dem Tiernamen *naḥaš* „Schlange" wie auch mit dem Mineralnamen *n·ḥošaet* „Kupfer" verbinden läßt, wird am ehesten in Analogie zu ägyptischen Kobradarstellungen zu verstehen sein, die vielleicht auf einer Standarte getragen wurden. Ein zeitgenössisches Vergleichsstück mag sich etwa mit der großen Schlangenfigur aus dem Statuenversteck im Tempel von Luxor[102] anbieten, die mit dem Namen des „Äthiopen" Taharka beschriftet ist und allem Anschein nach weitere Schlangendarstellungen der ägyptischen Spätzeit zur Seite stellen läßt.[103] Die überdimensionale Kobra aus Luxor wird eine besondere Erscheinungsform Amuns, des Hauptgottes von Theben, Amun-Re Ka-mutef, bezeichnen wollen, und zwar im Blick auf die elementare Schöpfertätigkeit dieses Gottes.[104] Die Nähe Amuns zu *JHWH* gilt seit den Anfängen der israelitischen Religionsgeschichte und wird noch eigens zu bedenken sein. Denkbar ist, daß die auch in Texten der ägyptischen Spätzeit bezeugte Verbindung Amuns mit der Kobra nicht nur im zeitgenössischen Ägypten, sondern auch im zeitgenössischen Palästina attraktiv war. So kann damit gerechnet werden, daß der Nehuschtan als repräsentatives Importstück in Jerusalem die Schöpferqualität des höchsten Gottes und den Schutz des Lebensstifters repräsentieren sollte und so für Parteigänger Ägyptens nicht notwendig mit dem Glauben an *JHWH* unvereinbar sein mußte. Es ist wahrscheinlich, daß die in Num 21,4–9 bewahrte Erzählung von der aufgerichteten Saraf-Schlange in der Wüste, deren Anblick die von Giftschlangen gebissenen Israeliten heilen sollte,

---

gefunden wurde und anscheinend ägyptischen Einfluß verrät, vgl. G. Barkay, A Balance Beam from Tel Lachish, TA 23, 1996, 75–82.

[101] Vgl. M. Görg, Nehuschtan, NBL II, 918f.

[102] Vgl. M. El-Saghir, Das Statuenversteck im Luxortempel, Mainz 1991, 52–54.

[103] Vgl. z.B. eine Schlangenfigur im Museum von Boston, dazu T. Kendall, in: D. Wildung, Sudan. Antike Königreiche am Nil, Tübingen 1996, 200, oder eine Kobradarstellung im Badischen Landesmuseum Karlsruhe, dazu I. Gamer-Wallert – R. Grieshammer, Ägyptische Kunst, Karlsruhe 1992, 66.105.

[104] Vgl. Saghir, Statuenversteck, 54.

aus dem Umkreis derer stammt, die von einer Vertretbarkeit des „Schlangenkultes" im Kontext der *JHWH*-Verehrung überzeugt waren.[105]

Eine mit der Großkobra verwandte Vorstellung kann mit einem Bildtypus der zeitgenössischen Miniaturkunst vorliegen, obwohl hier eine amuletthafte Funktion außer Zweifel steht. Darstellungen von Kobraschlangen mit ein oder zwei Flügelpaaren gehören offenbar zum Spektrum der Dekoration von Skarabäenunterseiten des 8. Jahrhunderts v. Chr., wie O. Keel an zahlreichen Beispielen aus dem syrisch-palästinischen Raum überzeugend demonstrieren konnte.[106]

Der ikonographische Befund zum Schlangenkult bis in die Tage des Hiskija und Jesaja führt uns in die Mitte religionspolitischer Herausforderungen, die ihr Konzentrat in einem Text finden, der immer noch hauptsächlich zur Charakteristik der Identität Jesajas als Unheilsprophet herangezogen wird, obwohl seine Bildsymbolik in erster Linie dem Aufweis der Heiligkeit *JHWH*s und deren faszinierender Wirkung zugeordnet ist. Der sogenannte Berufungstext Jes 6 läßt den thronenden Gott von „Serafim" umgeben sein, die mit drei Flügelpaaren ausgestattet sind, von welchen zwei Flügelpaare zum Selbstschutz ihrer Träger dienen. O. Keel hat mit gutem Grund in diesen Serafen flügelbewehrte Kobraschlangen erkannt und in ihnen zu außerordentlicher Funktion ermächtigte und zugleich vor *JHWH* depotenzierte Schutzsymbole erkannt. Das in Ägypten so bekannte Uräensymbol findet in Palästina offenbar eine genuine Weiterentwicklung, die eine an Ägypten angelehnte religiöse Praxis befördern konnte. Die im Volk zweifellos beliebte Nehuschtanverehrung wird kaum anders als in Korrespondenz zum Amulettwesen zu deuten sein. Beides mußte in den Augen der *JHWH*-Anhänger konservativer Richtung die Befürchtung einer sukzessiven Loslösung vom Glauben der Väter und die Angst um Bewahrung der Identität Israels auslösen. Vielleicht hat Hiskija auf Initiative Jesajas dem Spiel mit dem Feuer ein Ende bereitet. Die Belegbreite der Serafen und Keruben in der Miniaturkunst nimmt jedenfalls fortan frappierend ab.

[105] Um einen „wahrscheinlich kanaanäisch-jebusitischen Schlangenkult, der leidlich jahwisiert und sicher volkstümlich war" (Donner, Geschichte, 364) wird es sich nur insoweit handeln, als es ein bereits in Kanaan rezipierter Importkult gewesen sein wird. Für eine autochthone Kultform gibt es keine überzeugende Handhabe.
[106] Vgl. O. Keel, Jahwe-Visionen und Siegelkunst. Eine neue Deutung der Majestätsschilderungen in Jes 6, Ez 1 und 10 und Sach 4, SBS 84/85, Stuttgart 1977, 103–110.

Das historische Schauspiel um die Abwehr eines ägyptischen Importkultes und die bleibende Verführung zu politischem Abenteurertum spiegelt sich vielleicht auch in dem berühmt-berüchtigten Fluchwort über die Schlange in Gen 3,14f., wenn dort vom „Schlagen" des Schlangenkopfes und dem „Schlagen" der Ferse des kommenden Machthabers die Rede ist. Möglicherweise steht hier Hiskija mit seiner ambivalenten Politik auf dem kritischen Prüfstand eines Autors, der in der Tradition der jahwistischen Kritik am Königtum sein Scherflein dazu gibt.[107]

Die politische Lage führt Jerusalem in immer tiefere Bedrängnis. Gegenüber dem andrängenden Eroberungswillen der Assyrer, nunmehr vertreten durch Sanherib (705–681 v. Chr.), stehen auf ägyptischer Seite die „Äthiopen" Schebitku/Schabataka[108] und vor allem dessen Bruder Taharka (690–664 v. Chr.)[109], als der bedeutendste Pharao der 25. Dynastie. Sanheribs bekannter und folgenreicher Palästinafeldzug provoziert die Ägypter derart, daß zur Unterstützung der bedrohten „Vorposten" in Palästina eine Truppe aufgeboten wird. Die Ägypter treffen auf die Assyrer bei Altaqu (Eltheke), zwischen Aschdod und Joppe, müssen aber eine empfindliche Niederlage hinnehmen.[110] Mit diesem Erfolg kann Sanherib relativ ungehindert die unmittelbare Belagerung Jerusalems aufnehmen; die Isolierung Hiskijas wird zur zwangsläufigen Folge, ohne daß Ägypten noch zu irgendeiner Rettungstat imstande ist. Der biblischen Darstellung zufolge hat Sanherib den Rabschake, d. h. den Obermundschenk des assyrischen Königs, mit nicht genau zu klärender Funktion, mit einer Botschaft zu Hiskija gesandt, die auch auf die klägliche Rolle Ägyptens Bezug nimmt.[111] Ägypten gleicht danach einem „geknickten Rohrstab, der jedem, der sich darauf stützt, in die Hand dringt und durchbohrt" (2Kön 18,21). Und, als bloßstellende Charakteristik des Pharao: „So ist Pharao, der König von Ägypten, für alle, die auf ihn vertrauen." Eine redaktionelle Darstellung in 19,9 läßt Sanherib die Nachricht erhalten, „Tirhaka, der König von Kusch", be-

---

[107] Näheres bei M. Görg, Das Wort zur Schlange (Gen 3,14f.), Gedanken zum sogenannten Protoevangelium, BN 19, 1982, 121–140 (= ÄAT 11, 1991, 252–271).

[108] Regierungszeit nach Kitchen, Intermediate Period: 702–690; nach von Beckerrath, UF 24, 1992, 3–8: 698–690 v. Chr. Vgl. dazu Schneider, Lexikon, 246f.

[109] Vgl. dazu Schneider, Lexikon, 281–283.

[110] Vgl. Kitchen, Intermediate Period, 385 f. Ders., Egypt, the Levant and Assyria in 701 BC, ÄAT 5, 1983, 243–253.

[111] Vgl. dazu u.a. E. Würthwein, Die Bücher der Könige 1. Kön, 17–2. Kön. 25, ATD 11,2, Göttingen 1984, 415.421.

finde sich auf dem Anmarsch gegen ihn, worauf Sanherib lediglich nach Ninive gezogen sei und dort von der Hand seiner Söhne den Tod gefunden habe (19,36f., vgl. auch Jes 37,9). Die Tendenz der literarischen Zutat ist deutlich: Es geht um eine nationalistische Abwertung des Sanherib aus jüngerer Sicht, die vielleicht auf außenpolitische Erfolge unter Taharka zurückschaut.[112]

Der inzwischen auf den Pharaonenthron gelangte Taharka kann das Blatt trotz des grundsätzlich offensiven Intention der Kuschiten nicht mehr wenden; Hinweise auf ein verstärktes Interesse seinerseits an einer Anknüpfung an die Zeiten ägyptischer Reklamation auf die Kontrolle Vorderasiens scheinen sich auf den ersten Blick mit einer Königsstatue und einer auf ihr angebrachten Völkerliste mit vorderasiatischen Namen zu dokumentieren, die allerdings auf einer bekannten Namenliste aus der Zeit Amenophis' III. in Karnak beruht.[113] Von einer beachtenswerten Eroberungstätigkeit Taharkas auf palästinischem Boden kann demnach wohl keine Rede sein, so daß Sanherib keinerlei Anlaß gehabt hätte, zu einem weiteren Feldzug nach Palästina aufzubrechen.[114] Die Dominanz des „Ostens" hat sich nach allem durchgesetzt.

Auch der in unvergleichlich höherem Rang als Hiskija stehende Reformkönig Joschija von Juda ist nicht ohne Erfahrungen mit dem „westlichen" Ausland und dessen Repräsentanten geblieben, wenn ihm auch die Auseinandersetzung mit den Folgen der assyrischen Präsenz in Palästina die größten Kopfzerbrechen bereitet haben müssen. In Ägypten war inzwischen die 26. Dynastie der „Saiten" an die Macht gekommen, nachdem eine von den Assyrern im Deltagebiet geschaffene Herrschaft von Teilfürstentümern ihr Ende gefunden hatte. Der erste König dieser neuen Dynastie, Psammetich I. (664–610), Sohn des Stadtfürsten von Sais, löste sich zu einem nicht genau geklärten Zeitpunkt von der assyrischen Oberherrschaft, um zugleich den Zusammenhang seiner beiden Reiche, im Deltagebiet wie auch in Oberägypten mit dem „Gottesstaat" in Theben, zu sichern und auszubauen. Besonders bemerkenswert, weil auch von Nachwirkungen im Ausland begleitet, ist der restaurative Zug der „Saiten", die sich um Bewahrung und Wiederbelebung altägyptischer Kulte und Traditionen bemühten, so daß man mit gewissem Recht

---

[112] Näheres bei Würthwein, Könige, 422–424.

[113] Vgl. Simons, Handbook, 187 (List XXXVI). Vgl. dazu E. Edel, Ortsnamenlisten, 51. Die Angaben dazu bei Onasch, Eroberungen, 12, Anm. 48 sind daher nicht ganz zutreffend.

[114] Vgl. auch Onasch, Eroberungen, 12.

von einer „saitischen Renaissance" sprechen darf,[115] ein Ausdruck freilich, der ähnlich mißverständlich wirken kann wie der einer „salomonischen Aufklärung".

Den judäischen Zeitgenossen des Psammetich, den König Joschija (ca. 639–609), hat H. Donner wohl mit gutem Grund als eine „der glänzendsten, begabtesten und faszinierendsten Gestalten auf dem Throne Davids" bezeichnet.[116] Diese herausragende Qualifikation gilt vor allem seiner Reformtätigkeit mit der Orientierung an einer Weisungsurkunde ersten Ranges, dem sog. Deuteronomium, womit wohl das in 2Kön 22,8 genannte „Buch des Gesetzes" (*saefaer hattōrā*), noch nicht das spätere Buch Deuteronomium (5. Buch Mose) des Pentateuchs gemeint ist. Der einschlägige Bericht über die Entdeckung dieses „Buches" im Zusammenhang mit Baumaßnahmen am Tempel (2Kön 22,3–11) zeigt trotz seiner literarischen Uneinheitlichkeit einen charakteristischen Trend an, der gerade auch im Blick auf das zeitgenössische Ägypten nicht isoliert dasteht: ätiologische Traditionen sind auch an die Vergegenwärtigung der sogenannten „memphitischen Theologie" geknüpft, die auf dem „Schabaka-Stein" bewahrt und zugänglich gemacht worden ist. Für die Einwirkung ägyptischer Religionsgeschichte auf die judäische Glaubensentwicklung ist der Umstand wichtig, daß gerade die schon vorgestellte Idee vom Wortschöpfertum und der menschheitszugewandten Gelassenheit des Gottes Ptah in einer Zeit aktiviert worden ist, die eine neue Welle religiöser Inspiration ins Ausland ausgelöst hat. Die innerjudäische Vertiefung der Rede vom Wort Gottes als der verbindlichsten Größe überhaupt geht mit der Akzeptanz des schöpferischen Gotteswortes aus der Ptah-Theologie eine Symbiose ein, die sich letztendlich im ersten Schöpfungstext niederschlägt, von dem noch die Rede sein muß.

Von einer direkten Bezugnahme der joschijanischen Reform auf innerägyptische Prozesse kann freilich in keiner Weise gesprochen werden. Wenn eine religionsgeschichtliche Kontrastposition ausgemacht werden darf, dann ist es selbstverständlich die „Assyrisierung" der religiösen Institutionen in Juda/Jerusalem, mögen auch in das Deuteronomium Partien älteren Ursprungs Aufnahme gefunden haben, die sich aus der Begegnung mit ägyptisch-phönizischer Kulturtradition herleiten lassen können und in dem sog. „Privilegrecht" *JHWH*s (Ex

---

[115] Zu den archaisierenden Tendenzen der 26. Dynastie vgl. zuletzt die Darstellung der Diskussionslage bei P. Der Manuelian, Living in the Past. Studies in Archaism of the Egyptian twenty-sixth Dynasty, XXXV–XLII.

[116] Donner, Geschichte, 374.

34,11–26)[117] verankert sein mögen. Hier wäre z.B. an das Verbot zu erinnern, das Böcklein in der Milch seiner Mutter zu kochen (Ex 34,26b in Verbindung mit Dtn 14,21), eine Weisung, die wohl auf dem Hintergrund ägyptisch-phönizischer Ikonographie besser verständlich wird.[118]

Das Feld der Konfrontation mit Ägypten scheint sich auf dem politischen Sektor zu öffnen, da Joschija nicht nur an der Etablierung seiner Kultreform in Juda, sondern wohl auch an der religionspolitisch motivierten Ausdehnung seiner Vorstellungen auf das ehemalige Nordreich interessiert gewesen sein muß. Jedwede Ausweitung der Kompetenz des judäischen Königs mußte aber auf ein mißtrauisches Auge des westlichen Nachbarn gefaßt sein, eine Rücksichtnahme, die Joschija wohl nicht üben mochte. Aus noch immer nicht geklärten Gründen stellt er sich dem Nachfolger des Psammetich, Necho II., bei Megiddo in den Weg, nachdem dieser, soeben erst an die Macht gekommen, sich daran begibt, den ägyptischen Anspruch auf Vorherrschaft wieder einmal auch in Palästina in Erinnerung zu rufen. Bei dieser Konfrontation (609 v.Chr.) verliert Joschija sein Leben und Juda einen Hoffnungsträger, der, wie Donner mit Recht notiert, die „Königsgeschichte Israels" abschließt, und zwar „in den Dimensionen von Größe und Tragik, die einem solchen Ende gemäß sind"[119].

Die Aktivitäten Nechos II. auf asiatischem Boden[120] sollten und konnten natürlich nicht auf die Brechung des judäischen Widerstands beschränkt bleiben, wenngleich die Judapolitik sein weiteres Exerzierfeld im Ausland bleiben sollte. Den Nachfolger des Joschija, den Davididen Joahas, beordert Necho nach drei Monaten seit dessen Regierungsantritt an sein zeitweiliges Hauptquartier in Ribla am Orontes, setzt ihn gefangen und deportiert ihn nach Ägypten, so daß Jerusalem nur die Klage um den spurlos Verschwundenen bleibt (Jer 22,10). Statt des Joahas wird dessen älterer Bruder Eljakim, der rechtmäßige Thronprätendent, zum König eingesetzt, in Jojakim umbenannt und so auch nach außen als Vasall installiert. Dazu fordert Necho einen überdimen-

---

[117] Dazu zuletzt F. Crüsemann, Die Tora. Theologie und Sozialgeschichte des alttestamentlichen Gesetzes, München 1992, 138–170.
[118] Näheres bei O. Keel, Das Böcklein in der Milch seiner Mutter und Verwandtes. Im Lichte eines altorientalischen Bildmotivs, OBO 33, Freiburg/Schweiz–Göttingen 1980 und Crüsemann, Tora, 165, freilich ohne befriedigende Ausschöpfung des hier angezeigten Hintergrundes.
[119] Donner, Geschichte, 374.
[120] Vgl. dazu u.a. S. Sauneron – J. Yoyotte, Sur la politique palestinienne des rois Saïtes, VT 2, 1952, 131–136.

sionalen Tribut ein, der über eine Art Vermögenssteuer eingetrieben worden ist.[121]

Gegen den babylonischen Kronprinzen Nebukadnezzar hatte Necho in der Schlacht bei Karkemisch (605 v. Chr.) allerdings nichts zu bestellen, im Gegenteil, die Ägypter mußten weitere Niederlagen bei Hamat am Orontes und bei Aschkelon hinnehmen, sie konnten allerdings einen babylonischen Zugriff auf Ägypten verhindern (601 v. Chr.).[122] Vielleicht ist ein aramäischer Brief eines gewissen Adon von Ekron aus der philistäischen Pentapolis an Necho II.[123] mit dem Ansuchen um militärischen Beistand in diesen geschichtlichen Zusammenhang zu stellen. Necho ist auch Zeitzeuge der ersten Deportation geworden, die die „oberen Zehntausend" in die babylonische Gefangenschaft führt. Ja, man darf in seiner Politik ein ziemliches Stück Mitverantwortung für das wahrnehmen, was nunmehr auf Juda zugekommen ist. Der Nachfolger Nechos II., Psammetich II. (595–589), soll seinerseits noch einen Feldzug nach Syrien unternommen haben; Konsequenzen sind nicht erkennbar. Desgleichen ist auch der nächste Pharao aus der Saitendynastie, Apries (589–570), den die Bibel Hofra nennt, ohne durchgreifenden Erfolg geblieben, obwohl er immerhin eine zeitweilige Aufhebung des Belagerungsrings um Jerusalem erreicht haben soll (vgl. Jer 37,5–11). Hofra ist seinerseits Zeitzeuge der zweiten Deportation geworden, die Juda endgültig ins babylonische Exil führte (587/6). Nach dem Lachisch-Ostrakon[124] soll ein gewisser Konjahu ben Elnatan nach Ägypten gezogen sein, vielleicht um militärische Unterstützung zu erbitten, vielleicht ein Signal für kurzfristige Besserung der strategischen Lage Jerusalems, mehr aber auch nicht. Mit dem anschließenden persischen „Zeitalter" beginnt ein neues Blatt in der Geschichte Israels, das in die des Judentums hinüberführt.

---

[121] Näheres zu den Ereignissen bei Donner, Geschichte, 403 mit Anm. 7–9.

[122] Vgl. dazu E. Lipinski, The Egyptian-Babylonian War of the Winter 601–600 B.C., AION 22, 1972, 235–241. H.-J. Katzenstein, VT 33, 1983, 249–251. Donner, Geschichte, 396.

[123] Textwiedergabe in TUAT I/6, 633. Vgl. dazu u.a. W.H. Shea, BASOR 223, 1976, 61–63. B. Porten, BA 44, 1981, 36–52. Donner, Geschichte, 393.

[124] Vgl. dazu J. Renz – W. Röllig, Handbuch der althebräischen Epigraphik I, Darmstadt 1995, 412–419.

5. Das Exil und Ägypten

Bereits in der Zeit der zunehmenden Bedrohung durch die assyrischen und neubabylonischen Ansprüche auf die Kontrolle Südpalästinas versuchten Judäer, durch Auswanderung nach Ägypten Leben und Zukunft zu retten. Die Anfänge und Vorgänge der Anbindung an Ägypten entziehen sich im einzelnen unserer Kenntnis. Die Kontakte Judas nach Ägypten hatten zweifellos während der 25. und 26. Dynastie zugenommen. Jesaja beklagt und bespöttelt den zeitgenössischen Hang und Drang zum Nilland (vgl. Jes 18,1f. 31,1–3), ohne ihn wirksam eindämmen zu können. Jeremia, der von der deuteronomischen Reform inspirierte, aber zum kritischen Beobachter und Unheilskünder gewordene Prophet, lebt und leidet in der gleichen Intention wie sein prophetischer Vorgänger in Juda, da es auch ihm darum geht, das Überleben Judas nicht durch voreilige Rückversicherung und euphorische Orientierung auf Ägypten hin sichern zu wollen. Die Zweifel an der offiziellen Politik werden mit der Niederlage der Ägypter bei Karkemisch (605) besondere Nahrung gefunden haben (vgl. Jer 46,2–12). Ihren Höhepunkt erreichen die Auseinandersetzungen Jeremias[125] mit der Obrigkeit in Jerusalem im ersten Jahrzehnt nach der ersten Deportation (597/6 v. Chr.), vertreten durch den von Nebukadnezzar eingesetzten und dementsprechend politisch gebundenen, dazu nicht sehr willenskräftigen Zidkija und dessen Hofstaat, der den Propheten aus dem öffentlichen Leben zu verbannen trachtet, um dessen mahnende und unbequeme Stimme zum Schweigen zu bringen. Dabei spielt ein prominenter Widersacher eine besondere Rolle, der Priester Paschchur, der einen ägyptischen Namen trägt („der Sohn [oder Bruder?] des Horus")[126] und aller Wahrscheinlichkeit nach ein Angehöriger jener Partei im vorexilischen Juda ist, die sich von einer Anlehnung an Ägypten die meisten Vorteile versprochen hat.[127] Jeremias Engagement endet mit seiner Deportation nach Ägypten, die der Baruchschrift (Jer 37–44) zufolge gegen seinen Willen erfolgt sein soll. Allerdings teilt er dieses Schicksal mit der königlichen Familie des von den Babyloniern

---

[125] Vgl. dazu zuletzt H.-J. Stipp, Jeremia im Parteienstreit. Studien zur Textentwicklung von Jer 26, 36–43 und 45 als Beitrag zur Geschichte Jeremias, seines Buches und judäischer Parteien im 6. Jh., BBB 82, Bonn 1992.

[126] Vgl. dazu M. Görg, BN 20, 1983, 29–33.

[127] Näheres bei M. Görg, Jeremia zwischen Ost und West (Jer 38,1–6). Zur Krisensituation in Jerusalem am Vorabend des Babylonischen Exils, in: Fs J. Schreiner, Würzburg 1982, 121–136 (= ders., SBAB 14, 1992, 190–207).

Das Exil und Ägypten 105

verschleppten Jojachin, Sohn des wohl während der Belagerung Jerusalems verstorbenen Jojakim. Mit der Ermordung des babylonischen Statthalters Gedaljahu hat diese neue Fluchtbewegung nach Ägypten ihren vorerst abschließenden Höhepunkt gefunden (vgl. 2Kön 25,26 Jer 41,17f. 42 43,7 44,1).

Umfang und Struktur der mit dem königlichen Harim, den Königsgemahlinnen, den Prinzessinnen und anderen prominenten Mitgliedern des ehemaligen Königspalastes und des Beamtenapparats, nicht zuletzt mit dem hochgeachteten Propheten Jeremia besetzten „Gemeinde" in Ägypten entziehen sich unserer Kenntnis. In Jer 43,6f. wird das Ensemble der Ägyptenfahrer beschrieben: „Männer, Frauen und Kinder, die Prinzessinnen und alle Leute, die Nebusaradan, der Kommandant der Leibwache, bei Gedalja, dem Sohn Ahikams, des Sohnes Schafans, gelassen hatte, auch den Propheten Jeremia und Baruch, den Sohn Nerijas, und sie zogen nach Ägypten, weil sie nicht auf die Stimme *JHWHs* hörten, und kamen bis Tachpanhes." Das sich so unsystematisch gebende Spektrum soll wohl auch ein bestimmtes Licht auf diejenigen werfen, die sich augenscheinlich des Propheten bemächtigen. Wer nach Ägypten geht, hört eben nicht auf *JHWH* und ist bereits abgeschrieben. Es ist schon wegen der fehlenden Analogie mit dem babylonischen Exil irreführend, von einer ägyptischen Verbannungsgemeinde (hebr. *gōlā*) zu reden,[128] zumal das Judentum selbst nicht mit dieser Ausweitung des Begriffs auf den späten Aufenthalt in Ägypten rekurriert. Immerhin mag geltend gemacht werden dürfen, daß die judäischen Ausländer in Ägypten nicht eben die berufenen und anerkannten Träger der nachexilischen Erneuerung in der Perserzeit geworden sind. Diese Präferenz, der nachexilischen Zukunft das Gepräge zu geben, war den Rückkehrern aus Babylon in spezieller Weise vorbehalten.

Die Zuwanderer aus Judäa dürften hingegen in erster Linie im Deltagebiet untergekommen sein, um dort eigene Wohnbereiche und Gemeinden zu begründen. Die Nachrichten darüber sind keinen originären Informationen, sondern den gegen Ägypten gerichteten Drohsprüchen der Propheten Jeremia und besonders Ezechiel zu entnehmen, führen aber im wesentlichen nicht über die bloße Zitation ägyptischer Toponyme hinaus. Jeremias Interesse berührt sich auch in

---

[128] Anders N. Lohfink, ZAW 90, 1978, 333 ff., der zunächst zutreffend von der „ägyptischen Gruppe" spricht, um dann aber von der „ägyptischen Gola" (335) zu reden. Wenn überhaupt, ist Jeremia eine Art personifizierter „Gola" in Ägypten (zum Vorbehalt gegenüber der Nachricht Görg, Jeremia, 122f. bzw. 192).

der Warnung vor Auswanderung nach Ägypten (vgl. Jer 42,7–18) mit den Intentionen Jesajas, wenn auch der spöttische Ton hier klar der Drohung weicht.

In Jer 44,1 werden einige ägyptische Orte genannt, die judäischen Zuwanderern ein wie auch immer qualifizierbares Gastrecht gewährt haben. Mit traditionsreichen Ortsnamen leicht identifizierbar sind die Namen Nof = Memphis (ägypt. *Mn-nfr*), Patros = Oberägypten (ägypt. *p3 t3 rśj* „Südland"). Während auch der Name Tachpanches, der als Empfangsort einer göttlichen Botschaft an Jeremia zuvor besonders akzentuiert worden ist (vgl. 43,8–13), zweifellos ägyptischen Ursprungs ist (< *t3 ḥt n p3 nḥśj* „die Festung des Nubiers bzw. des Pinchas) und mit Dafne (Defenne) südwestlich von Pelusium zu verbinden sein wird, stellt der Fremdname „Migdol" eine weitere Befestigungsanlage dar, die allem Anschein nach zugleich den nördlichsten Punkt der Ostgrenze Ägyptens markiert (vgl. auch Ex 14,2 Num 33,7 Ez 29,10). In Jer 43,13 gilt das Drohwort vielleicht der alten Kultstätte Heliopolis, wenn es heißt: „Er (*JHWH*) wird die spitzen Säulen des Sonnentempels in Ägypten zertrümmern und die Tempel der Götter Ägyptens in Brand stecken."[129] Der Anmarsch des Nebukadnezzar auf Ägypten zu ist für den Propheten ein Anlaß, noch einmal die Orte Migdol, Memphis und Tachpanhes unter Beschuß zu nehmen, wobei besonderes Augenmerk auf Memphis liegt:

> „Rüste dein Gepäck für die Verbannung,
> du seßhafte Tochter Ägypten!
> Denn Memphis wird zur Wüste,
> wird niedergebrannt und menschenleer" (Jer 46,19).

Ägyptens Stimme wird zudem – eine bezeichnende Metapher – mit „dem Zischen der Schlange" verglichen (46,22), eine Erinnerung an die schon traditionelle Rolle des Versuchers, die Ägypten in der älteren Erzählliteratur und Prophetie zugeschrieben wird.[130]

Anscheinend noch vor der Perserzeit ist eine jüdische Militärkolonie auf der Nilinsel Elephantine etabliert worden, sofern man den Angaben eines der dort gefundenen, in aramäischer Sprache gehaltenen Briefe, näherhin einer Eingabe an Bagoas, einen Statthalter in der persischen Provinz Juda, Glauben schenken darf. Es ist dort von einem Tempel des *Jhw* die Rede, der bereits vor der persischen Eroberung errichtet worden sein soll. Da uns jede Kontrollmöglichkeit zu dieser Erinne-

---

[129] Vgl. dazu u. a. J. Schreiner, NEB 9, 1984, 230.
[130] Weiteres bei M. Görg, BN 19, 1982, 121–140 (= ÄAT 11, 1991, 252–271).

Das Exil und Ägypten 107

rung entgeht, bleibt das Datum der Anfänge der Judengemeinde im südlichsten Bereich Ägyptens offen.[131] Bemerkenswert ist freilich die Erwähnung des Toponyms „Syene" (hebr. *s-wenā*, ägypt. *swn*) in Ez 29,10 (vgl. auch 30,6.16)[132], das gewiß auf die Gegend von Assuan, Oberägypten, zu beziehen ist und hier in erster Linie die Insel Elephantine meinen wird.

Umfassender sind die topographischen Daten bei Ezechiel. Im Rahmen des Drohwortes Ez 30,1–19 wird eine Folge von Namen aus Unter- und Oberägypten zitiert, die allesamt Opfer des „Schwertes über Ägypten" werden sollen. Die Universalität des „Tages *JHWHs*" als Gerichtstag wird auch die Bundesgenossen Ägyptens erfassen, vor allem aber das Land selbst in seiner Gänze „von Migdol bis Syene" treffen (30,6). Die Trockenlegung der „Nilarme" geht Hand in Hand mit der Vernichtung „der Großen" in Nof (= Memphis) und „der Fürsten" im Land (12f.). Die Verwüstung „des Landes" Patros („Südland", d.h. Oberägypten) kommt ebenso sicher wie die Verbrennung von Zoan (= Tanis) und das Gericht über No (= Theben); *JHWHs* Zorn wird Sin (= Pelusium) ereilen; Nof (Memphis) wird um sein Gepränge gebracht (15), die Bedrängnis trifft wiederum Sin (Pelusium), No (Theben) und Nof (Memphis), schließlich auch On (= Heliopolis), Bubastis und Tahpanches (= Dafne).

Die dreimalige Zitation von Memphis kommt einer geradezu magischen Verwünschung gleich; die zweimal genannten Orte Theben und Pelusium stehen dieser Aburteilung kaum nach, so daß in der Tat beide Teile Ägyptens unter der Ächtung erfaßt werden, der besondere Akzent gleichwohl auf dem Deltagebiet liegt, das einschließlich Migdol immerhin mit sieben Ortslagen vertreten ist, während Oberägypten lediglich als Region und mit zwei Ortslagen in den Blick kommt.

In Wahrheit ist es aber nicht nur Magie, die die unterägyptische Region ins künftige Abseits stellt. Die Reihung der Toponyme erinnert zwar an die Kollektion von Fremdnamen, wie sie bereits in den ägyptischen Ächtungstexten vorgenommen wird, läßt auch eine gewisse Assoziation an die Szene der Niederwerfung der Feinde im illustrativen Kontext der Namenlisten wahrnehmen, will aber hier als Kontrastprogramm *JHWHs* verstanden sein: Es geht um die unüberbietbare Mächtigkeit des Gotteswortes, das selbst zum „Schwert" wird und den Gegner bezwingt. Die scheinbaren Akteure werden zu bloßen Mario-

---

[131] Vgl. auch E. C. B. MacLaurin, JNES 27, 1968, 89–96. Donner, Geschichte, 415.

[132] Vgl. dazu die textkritischen Hinweise bei Zimmerli, Ezechiel, 725.727.

netten unter der Strategie des Gottes, der allemal stärker als der Pharao, aber auch der König von Babel ist (vgl. Ez 30,20–26).

Ob mit den erwähnten Ortslagen auch auf judäische Ansiedlungen oder Wohnbereiche angespielt wird, die ebenfalls unter das Gericht fallen, weil sie eben nicht durch das läuternde Feuer des babylonischen Exils gegangen sind, ist keineswegs sicher. Eine einschlägige Orientierung der ezechielischen Botschaft erscheint nicht nachweisbar, zumal Orte, die nachweislich Stätten des Diasporajudentums im 5. und 4. Jahrhundert[133] waren, wie etwa Edfu und Hermupolis, keine Erwähnung finden.

Das Schicksal der „Schwerterschlagenen" soll nach Ez 32, 17–32 in erster Linie das „Gepränge Ägyptens" konterkarieren; Ägypten soll mit dem Pharao „hinunterfahren", so daß es mit den Starken „mitten aus der Unterwelt heraus" korrespondieren mag (V.18.21). Die Aburteilung wiegt womöglich um so schwerer, als die Vorstellung von der „Unterwelt" in und für Ägypten einen ganz anderen Klang hat. Vielleicht ist hier noch spürbar, daß die Semantik des Ausdrucks $š^e\bar{o}l$, dessen etymologische Deutung wohl am ehesten mit der ägyptischen Bezeichnung $šj\text{-}j3rw$ für das „Elysium" operieren darf, im Blickfeld Israels und seines prophetischen Sprechers ins Gegenteil verkehrt worden ist.[134] Für das neuwerdende Israel soll lediglich das „Land der Lebenden" attraktiv sein.

Gerade hier mag der Ort sein, auf ein sprechendes Beispiel der spätvorexilischen Bezeugung judäischen Totenkultes hinzuweisen, das im Hintergrund der offiziellen und theologisch wohlbegründeten Abwehr der mehrdimensionalen Vorsorge für das Leben nach dem Tode seinen Platz hat. In Ketef Hinnom[135] ist ein Grab mit einer Vielzahl ornamentaler Beigaben, darunter zwei Silberamulette, gefunden worden, das keinerlei Abstinenz von der besagten Präparation des anderen Lebens zu erkennen gibt. Gerade die Silberamulette mit dem Text einer Variante des sog. Priestersegens Num 6, 24–26 entsprechen anscheinend in Form und Intention dem Amulettcharakter aufrollbarer Kleinpapyri aus Ägypten mit den Wünschen für das Weiterleben des Verstorbenen,[136]

---

[133] Vgl. dazu W. Kornfeld, Unbekanntes Diasporajudentum in Oberägypten im 5./4. Jh. v. Chr., Kairos 18, 1976, 55–59.

[134] Vgl. dazu M. Görg, BN 17, 1982, 26–34 (= ÄAT 11, 1991, 35–42).

[135] Vgl. dazu vor allem G. Barkay, BAR 9/2, 1983, 14–19. Ders., Ketef Hinnom. A Treasury Facing Jerusalem's Walls, Jerusalem 1986, 29–35. H. Rösel, BN 35, 1986, 30–36. Renz, in: Renz-Röllig, Handbuch, 447–456 mit weiterer Literatur.

[136] Vgl. dazu vor allem G. Barkay, The Priestly Benediction on Silver Plaques from Ketef Hinnom in Jerusalem, TA 19, 1992, 139–192, bes. 181–183.

wenn hier auch noch weitere Differenzierungen nötig und angemessen sein werden.

Ezechiel hat als Priester und Angehöriger der Oberschicht in Jerusalem an den Kenntnissen partizipieren können, die sich das Priestertum und die gehobene Intelligenz aneignen konnten. Die Texte des Ezechielbuches sind eine Fundgrube für zeitgenössisches Wissen, das sich nicht zuletzt aus der ägyptischen Inspiration Judas während der Dynastien der Äthiopen und Saiten herleitet. Die Identifikation der ägyptischen Fremdwörter und Fremdausdrücke ist in der Forschung noch am Anfang. Erste Hinweise sind gegeben worden; ihre Vertiefung ist vorgesehen. Der erste Eindruck lehrt, daß sich das Erbe aus ägyptischer Weisheit vor allem in der geographischen (s.o.), medizinischen (vgl. die Totenvision Ez 37) und kultbezogenen „Wissenschaft" (Terminologie in Ez 40–48) niederschlägt.

Neben der profunden Kenntnis Ezechiels ist vor allem auf die Einblicke und Einsichten jener Schriftstellergeneration zu verweisen, die unter der Bezeichnung „Priesterschrift" in die Literaturgeschichte des Alten Testaments eingegangen ist: die Autoren, deren führende Hand gewiß dem Tempelpersonal entstammt, das in Jerusalem die Kultordnung dirigierte und eigene Schulen zur Aus- und Weiterbildung unterhalten haben dürfte. Die Priesterschrift dokumentiert in sowohl erzählender wie auch aufzählender Weise ihre Konzeption vom Verhältnis einer „göttlich autorisierten Bindung" ($b \cdot r\bar{u}t$) von Gott und Mensch, die als gültige Alternative zur Erfahrung des Exils die nachherige Gemeinschaft vor *JHWH* charakterisieren soll. Um der Erläuterung und Legitimierung ihres für die nachexilische Zeit gedachten Programms willen bedient sich die Priesterschrift der mehr oder weniger stark gefügten Schemata und Formen, die in vorexilischer Zeit vor allem in Jerusalem gebildet worden sind. Auch hier ist in vielen Fällen eine Vertrautheit mit ägyptischer Terminologie und Theologie unverkennbar. Sie zeigt sich in einer bemerkenswerten Anzahl von Fachausdrücken der Sakralarchitektur, des Ritualwesens, der liturgischen Kleidung, ja vielleicht sogar in der exquisiten Gottesbezeichnung '*El šadday*, die in Analogie zur Gottestitulatur der im östlichen Mittelmeerraum stark vertretenen „Horusstelen", nämlich „Horus *šdj*", d.h. „Horus, der Retter", verstanden werden kann und die für Juda so bedeutsame Qualifizierung seines Gottes vorzuweisen hat.

Dazu hat die Priesterschrift ein außerordentliches Verdienst darin, daß sie das kosmogonische Wissen ihrer Zeit in ihre Schöpfungskonzeption einbaut. Der die kanonische Bibel eröffnende erste Schöpfungstext (Gen 1,1–2,4a) ist nach jüngeren Erkenntnissen nicht mehr ausschließlich aus der Begegnung mit mesopotamischen Schöpfungsideen verstehbar; vielmehr zeigt die dem jetzigen Textbereich vermutlich zugrundeliegende Erstfassung eine nahe Verwandtschaft zu einem kosmogonischen Schema, das mit der Sequenz Chaos – Raum – Zeit in die frühen Erscheinungsformen ägyptischer Kosmogonien und in die Grundstruktur ägyptischer Schöpfungslehren zurückverweist.[137] Da sich die ägyptischen Schöpfungsvorstellungen nicht zuletzt in der „memphitischen Theologie" manifestieren, die in der Äthiopenzeit zu neuer Reverenz gelangte (Schabaka-Stein), ist die Anleihe und Neuinterpretation im Lichte des alleinigen *JHWH*-Glaubens als Begegnung und Auseinandersetzung mit der ägyptischen Inspiration zu sehen. Innerhalb des 1. Schöpfungstextes spiegelt sich der Einfluß ägyptischer Terminologie in lange nicht verstandenen Ausdrücken wider, wie etwa im sprichwörtlichen *tohu wabohu* (Gen 1,2) oder in der *rāqīa'* („Firmament") als Gegenstück zum ägyptischen *bj3* zur Bezeichnung der dünnen, aber konsistenten Schale des Ur-Eis, in dem sich die Lebenszone entfalten kann. Schließlich ist die Rede von der „Gottebenbildlichkeit" des Menschen ohne Rückblick auf die einschlägigen Vorgaben dieser Vorstellung aus Ägypten nicht nachvollziehbar, so daß die königliche Würde, die ehedem nur dem Pharao zukam, nunmehr allen Menschen ohne Unterschied der Geschlechter zugesprochen wird. Das Exil wird hier als das Chaos gefaßt, dem eine Neuschöpfung in Gestalt des neuen Lebensraums in Palästina und einer erleuchteten Lebenszeit folgen wird.

In einer vierphasigen Sequenz legt die Priesterschrift zudem dar, wie sie den Wandel vom königlichen Menschen, der die anfängliche Würde und Bürde nicht zu tragen imstande ist, über die Paradigmen „Noah" und „Abraham" bis hin zur Gestalt des gottesdienstlichen Menschen als Programm für die nachexilische Zeit als Deutung des Exils im Sinne eines Katalysators auf ein neues Israel hin verstehen möchte.[138] Bei alledem geht es nicht um eine Umschreibung der Historie, sondern um schöpferische Integration des Vergangenen in die Gegenwart. Der Aspektunterschied zu ägyptischer Reklamation von kosmischer und königlicher Macht ist nicht zu übersehen, wenn auch die ägyptische Mythologie auf biblischem Terrain nicht ihr Gesicht verliert und nachhaltig wirksam bleibt.

---

[137] Vgl. dazu zuletzt M. Görg, Genesis und Trinität. Religionsgeschichtliche Implikationen des Glaubens an den dreieinen Gott, in: MThZ 47, 1996, 295–313.

[138] Vgl. dazu M. Görg, Das Menschenbild der Priesterschrift, BK 42, 1987, 21–29 (= SBAB 14, 1992, 137–151).

Der außerordentlich breite Raum, den die Priesterschrift den kultischen Institutionen und Verrichtungen einräumt, trägt die Spuren einer rituellen und quasirituellen Ordnung in sich, die es nur schwer begreiflich machen läßt, daß hier ausschließlich nachexilische Kultvorgänge Pate gestanden hätten. Es sei hier nach wie vor dafür plädiert, nach vorexilischen Ansatzpunkten Ausschau zu halten, die vor allem den Ritualbestimmungen zur Konstruktion eines „Zeltheiligtums" als ideelle Alternative zum noch bestehenden und dann memorierten Tempel in Jerusalem gerecht werden.[139] Unbeschadet ihrer Weiterentwicklung in nachexilischer Zeit sollte mit einer wie auch immer motivierten Folge von liturgieschaffenden und liturgiebegleitenden Anweisungen gerechnet werden dürfen, die der vorexilischen und prophetischen Tempelkritik zur Seite gestellt werden dürfen. Nicht zuletzt die Fremdausdrücke im Sektor der kultbezogenen Sprache[140] sollten vor einer allzuschnellen Spätdatierung der Formulare warnen.

Die nicht geringe Prägung der kultbezogenen Texte durch ägyptische Terminologie kann wohl auch nicht einfach auf ägyptischen Zustrom in nachexilischer Zeit erklärt werden, zumal es nach H. Donner „aus der ägyptischen Diaspora keinerlei Rückkehr zum Zion gegeben" hat, „auch nicht nach 525, als das politisch durchaus möglich gewesen wäre"[141].

Das ausschließlich negative Bild Ägyptens in der Prophetie bedarf also einer nicht unerheblichen Korrektur von seiten einer kritischen Literatur- und Religionsgeschichte. Vor allem ist hier auf das Hohelied zu verweisen, das mit seiner unbezweifelbaren Nähe zu ägyptischer Liebesdichtung[142] einer Grundstimmung das Wort redet, die gerade in Zeiten existentieller Bedrohung der Menschlichkeit akut wird. Es bietet sich hier, bei allem Respekt vor anderslautenden, früheren und – neuerdings – sehr späten Datierungen,[143] die Zeit der 26. Dynastie

---

[139] Vgl. dazu bereits M. Görg, Das Zelt der Begegnung. Untersuchung zu den sakralen Zelttraditionen Altisraels, BBB 27, Bonn 1967, 25–27.

[140] Vgl. dazu einstweilen die Hinweise bei M. Görg, ÄAT 11, 1991, 99–131.

[141] Donner, Geschichte, 415.

[142] Vgl. vor allem den mit reichhaltigem und attraktivem Material ausgestatteten Kommentar von O. Keel, Das Hohelied, Zürich 1986; vgl. auch ders., Hoheslied, NBL II, 183–191. Daß die palästinische Sicht auch das kanaanäische Ambiente nicht verleugnen kann, steht außer Frage.

[143] Vgl. zuletzt E. Bosshard-Nepustil, Zu Struktur und Sachprofil des Hohenlieds, BN 81, 1996, 45–71 mit einer Ansetzung „in hellenistischer Zeit bzw. im 3.Jh. v.Chr." (68). Eine Alternativentscheidung zwischen vorexilischer und nachexilischer Entstehungszeit erscheint mir gegenwärtig noch nicht möglich.

Ägyptens und der „saitischen" Beziehungen nach Juda/Jerusalem an. In keiner Zeit ist so sehr das Bedürfnis einer utopischen Rückerinnerung an die „heile Welt" der Beziehungen zwischen Israel und Ägypten unter „Salomo" und der „Salomonin" (Schulamit) so gut zu positionieren wie in der Zeit der Bedrohung von Leib und Leben in der Phase der babylonischen Aggression. Natürlich stehen auf der Bühne Gestalten, die um Jahrhunderte von den ursprünglichen Namensträgern entfernt sind, die „geschichtliche Travestie" macht den Auftritt möglich und verschafft den ägyptophilen Zeitgenossen auf dem Boden Palästinas und in Juda/Jerusalem die Vision einer humaneren Welt.

Daß nach wie vor ein Wachstumsprozeß mit jüngeren Einträgen denkbar ist, verträgt sich gut mit Phänomenen in der Textgeschichte altorientalischer Schulliteratur.

IV. „ISRAEL" UND „ÄGYPTEN"
IN BIBLISCHER RÜCKSCHAU

1. Die „Väter Israels" und Ägypten

Die biblische Darbietung der sog. Väterüberlieferungen im Alten Testament, die Geschichte und Bedeutung der „Väter Israels" reflektieren, vermittelt eine Reihe von Beziehungsebenen, in denen Ägypten mehr oder weniger stark präsent ist. Die bekannteste Kontaktnahme liegt in der Josefsgeschichte vor, die wegen ihrer exquisiten Integrierung ägyptischer Verhältnisse in den biblischen Horizont einer eigenen Würdigung bedarf. Weniger beachtet, aber doch relevant genug, sind die offenen und versteckten Hinweise auf ägyptische Nachbarschaft, die sich vor allem mit den Traditionen um die Trias Abraham–Isaak–Jakob verbinden und zunächst zu bedenken sind.

Der gemeinsame Ahnherr für „Israel" und „Ägypten" ist Noach, der Stammvater der nachsintflutlichen Menschheit. Als Vater des Sem eröffnet er die Linie, die zu Abraham führt (vgl. Gen 9, 18. 26 11, 10–26), als Vater des Cham läßt er u. a. Ägypten und Kanaan aus sich hervorgehen. Diese bei kanonischer Lektüre erstmalige Zitation Ägyptens unter der Namengebung *Miṣrayim* tritt in der sogenannten „Völkertafel" (Gen 10, 1–32) vor Augen:

„Die Söhne Hams sind: Kusch und Misraim (= Ägypten) und Put und Kanaan" (Gen 10, 6).

„Und Misraim (Ägypten) zeugte die Luditer und die Anamiter und die Lehabiter und die Naftuhiter und die Patrositer und die Kasluhiter und die 'Kaftoriter'[1], von denen die Philister ausgegangen sind" (Gen 10, 13 f.).

Der Vorbau der Stammbäume („Toledot") präsentiert „Ägypten" als einen der Söhne Hams, dessen Name unter großem Vorbehalt mit dem ägyptischen Namen *km.t* („Schwarzland", kopt. KHME) für Ägypten verbunden werden kann.[2] Der hebräische Name für „Ägypten", *miṣ-*

---

[1] Zum textlichen Problem vgl. zuletzt Ruppert, Genesis, 441 f. Vgl. jedoch auch G. A. Rendsburg, Gen 10:13–14: An Authentic Hebrew Tradition concerning the Origin of the Philistines, JNWSL 13, 1987, 89–96.
[2] Zu den Landesbezeichnungen ferner M. Görg, Ägypten, NBL I, 36.

rayim, vgl. auch keilschriftlich *miṣri* (mit Var.), ist vielfachen Deutungsversuchen unterworfen worden.³ Die Ableitung vom akkad. *miṣru* „Grenze, Gebiet" u. ä. könnte die Auffassung der Dualform als Hinweis auf die beiden Landesteile stützen; noch nicht genügend bedacht, aber weiterhin erwägenswert ist die Verbindung mit dem ägyptischen *mḏ3jw*, einer Bezeichnung für die Nomadenbevölkerung der Ost- und Südwüste.⁴ Eine Übernahme dieses Ausdrucks könnte zu einer Zeit erfolgt sein, in der der semitische Sonorlaut *r* eine Möglichkeit der Wiedergabe des ägyptischen *'Alef* dargestellt haben mag, d. h. noch vor der Mitte des zweiten Jahrtausends v. Chr.

Die Namen der „Söhne Ägyptens" sind bisher nur teilweise einer befriedigenden Deutung zugeführt worden.⁵ Sicher ist die Identifikation der Patrositer („Oberägypter")⁶ und der Kaftoriter (Kreter), wahrscheinlich diejenige der Naftuhiter als „Unterägypter"⁷ und der Lehabiter als „Libyer", ungeklärt verbleiben die Luditer (Lydier?), die Anamiter (Oasenbewohner?) und die Kasluhiter (Kolchiter?)⁸. Ob die Symbolik der Siebenzahl auch in diesem Fall inspirativ für die Reihung gewesen ist, mag dahingestellt sein.

Die nächste unmittelbare Situation, die Ägypten ins Blickfeld des Lesers rückt, ist die im Rahmen der Abrahamgeschichten tradierte Episode von der Begegnung des Ahnherrn mit dem Pharao von Ägypten (Gen 12,10–20), der sich für Saraj, Abrahams Frau, interessiert und Abrahams Hinweis, sie sei seine Schwester, zum Anlaß nimmt, sie zu sich zu nehmen, um Abraham zugleich mit reichen Geschenken auszustatten. Hier aber greift *JHWH* ein, der den Pharao mit Plagen „schlägt" (V.17). Die Revision der Dinge läßt den Pharao zwar unwillig, aber doch einsichtig werden; zu einem Zerwürfnis mit fatalen Folgen kommt es nicht. Diese sog. „Ahnfraugeschichte" oder (vielleicht besser) „Preisgabegeschichte"⁹ hat ihre Strukturparallelen in Gen 20 und Gen 26, 1–13. Das gegenseitige Verhältnis der drei Varianten kann wohl so bestimmt werden, daß eine Grundfassung von Gen 26, 1–13 den Vorgang mit den Akteuren Isaak und dem Philisterkönig von Gerar inszeniert, während

---

³ Vgl. HALAT 591. H. Ringgren, ThWAT IV, 1101.

⁴ Vgl. dazu auch M. Görg, NBL I,36.

⁵ Dazu zuletzt É. Lipinski, Les Chamites selon Gen 10, 6–10 et 1Chr 1, 8–16, ZAH 5, 1992, 135–162, bes. 150–154.

⁶ Vgl. dazu M. Görg, Patros. Patrositer, NBL III, s.v.

⁷ Näheres dazu bei M. Görg, Naftuhiter, NBL II, 890.

⁸ Die fragend vorgeschlagenen Identifikationen stammen von Lipinski, Chamites, 150–154, bedürfen aber m. E. einer kritischen Revision.

⁹ Vgl. dazu I. Fischer, Die Erzeltern Israels, BZAW 222, Berlin–New York 1994, 119–136.

Die „Väter Israels" und Ägypten   115

mit Gen 20 eine Übertragung auf die Gestalten Abraham und Abimelech von Gerar und schließlich in Gen 12, 10–20 eine Ausweitung des Geschehens auf die Beziehung Abraham–Pharao vorgenommen wird.[10] Die formale Gestaltung von Gen 12, 10–20 zeigt deutlich eine Gewichtung auf dem „Schlagen" des Pharao durch *JHWH*, eine bildsprachliche Wendung, die in Verbindung mit der vielfach dokumentierten Szene der „Niederwerfung des Gegners" durch den Pharao gesehen werden darf, hier aber den Pharao zum Opfer werden läßt, wie dies allem Anschein nach auch mit dem Festesnamen *paesaḥ* (= *p3 sḥ* „der schlagende [Gott]") semantisch assoziert werden kann.[11] Vielleicht ist die Vorwegnahme des Motivs aus dem Bereich der Exodusgeschichten mit Absicht vorgenommen. Dennoch erscheint der Pharao hier durchaus positiv: er erkennt die Souveränität *JHWH*s an. Seine Zeichnung als „Gegenbild" zu Abraham stellt den Text zudem in eine Verwandtschaftslinie zu Ex 2, 1–10, wo ebenfalls ein ansprechendes Bild Ägyptens in Gestalt der „Tochter Pharaos" gezeichnet wird. Vielleicht gehört zu diesem „Kranz 'ägyptisierender', thematisch eng zusammenhängender und wohl auch zueinander in Beziehung gesetzter 'Kurzgeschichten'" auch die Hebammengeschichte in Ex 1, 15–20.[12] Dieser Zusammenhang muß nicht eine gleichgerichtete Entstehungszeit fordern; wohl aber ist an eine unverkrampfte Haltung gegenüber dem westlichen Nachbarn zu denken, so daß man sich ein Werden solcher Kurzerzählungen in der fortgeschrittenen Königszeit (z. Z. der ägyptischen 25. und 26. Dynastie) vorstellen kann.

Für den Werdeprozeß der Abraham-Episode ist auch ein Blick auf die literarisch vorausgehende Begegnung Isaaks mit Abimelech von Gerar signifikant. Abimelech, der in 26, 1.8 noch deutlich als „König der Philister" ausgewiesen wird, erscheint bei einem weiteren Treffen mit Isaak in Begleitung „mit seinem Vertrauten Ahusat und seinem Feldherrn Pichol" (V.26). Die beiden, sonst nicht mehr in dieser Kombination belegten Namen der Gefolgschaft sind allem Anschein nach zu Namen gewordene Titel, die eine ägyptische Etymologie vorweisen können[13]: Ahusat (< *ḥsjtj* „Günstling")[14] und Pichol („der Krieger")[15].

---

[10] Näheres zu den literarischen Prozessen bei P. Weimar, BZAW 146, 1977, 4–111. Ders., Ahnfraugeschichten, NBL I, 67.

[11] Dazu M. Görg, BN 43, 1988, 7–11 (= ÄAT 11, 1991, 168–172). Ders., Der „schlagende" Gott in der „älteren" Bibel, BiKi 51, 1996, 94–100, besonders 98f.

[12] So Weimar, Redaktionsgeschichte, 35.

[13] Vgl. dazu M. Görg, Die Begleitung des Abimelech von Gerar (Gen 26, 26), BN 35, 1986, 21–25 (= ÄAT 11, 1991, 182–186).

[14] Vgl. dazu auch M. Görg, in: Fs Richter, 83–88.

Es soll nicht verschwiegen werden, daß es nach wie vor Versuche gibt, die biblische Kontaktnahme Abrahams mit einem Pharao historisch zu verankern. So hat erst jüngst der bekannte Ägyptologe K. A. Kitchen auch diesen Erzählzug als „additional evidence for dating the patriarchs to the Middle Bronze Age" gewertet,[16] ohne dabei auch nur im geringsten die literarischen Verhältnisse zu analysieren. Überdies sollen nach ihm die mit Präfixkonjugation gebildeten Namen der Vätertexte gerade nicht über die Kontinuität und Verbreitung verfügen, die ihnen die Verfechter einer Spätdatierung der Vätertraditionen attestieren. Hier darf man durchaus konzedieren, daß etwa mit *Ja'aqob* vergleichbare Namenbildungen gerade in der ersten Hälfte des 2. Jahrtausends v. Chr. zahlreich vertreten sind. Hyksosskarabäen mit Varianten des *J'qb*-Namens, wie *J'qb-Hr* (= Jakob-Haddu?), legen dafür ein beredtes Zeugnis ab.[17] Dennoch muß festgehalten werden, daß es bei der biblischen Zitation solcher überlieferter Namen um bewußte Vergegenwärtigung alten Namengutes geht, von dem das Studium des jeweiligen Kontextes in seiner literarischen Entwicklung strikt zu trennen ist.

So muß auch zwischen der möglichen Anbindung des Abraham-Namens an Namenmaterial der Ächtungstexte oder auch an die Erwähnung des Stammes *rhm* in der Sethos-Stele von Bet-Schean (Abraham = „Vater des *rhm*-Stammes")[18] auf der einen Seite und der innerbiblischen Präsentation des „Abraham" der Literaten auf der anderen Seite sorgfältig unterschieden werden. Der Ägyptologe würde sich seinerseits hüten, den historischen Ramses II. mit den fingierten „Ramessiden" später und spätester Epochen und Literaturen zu rekonstruieren. Daß gerade die Gestalt „Abrahams" als Kontrastfigur zur Selbstdarstellung des Königtums eine paradigmatische Rolle gespielt hat, ist bereits akzentuiert worden. Wenn schon von „biblical references to Egypt" im

---

[15] Dazu zuletzt M. Görg, Pichol in Ägypten und in der Bibel, BN 69, 1993, 12–14.

[16] K. A. Kitchen, The Patriarchal Age, Myth or History?, BAR 21/2, 1995, 48–57. 88–95, besonders 57f. Der verdiente Ägyptologe wird gewiß seinen Fachgenossen wohl kaum die „These" zumuten wollen, daß der Text etwa der „Hungersnotstele" von Sehel im Alten Reich verfaßt worden ist.

[17] Zu den Skarabäenbelegen darf man vielleicht auch eine weitere Variantschreibung mit dem Hyksosnamen *J'k(sic)b-Hr* stellen, die jüngst bei den Grabungsarbeiten in Hazor zutage getreten ist, wenn sich die Lesung als zutreffend erweisen sollte. Für eine Übermittlung eines Photos der hieroglyphischen Fassung danke ich dem Ausgräber Amnon Ben-Tor sehr herzlich.

[18] Vgl. dazu u.a. M. Görg, Abraham – Historische Perspektiven, BN 41, 1988, 11–14 (= ÄAT 2, 1989, 171–174).

Zusammenhang mit Abraham zu Recht gesprochen werden darf,[19] sollte der Antitypos „Salomo" als „Pharao" Israels im Hintergrund gesehen werden.

2. Josef in Ägypten

Daß sich bei dem Fragenkomplex um die Beziehungen zwischen Israel und Ägypten der Textzusammenhang mit dem biblischen Josef als Hauptperson geradezu aufdrängt, ist selbstverständlich, zumal die Wirkungsgeschichte und literarische Rezeption (Th. Mann) jedem Literaturkenner geläufig ist. Nicht ohne weiteres selbstverständlich erscheint allerdings, daß bereits die biblische Josefserzählung in Gen 39–50 selbst als literarische Schöpfung ersten Ranges und als paradigmatisches Werk narrativer Kunst betrachtet werden muß.

Der literarische Werdegang dieser Erzählung, die in ihrer jetzigen Einbettung mit der Darstellung des Zuges Jakobs und seiner Söhne nach Ägypten zu den Geschehnissen um den Aufenthalt Israels in Ägypten und den sogenannten Exodus hinüberleitet, kann nur mit Hilfe detaillierter Beobachtungen zur Textgestalt eruiert werden; die einschlägigen Bemühungen sind so zahlreich, daß sie hier nicht ansatzweise gewürdigt werden können.[20] Unsere Fragestellung gebietet es, nur das zur Sprache zu bringen, was unmittelbar dem Studium des Ägyptenbildes der Josefserzählung dient und die darin herrschenden Beziehungen offenlegt.

Die Josefserzählung[21] stellt sich nach einem Wort Goethes in der Tat als eine höchst attraktive Geschichte dar[22]:

„Höchst anmutig ist diese natürliche Erzählung, nur erscheint sie zu kurz, und man fühlt sich berufen, sie ins einzelne auszumalen."

Literargeschichtlich gesehen, ist das Werkchen in seiner jetzigen Gestalt mit allerlei Zusätzen und Erweiterungen ausgestattet, die es nicht

---

[19] Kitchen, Patriarchal Age, 57.

[20] Zur Forschungsgeschichte vgl. u. a. L. Ruppert, BZ 29, 1985, 31–48. J. Scharbert, BN 37, 1987, 104–128.

[21] Im folgenden werden Formulierungen aufgenommen und teilweise modifiziert, die vom Verfasser im Rahmen eines Vortrags anläßlich eines Symposiums zum Thema „Thomas Mann und Ägypten" in Lübeck (Mai 1992) gewählt wurden. Eine eigene Monographie zur Josefserzählung wird in der Reihe ÄAT erscheinen.

[22] Dichtung und Wahrheit, I. Teil, 4. Buch. Dazu H. Donner, Die literarische Gestalt, 9f.

einheitlich erscheinen lassen. Wie denn die Komposition der Erzählung im einzelnen zu definieren sei, darüber gehen die Meinungen seit Beginn der sogenannten Quellenscheidung auseinander. Der Vater der Quellenkritik, Julius Wellhausen, hat – wohl eher notgedrungen als überzeugt – eine Kombination aus J und E angenommen, d.h. aus den postulierten Quellenwerken des Jahwisten und des Elohisten, hypothetischen israelitischen Schriftstellern, die ihren Namen nach den von ihnen bevorzugten Gottesbezeichnungen tragen und in der Regel in die Königszeit datiert werden. Obwohl man bis in unsere Tage versucht, in der Josefserzählung eben diese zwei Erzählungsstränge auszumachen und voneinander abzuheben, hat sich doch eine gewisse Frustration ergeben, da eine in allem überzeugende Trennung zweier Erzählfäden ausgeblieben ist.[23] Die Neubesinnung der bibelbezogenen Literaturwissenschaft auf ihre methodischen Grundlagen hat uns überdies die Einsicht beschert, daß es schon gewichtiger Kriterien bedarf, um einem Text die Uneinheitlichkeit zu attestieren. So darf sich auch der kritische Betrachter der Josefserzählung trotz diverser Spannungen im Textverlauf, die freilich formkritisch, d.h. als intendierte Erscheinungen der sprachlichen Gestaltung behandelt werden müssen, an einen Erzählduktus halten, dessen literarische Uneinheitlichkeit jedenfalls z.Z. noch nicht als erwiesen gelten kann.

Die grundsätzlich vermutete Geschlossenheit hindert jedoch nicht, daß die Jetztgestalt der Erzählung und ihre Einpassung in den Kontext

---

[23] Vgl. dazu Donner, Die literarische Gestalt, 24: „Die Kriterien der Pentateuchquellenscheidung versagen an Gen. 37–50." Einen weiteren Vorstoß zur Schichtendifferenzierung mittels literarkritischer Analysen unternimmt Schmitt, Josephserzählung, 2, wobei „Literarkritik" als „Methode" verstanden wird, die „in durchaus eigenständiger – von Traditions- und Formkritik nicht direkt abhängiger – Weise den literarischen Entstehungsprozeß von Texten zu klären versucht" und sich zugleich bemüht, die „Intentionen redaktioneller Arbeit aufzuhellen". Jedoch empfiehlt sich größere Zurückhaltung gegenüber der Kompetenz der Literarkritik, da die Kriterien der literarkritischen Scheidung streng zu handhaben sind (vgl. dazu die Hinweise bei W. Richter, Exegese als Literaturwissenschaft, Göttingen 1971, 50–72). Der neueste Versuch einer eigenständigen Textanalyse mit gegenüber Richter modifizierter Handhabung des methodischen Instrumentariums liegt vor bei H. Schweizer, Die Josefsgeschichte, Konstituierung des Textes. Teilband 1: Argumentation, Teilband 2: Texte, Stuttgart 1991. Die Vorgehensweise unterliegt gegenwärtiger Diskussion, vgl. u.a. die Einwände bei B.R. Knipping, BN 62, 1992, 61–95 und die Replik Schweizers, BN 63, 1992, 52–57. Vgl. jetzt auch Donner, Geschichte, 101, Anm. 38 mit der zutreffenden Bemerkung, daß die einschlägige Forschung „in lebhafter, nicht immer vernünftiger Bewegung" sei. S. dort auch weitere Literatur.

Josef in Ägypten 119

der „Vätergeschichten" auf das Konto eines integrierenden Redaktors gehen muß. Hier denkt man in erster Linie an den bereits zitierten, spätjahwistischen Literaten aus der fortgeschrittenen Königszeit („Jehowist") wohl unter den Königen Hiskija und Manasse von Juda (8. Jahrhundert. v. Chr.). Das Ägyptenbild der Josefserzählung im heutigen Kontext wäre demnach zu differenzieren in das Ägyptenbild, wie es die ältere Josefserzählung vermittelt hat, dann aber auch in jenes, wie es die jüngere Redaktion zu vermitteln trachtete, bis hin zu den überlagernden Detailperspektiven, mit denen redaktionelle Eingriffe die Darstellung bis zur jetzigen Gestalt begleiten.

Zur Beantwortung der Frage, wo denn die „purifizierte" Fassung der Josefserzählung ihren primären Ort gehabt habe, bleiben nur Vermutungen. Hier ist natürlich zu unterscheiden zwischen dem Ägyptenbild, das der Verfasser der Zeit des Josef zuschreibt, und dem Ägyptenbild, das der Verfasser vor Augen haben konnte oder auch vorstellen wollte. Die früher vertretene und auch von Ägyptologen wie J. Vergote[24] und Kitchen[25] rezipierte Auffassung geht dahin, in der Erzählung ein Spiegelbild der Ramessidenzeit zu sehen. Die Plazierung der Geschehnisse in die Amarnazeit ist unter Alttestamentlern eher die Ausnahme gewesen und findet ebenso wie die Beziehung auf die Ramessidenzeit bei den gegenwärtigen Auslegern so gut wie keinen Nachhall mehr.

Auch die schriftliche Fixierung des Erzählwerks kann nicht mehr ungezwungen in die Primärphasen israelitischer Literaturgeschichte datiert werden, wenn auch der bislang umfangreichste Genesiskommentar von Cl. Westermann noch empfiehlt, die salomonische Zeit als Periode der relativen Öffnung nach außen und nach Ägypten hin als Abfassungszeit zu nehmen,[26] so stehen doch ernsthafte Argumente einer revidierten Urkundenhypothese dagegen, von der radikalen Leugnung von literarischer Tätigkeit in Israel vor dem 8. Jahrhundert ganz zu schweigen. Die Konzentration auf die sprachliche Gestaltung kann vielmehr den Eindruck bestätigen, daß wir es mit einem Erzählwerk zu tun haben, das seinen literarischen Werdegang überwiegend dem Prozeß des allmählichen Niedergangs des Nordreiches Israel im 8. Jahrhundert v. Chr. zuordnen läßt. Das Wachstum der Josefserzählung dürfte danach vornehmlich während der Zeit der ägyptischen 25. Dynastie der

---

[24] Vgl. J. Vergote, Joseph en Égypte. Genèse chap. 37–50 à la lumière des études égyptologiques récentes, OBL 3, Löwen 1959.
[25] Vgl. K. A. Kitchens Rezension zu Redford, Study, OA 12, 1973, 233–242.
[26] Vgl. Cl. Westermann, Genesis, BK I73, Neukirchen-Vluyn 1982, 18.

„Äthiopen" bis hinein in die 26. Dynastie der „Saiten" vonstatten gegangen sein.

Dennoch gilt: Das Ägyptenbild der Joseferzählung in all ihren möglichen Wachstumsphasen ist ein perspektivisches Ägypten, ja ein fiktionales, das sich keiner bestimmten Zeit fugenlos einpassen und zumessen läßt. Dies gilt sowohl für jenes „Ägypten", das die Erzählung ihren Josef erleben läßt, wie auch für das „Ägypten", das dem Ersterzähler und den Texterweiterern und Redaktoren als zeitgenössische Realität bewußt gewesen sein muß und vor Augen schwebte.[27] Nach Westermann hat die Schilderung ägyptischer Verhältnisse den „Charakter einer ersten Begegnung"[28]. Das Neuheitserlebnis scheint in der Tat beeindruckend zu sein. Zugleich wird keinerlei Reserviertheit gegenüber dem Fremdartigen spürbar. Das Staunen über die andersartige Welt Ägyptens spielt eine große Rolle. Das Interesse am namenlosen Pharao, an der Administration, der Hofhaltung, dem Ständewesen, dem Strafvollzug, nicht zuletzt dem Phänomen der Titulatur, der Investitur der Beamten, der Magie schließlich und dem merkwürdigen Bestattungsritual, der Balsamierungspraxis, das alles scheint dem Erzähler so augenfällig wie frappierend, daß er es in seine Szenenfolge einbaut. Keine Rede von den königlichen Baumaßnahmen, der allen Zeiten eigenen Architektur, kein Wort von imperialer Machtdemonstration, statt dessen erfährt der Hörer und Leser, daß es sogar Hungersnöte in diesem Land der „Fleischtöpfe" gibt. Kurz, es gilt nach wie vor das, was R. de Vaux meint: Der Erzähler „n'ecrit pas en Égypte ni pour des Egyptiens. Le point de vue est celui d'un Palestinien, intéressé et ébloui par le grand royaume voisin."[29] Also nur Spiegelung einer Faszination?

Einige Signale sollen zur Sprache kommen. Daß der „Pharao" ohne Namen erscheint, ist zwar ägyptischerseits gut bezeugt, da der Titel *pr ʻ3* ohne weiteres – auch in der Kartusche – für den König stehen kann, doch läßt auch der Kontext im biblischen Verwendungsbereich keine weiteren Identifikationen zu. Der Titel steht für den Namen. Auch der

---

[27] Wie die Amarnazeit oder die Ramessidenzeit ist auch die Saitenzeit als Hintergrund definiert worden, so zuletzt von Redford, A Study of the Biblical Story of Joseph (Genesis 37–50), VTS 20, Leiden 1970. Ders., Egypt, 422–429. Die Deutung der Josefserzählung als Diasporanovelle und als Schrift zur Erbauung und Legitimation der jüdischen Gemeinden in Ägypten durch A. Meinhold, Die Gattung der Josephsgeschichte und des Estherbuches: Diasporanovelle II, ZAW 88, 1976, 72–93 erscheint als zu gewagte Alternative.

[28] Westermann, Genesis, 18.

[29] R. de Vaux, Histoire Ancienne d'Israel, Paris 1971, 286.

Name „Potifera" (hebr. *Pōṭi paeraʿ* Gen 41,45.50 46,20), gewiß mit Recht als eine Bildung nach dem Muster '*p3 dj p3*+Gottesname' angesehen, in diesem Fall mit der Bedeutung 'Der, den Re gegeben hat',[30] ist ein ägyptischer „Allerweltsname", wie es scheint, merkwürdig ist nur, daß er im Personennameninventar Ägyptens zwar der Gattung nach häufig begegnet, und zwar vor allem in der Spätzeit, hier aber meist ohne Implikation des Re.[31] Daher liegt der Gedanke nicht so fern, daß der Name den bekannten Formen nachgebildet und in Verbindung mit dem Kultort On, der Sonnenstadt Heliopolis, wo Potifera Priester gewesen sein soll, konstruiert worden ist.[32] Dagegen wird der Name „Potifar" (hebr. *pōṭipar*), der die miteinander kompatiblen Titel „Beamter Pharaos" (*sārīs Parʿō*) und „Oberster der Leibwache" (*śar haṭṭabbāḥīm*) trägt (Gen 37,36 39,1), eher als künstliche Bildung *p3 dj pr* ('3) „der, den Pharao gegeben hat", d. h. als fiktiver Name eben des „königlichen Beamten" und Ankäufers Josefs zu verstehen sein.

Wie steht es ferner mit dem Ehrennamen Josefs *Ṣapnat Paʿneaḥ* aus? Gewöhnlich als Bildung einer geläufigen Art gedeutet, nämlich nach der Musterform '*ḏd* + Gottesname *jw.f ʿnḫ*' „Die Gottheit NN spricht, es (das Kind) möge leben" o. ä., hat der Ehrenname keine wortgleiche Parallele im ägyptischen Namenskorpus.[33] Vielleicht nennt der Verfasser die Gottheit so, wie dies auch die Weisheitslehren können, die von einem anonymen „Gott" sprechen. Er kennt sich so gut im Ägyptischen aus, daß er hier bewußt modifiziert.[34] Der biblische Josef kann sich ja nicht mit einem ägyptischen Gottesnamen beehren lassen. Darum die intendierte Änderung. Die Septuaginta kann hier offenbar noch kühner verfahren, sie gibt den Titel mit *Psontomphanech* wieder, welche Umschreibung nicht einfach als Entsprechung zur hebräischen Fassung gedeutet werden kann, sondern wohl am ehesten einer Namensbildung *p3 śnḏm jb ʿnḫ* „der das Herz mit Leben angenehm

---

[30] Vgl. u. a. HALAT 867 mit Lit.

[31] Vgl. dazu Redford, Story, 228.

[32] Vgl. dazu jetzt M. Görg, Potifar und Potifera, BN 85, 1996, 8–10. Ders., Potifar/Potifera, NBL III, s. v.

[33] Die beispielhafte Untersuchung zum Namensinventar Thebens in der 25. und 26. Dynastie von G. Vittmann, Priester und Beamte im Theben der Spätzeit, Wien 1978, 223f., nennt überdurchschnittlich viele Namen des Typs, aber keinen Namen, der mit dem Ehrennamen Josefs deckungsgleich wäre. Zu den mit *ʿnḫ* gebildeten Namen vgl. jüngst J. F. Quack, GM 123, 1991, 91–100.

[34] Der Alternativvorschlag Redfords, Story, 230f., statt der üblichen Ansetzung die Lesung *Ḏd-Jpt-Nt-jw.f-ʿnḫ* „Ipet und Neith sagen: er möge leben" zu wählen, erscheint mir nicht akzeptabel.

macht" o.ä. nahesteht.³⁵ Potifar erhält Titel, die viel Kopfzerbrechen bereitet haben. Der oben genannte Titel „Oberster der Leibwächter" (hebr. *śar haṭṭabbāḥīm*), dessen Träger auch der „Chef der Scharfrichter" und „Gefängnisdirektor" sein soll, hat wahrscheinlich mit einer hebräischen Neuinterpretation des ägyptischen Titels *smsj* zu tun, ein Wort für die „Begleitung", das mit der Hieroglyphe für das Hinrichtungsgerät geschrieben wird.³⁶ Die Frau des Potifar ist im Alten Testament bewußt namenlos, weil ihre Funktion für den Erzählprogreß mit dem Aufstieg Josefs nicht weiter relevant ist.

Weil es für einen Nichtägypter eben zu den auffälligsten Erfahrungen mit Ägypten gehört, ein Wort zur Spiegelung der Bestattungspraxis in der Josefserzählung. Es war bis in die jüngste Vergangenheit unklar, was mit einem in Gen 50,3 gewählten Verb, gebildet von einer Basis ḤNṬ und mehr aus Verlegenheit mit „einbalsamieren" wiedergegeben, ursprünglich gemeint sei.³⁷ Dieser Ausdruck ist gleichwohl nichts anderes als die hebraisierte Wiedergabe einer bestimmten Funktion im Rahmen des Balsamierungsgeschehens. Es handelt sich um die Praxis des Zusammenbindens, die von den „Weberinnen der Neith" vielfach in den Texten der Saitenzeit prädiziert wird. Der biblische Erzähler greift also nicht in die geläufige Terminologie für das Einbalsamieren in Ägypten ein, sondern bedient sich eines Fachausdrucks für einen ihm auffälligen Vorgang im Rahmen dieser Praxis, um ihn dann zum Ausdruck für das Gesamtgeschehen hochzustilisieren, wiederum ein Zeichen dafür, daß er mit seinen Informationen und Eindrücken autonom und kreativ umzugehen weiß.

In allem spiegelt sich mehr oder weniger deutlich das Wissen einer Zeit um Ägypten, die von einem lebhaften Kulturaustausch geprägt ist. Die Frage nach Umfang und Identität der sprachlichen Beziehungen in Gestalt von Fremdwörtern und -formen ist noch nicht abschließend beantwortbar.³⁸ Klar ist jedenfalls, daß sich die Übernahme nicht nur auf

---

³⁵ Vgl. etwa H. Ranke, Die ägyptischen Personennamen I, Glückstadt 1935, 117, 11: *p3-snḏm-jb-nḫt* „der das Herz mit Stärke angenehm macht".
³⁶ Näheres hierzu bei M. Görg, Die Amtstitel des Potifar, BN 53, 1990, 14–20.
³⁷ Zum Folgenden vgl. M. Görg, Ein biblischer Begriff im Licht seines ägyptischen Äquivalents, in: S. Israelit Groll (Hrsg.), Studies in Egyptology Presented to Miriam Lichtheim, Jerusalem 1990, 241–256 (= SBAB 14, 1992, 108–116).
³⁸ Der großangelegte Versuch von A. S. Yahuda, Die Sprache des Pentateuch in ihren Beziehungen zum Aegyptischen, Berlin–Leipzig 1929, 3–95 gilt zwar

Ausdrücke wie *'abrek* (wohl ägypt. Bildung der semitischen Basis *BRK* „grüßen") in Gen 41,43 oder – als jüngstes Beispiel – das Verbum *jsq* „warten" (41,40) beschränken läßt.[39]

Als zeitlicher Hintergrund für das primäre Wachstum der Erzählung kommt die Zeit der äthiopischen Beziehungen zum Nordreich am ehesten in Frage.[40] Zugleich spielt die politische Lage eine entscheidende Rolle. Die Gefahr der assyrischen Bedrohung wächst von Jahr zu Jahr; das Hilfeersuchen des Hosea von Israel an den ägyptischen König ohne Namen ist signifikant genug. Was erwartet die Flüchtlinge? Vielleicht soll die Josefserzählung die Erwartungen stützen, daß es mit denen, die in Ägypten Zuflucht vor dem Osten suchen, trotz anfänglicher Probleme aufwärts geht und letzten Endes doch zum Besten stehen wird. Eben dieser Aspekt könnte sich auch denen zur Weiterformung der Erzählung empfohlen haben, die später die gleiche Fluchtbewegung aus Juda/Jerusalem nach Ägypten angesichts der babylonischen Gefahr angetreten haben.

Die erste Anregung zur Grundkonzeption der Josefsgestalt in einer genuinen Abwandlung der Vätertraditionen kann freilich der Rückblick auf das Geschick des Jerobeam gegeben haben, das zur Ausbildung der Erzählung und ihrer Akzeptanz zunächst im Nordreich geführt hat,[41] Während Salomo im Südreich Juda und in der königsfreundlichen Literatur zum exemplarischen Weisheitslehrer aufstieg, ist Jerobeam als Gegner Salomos, als Flüchtling nach Ägypten und als erster König des Nordreiches sozusagen die paradigmatische Gegenfigur, die in der von den Interessen des Südreiches geprägten Literatur als Apostat gebrandmarkt wurde, in der biblischen Josefserzählung aber eine Art sukzessiver Rehabilitation oder sogar eine verschlüsselte Sympathieerklärung erfahren hat. In dieser Perspektive ist die Erzählung trotz ihrer gegenwärtigen Brückenfunktion zu den Überlieferungen vom Exodus alles andere als ein Flickwerk, sie ist nach wie vor *das* narrative Votum der Bibel neben dem poetischen des Hohenlieds zur Integration des Fremden sowie zur universalen Protektion dessen, der sich von *JHWH*

---

als allzu spekulativ, sollte aber in vielen Einzelurteilen unvoreingenommen neu bedacht werden. Eine generelle Abwertung hat die Arbeit absolut nicht verdient.

[39] Näheres bei M. Görg, Zu einem „Verstehensproblem" in der Josefsgeschichte, BN 75, 1994, 13–17.

[40] Vgl. dazu Kitchen, Intermediate Period, 324 zusammen mit unseren Vorbehalten in Kapitel III.

[41] Vgl. dazu u.a. J. Ebach, Josephsgeschichte, Lexikon der Ägyptologie III, 270–273.

begleitet weiß. Zwar kommt der Leser nie von jener Atmosphäre „tödlichen Ernstes" frei, der die „Fremdlingschaft Israels in der Welt der Religionen von Anfang an begleitet"[42], doch verbleibt dieses Trauma unterhalb des Lebenstraums nach einem märchenhaften Aufstieg, wie er Josef mit Hilfe seines Gottes in Ägypten gelingt.[43]

3. Das Exodusproblem

a) Das „Credo"

Dem Thema „Herausführung aus Ägypten" kommt nach dem Zeugnis des Alten Testaments eine derart zentrale Bedeutung zu, daß ihm die Position eines fundamentalen Heilsereignisses im Glaubensbekenntnis Israels zugesprochen wurde. Dieses „Kleine geschichtliche Credo" (G. von Rad), das sich in einer gegenwartsbezogenen Rückwärtsschau dem Geschick der Vorfahren Israels widmet, um so eine Antwort auf die Begegnung mit dem geschichtsmächtigen Gott in der kultischen Feier zu begründen, spricht sich exemplarisch in Dtn 26,5–9 aus:

5b   Mein Vater war ein umherziehender Aramäer.
  c   Er zog nach Ägypten,
  d   lebte dort als Fremder mit wenigen Leuten
  e   und wurde dort zu einem großen, mächtigen und zahlreichen Volk.
6a   Die Ägypter behandelten uns schlecht,
  b   machten uns rechtlos
  c   und legten uns harte Fronarbeit auf.
7a   Wir schrien zu *JHWH*, dem Gott unserer Väter,
  b   und *JHWH* hörte unser Schreien
  c   und sah unsere Rechtlosigkeit, unsere Arbeitslast und unsere Bedrängnis.
8   *JHWH* führte uns mit starker Hand und hoch erhobenem Arm, unter großem Schrecken, unter Zeichen und Wundern aus Ägypten.
9a   Er brachte uns an diese Stätte
  b   und gab uns dieses Land,
      ein Land, in dem Milch und Honig fließen.

Die formale Gestalt dieser Formulierungen läßt die besonderen Akzente hervortreten, die der „Herausführung aus Ägypten" als einer göttlichen Befreiungstat zukommen sollen. Auf einen einführenden

---

[42] G. von Rad, Biblische Joseph-Erzählung und Joseph-Roman, in: Neue Rundschau 76, 1965, 546–559, hier 558.
[43] Weitere Erwägungen bei Görg, Ägypten, 73 ff.

Nominalsatz zur Kennzeichnung der Herkunft (5b) folgen zunächst kurze Verbalsätze zur Darstellung des Aufstiegs in Ägypten (5c–d), die mit der Charakteristik der Volkwerdung einen ersten Brennpunkt setzen (5e). Ein weiterer Dreischritt mit wiederum knappen Verbalsätzen führt die Reaktion der Ägypter und deren Unterdrückungspraxis vor, um zugleich den Kontrast zu markieren (6a–c). Eine nochmalige Dreiergruppe von Verbalsätzen artikuliert den Hilferuf der Betroffenen und dessen Aufnahme bei *JHWH* (7a–c). Ein ausladender Satz ist dann der Charakteristik der Herausführung selbst gewidmet (8), die so als Mitte des Bekenntnisses erscheint. Die die Rückschau beschließenden beiden Sätze stellen den Bezug der Betroffenen zum Land der Gegenwart her (9ab).

Von besonderer Bedeutung ist hier der unvermittelte Wechsel vom Bekenntnis eines einzelnen zum Ausdruck einer Selbstidentifikation mit den Vorfahren: Das „Ich" des Sprechers wird so zum „Wir" des Volkes. Diese Ineinssetzung führt aber auch unmittelbar zur Zielsetzung des Textes, der eine liturgische Intention, nämlich die bewußte Integration der Heilserfahrung, in den Gottesdienst verfolgt. Es versteht sich von selbst, daß sich der Text nicht als biographisch-chronistischer Aufriß der Geschichte Israels in der Begegnung mit Ägypten deuten läßt, sondern als ein einzig und allein auf das „Daß" der Befreiungstat *JHWH*s gerichtetes Bekenntnis. Die Möglichkeit einer historischen Rekonstruktion der Vorgänge, auch die Beziehung auf Details der Rettungstat steht völlig außerhalb der Absicht des Wortlauts, der sich in geprägten, ja formelhaften Wendungen zur „Herausführung" äußert. Mit dieser Feststellung ist aber auch das Eingeständnis verbunden, daß sich die wertenden Äußerungen des Bekenntnisses zum Aufenthalt in Ägypten als einem Land der Knechtschaft nicht in erster Linie an einem historischen Sachverhalt orientieren, sondern an einer geprägten Erinnerung, deren Wurzeln es aufzudecken gilt.

Trotz der anerkannten Geprägtheit des Stils hat das „Kleine geschichtliche Credo" doch lange Zeit als Ausdruck einer urisraelitischen Selbstdarstellung des Glaubens gelten können. Erst die kritische Betrachtung der formelhaften Wendungen im Verlauf des Textes hat zu erkennen gegeben, daß wir uns hier mitten in der gewachsenen Terminologie der sog. deuteronomischen Theologie bewegen, die im 6. und 5. Jahrhundert zu ihrem literarischen Höhepunkt gelangen konnte. Es hat sich herausgestellt, daß sich diese Theologie mit der besonderen Betonung von „Kultuseinheit und Kultusreinheit" (A. Alt) in Israel gerade der Exodusthematik angenommen hat, um der Konzeption der Einzigartigkeit *JHWH*s den heilsgeschichtlichen Hintergrund zu geben.

b) Die Formel

Eine Untersuchung der „Herausführungsformel"[44], deren sprachliche Realisation eine erstaunliche Vielfalt von Varianten offenbart, zeigt, daß es sich zwar um sprachliche Elemente aus vordeuteronomischer Zeit handelt, um deren Alter es aber nicht sonderlich gut bestellt ist. Die formale Analyse der Belege kann vor allem zwei Fassungen herausstellen lassen, die mit einem unterschiedlichen Begriff operieren. Eine erste Variante verwendet den Terminus *YṢ'* in der Kausativbildung und mit der Bedeutung „herausgehen lassen":

„Ich bin *JHWH*, dein Gott, der ich dich herausziehen ließ aus dem Lande Ägypten."

Der formale Aufbau dieser Formelvariante, die z. B. die Dekalogrede eröffnet (Ex 20,2 = Dtn 5,6) und auch sonst im Gesetzeszusammenhang einen Platz hat, beginnt mit einer göttlichen Selbstdarstellungsformel, fährt mit einem Relativsatz fort, der die Kernaussage als vollzogenes Ereignis darbietet, ohne sich über die näheren Umstände auszulassen. Wegen einer möglichen Anspielung auf diese Formel in Gen 15,7 kann die Formelfassung vielleicht in die fortgeschrittene Königszeit, kaum jedoch noch in die Zeit Davids oder gar davor datiert werden,[45] so daß sich eine besondere Information über die zugrundeliegende Auffassung des Exodus lediglich für die staatliche Zeit Judas gewinnen läßt, nicht aber für die vorstaatliche Geschichte Israels. Doch auch für einen speziellen Hintergrund in der staatlichen Zeit ist der Text wenig ergiebig: Er bezeugt lediglich die in Anspruch genommene Autorität *JHWH*s als des Herausgeleitenden, ohne daß irgendein Wort über eine Befreiung von Unterdrückung fällt. Auffallend ist daher, daß erst die späteren, vor allem nachdeuteronomischen („deuteronomistischen") Varianten dieser Formel u. a. gern die negative Qualifikation Ägyptens als des „Hauses der Knechtschaft" hinzufügen, wie dies etwa beim Beginn des aus deuteronomistischer Arbeit hervorgegangenen Dekalogs der Fall ist. Eine weitere Formelvariante arbeitet mit der Basis *'LY* in der Kausativbildung und mit der Bedeutung „herausführen":

„Ich bin *JHWH*, der dich herausführt aus dem Lande Ägypten."

Hier ist statt eines Relativsatzes eine Partizipialform gewählt. Da sie wie etwa in Lev 11,45 Ps 81,11 auf liturgischen Zusammenhang hinge-

---

[44] Vgl. dazu vor allem W. Gross, Die Herausführungsformel – Zum Verhältnis von Formel und Syntax, ZAW 86, 1974, 425–453.

[45] So Gross, Herausführungsformel, 432.

ordnet erscheint, hat sie einen ähnlichen Hintergrund wie die erstgenannte Formel, was zugleich bedeutet, daß auch ihr keinesfalls etwas anderes als eine gewiß vorexilische Abfassung, sonst aber unspezifische Orientierung eigen ist. Weitere, noch definierbare Varianten müssen hier nicht eigens vorgestellt werden, da sich kein anderes Bild ergibt. Fazit: Über die formelhaften Aussagen läßt sich zwar eine Neigung zu einer besonderen, auf Ägypten bezogenen Prädikation *JHWH*s erkennen, aber kein Zugang zu dem Ereignis selbst gewinnen, der dieses in seinen ursprünglichen Dimensionen beleuchten würde. Leider kann auch aus der möglicherweise aus der Frühzeit des Nordreichs stammenden, aber nicht formelhaften Prädikation[46]

Num 24,8 a   El hat ihn aus Ägypten gehen lassen;
         b   Er ist ihm wie des Wildochsen Kraft

keine über eine zeitgenössische Anspielung auf den Stierkult des Nordreiches hinausgehende Information über das Exodusgeschehen selbst entnommen werden.[47]

c) Das Lied

Die Akzeptanz des „Credos" als einer Art Grundurkunde hat sich wohl deshalb längere Zeit etablieren können, weil man sich auch auf andere Zeugnisse des Exodus als grundlegender Heilstat berufen und hier noch eher den historischen Rahmen ausfindig machen wollte. Als ältestes Dokument aus dem Bereich der Poesie hat man bis in die jüngste Vergangenheit das sogenannte Mirjamlied (Ex 15,21 b) angesehen:

15,21 b   Singt *JHWH*:
       c   Hoch hat er sich erhoben;
       d   Roß und sein Reiter hat er ins Meer geworfen.

Auch hier spricht das formale Gesicht des Textes eine bezeichnende Sprache. Ein Imperativ mit Nennung des göttlichen Objektes geht einer verbalen Erklärung voran, die als Inhalt der gebotenen Preisung gefaßt werden kann und ihrerseits eine Explikation mit geschichtlichem Bezug im Gefolge hat. Es handelt sich hier um ein exemplarisches Belegstück eines sog. imperativischen Hymnus, der in der Psalmenliteratur eine

---

[46] Vgl. dazu die Ausführungen von Gross, Herausführungsformel, 437 ff.
[47] Vgl. dazu E. Zenger, Funktion und Sinn der ältesten Herausführungsformel, in: ZDMG Supplementa XVII, Deutscher Orientalistentag, I 1969, 337 ff.; Gross, Herausführungsformel, 429, Anm. 31; 434; 451.

breite Entfaltung findet. Seines angeblich sehr hohen Alters wegen ist das kurze Lied auch als Urform der genannten Hymnengattung angesprochen worden. Eine gewisse Ernüchterung zeigte sich erst, als man nach den Kriterien fragte und feststellen mußte, daß es außer einem inhaltlichen Vorurteil über die vermeintliche zeitliche Präzedenz der Poesie im Alten Testament gegenüber der Prosa und die scheinbar ursprungsorientierte Beziehung auf die Errettung Israels keine sicheren Indizien für hohes Alter dieses Liedes gibt. Außer einer bildhaften Szenerie, die einen Machterweis *JHWH*s illustriert, gibt der Text keine Darstellung, der sich konkrete Informationen über den Exodus entnehmen ließen. Neuere Versuche geben dem Kontext des Liedes größeres Gewicht und lassen eine Situation besonderer Auseinandersetzungen mit Ägypten, wie etwa zur Zeit des judäischen Königs Hiskija, für die Entstehung verantwortlich sein. Der Text weist demnach eher auf die Rezeptionsgeschichte des Exodusthemas hin, ohne primäre Informationsquelle zu sein.

d) Die Erzählung

Wenn weder Formel noch Lied weiterhelfen, sollte es wenigstens die Erzählung des Exodusgeschehens sein, die vor allem im Buch Exodus einen breiten Raum einnimmt. Es handelt sich freilich keineswegs um eine einheitliche und in sich geschlossene Darstellung ohne Spannungen und Unebenheiten, sondern um eine Mehrheit von vollständigen und vielleicht auch unvollständigen Erzählungen, die sich auf je eigene Art dem Thema Exodus widmen. Sollte es wenigstens hier möglich sein, über die nachweisbar früheste Fassung einer Exodusdarstellung zum Kern des Geschehens vorzustoßen?

Die kritische Forschung hat lange die sog. jahwistische Fassung als die älteste Version angesehen und damit ein Erzählwerk aus der Feder eines Autors der frühen Königszeit gemeint. Die klassische Theorie über die Entstehung des Pentateuchs, d. h. der fünf Bücher Mose, ist jedoch in den vergangenen Jahren zunehmend ins Wanken geraten und hat auch die Konzeption einer Frühfassung der Exodusereignisse in Mitleidenschaft gezogen. Zur Definition einer relativen Chronologie der Pentateuchquellen wären deshalb neue Grundlagenstudien nötig, die erst teilweise durchgeführt werden konnten.

Eine wichtige Erkenntnishilfe dürfte das sog. redaktionskritische Modell sein, das einer sukzessiven Entstehung u. a. des jahwistischen Werkes das Wort redet und so auch der frühesten Darstellung des Exodus eine aus einem reduzierten Grundbestand gewachsene, allmählich

Das Exodusproblem 129

erweiterte Gestalt zuerkennt. So verdient die Konzeption einer frühjahwistischen Darstellung besonderes Interesse, deren Rekonstruktion allem Anschein nach eine szenische Abfolge von Vorgängen um die Auseinandersetzung Israels mit den Ägyptern bis hin zur Vernichtung der Ägypter im Meer bietet. Für diese Urfassung ist näherhin ein dreiteiliger Aufbau veranschlagt worden, dessen erster Teil (enthalten in: Ex 5,6f.10f.14–18) den „Dienst für den Pharao", der zweite Teil (enthalten in: 7,14–18.21 9,1.3f.6 11,1f.4f.12,29–31) den „Dienst für Jahwe" und der dritte Teil (enthalten in: 14,5.9f.13f.24f.27f.30f.) schließlich die „Furcht Jahwes" zum Thema haben soll.[48]

Die so erstellte Szenenfolge ist auf den ersten Blick sehr instruktiv. Anlaß für die Auseinandersetzung ist ein Verdikt des Pharao, dem Volk keinen „Häcksel" mehr zur Verfügung zu stellen, worauf Israel Beschwerde führen läßt, aber erfolglos bleibt, im Gegenteil auch unter erschwerten Bedingungen die gleiche Arbeitsleistung an Ziegeln zu bringen hat. Die Vertreter des Pharao und Israels, beide anscheinend mit dem Titel „Schreiber" (šoṭerīm) versehen, stehen einander beziehungslos gegenüber. Die Konfrontation läßt keinen Ausweg erkennen (Teil 1). Das Eingreifen *JHWHs* geschieht ohne Vermittlung. Sein Adressat ist Mose, der ohne Umschweife beauftragt wird, dem Pharao drei Plagen, nämlich den Tod der Fische im Nil, des Viehs auf dem Felde und schließlich aller Erstgeburt im Lande anzukündigen, was jeweils sogleich in die Tat umgesetzt wird. Erst nach der letzten Plage erklärt der Pharao „Geht, dient *JHWH*!" (Teil 2). Die Nachricht von der Flucht des Volkes löst eine Verfolgungsjagd aus, die das am Meer lagernde Israel in arge Bedrängnis versetzt. Mose beruhigt das Volk mit dem Hinweis auf *JHWHs* alleinige Rettungstat. Diese geschieht mit der Versetzung der Ägypter in Schrecken, der Schädigung ihrer Streitwagen und endlich mit dem „Hineinschütteln" der Ägypter ins Meer. Auf die Rettungstat reagiert das Volk mit „Furcht *JHWHs*" (Teil 3).

Obwohl die Kriterien zur Isolation dieser Darstellungsform noch der Überprüfung unterliegen und sicher noch zu Modifikationen des Entwurfs Anlaß besteht, ist doch unzweifelhaft, daß sich auf dieser Ebene im wesentlichen das Material zusammenfindet, das zur kritischen Rückfrage nach der ältesten Exodustradition aus dem Grundbestand jahwistischer Arbeit erhoben werden kann. Sollte sich die An-

---

[48] Vgl. dazu P. Weimar – E. Zenger, Exodus. Geschichten und Geschichte der Befreiung Israels (SBS 75), Stuttgart 1975, 22–99. Rekonstruktionsversuche: ebd. 23–27, mit leichten Modifikationen: P. Weimar, Die Meerwundererzählung (ÄAT 9), Wiesbaden 1985, 76–78.

nahme bestätigen, daß dieser Textbereich im Zuge der jahwistischen Schulredaktion lediglich „fortgeschrieben" wurde, ohne deutlichen Modifikationen oder gar fundamentalen Revisionen zu unterliegen, muß sich die Rückfrage nach der Erhebbarkeit von Details des Auseinandersetzungsereignisses noch intensiver auf diese Textteile einlassen.[49]

Die Kontrolle verwertbarer Daten ergibt ein ernüchterndes Bild. Trotz der Details bleibt die Szenenfolge ohne greifbare Informationen. Angaben zu Raum und Zeit fehlen. Der Pharao wird nicht mit Namen genannt, die Kenntnis der höfischen Administration vorausgesetzt. Eine Funktionsbeschreibung der „Schreiber" und ein Motiv für die Verweigerung, „Häcksel" aushändigen zu lassen, wird nicht gegeben; eine Erklärung gerade für diese Schikane fehlt. Der göttliche Auftrag an Mose geschieht ohne Skizzierung der Art der Gottbegegnung. Statt dessen nimmt eine Modifikation der sog. Botenrede einen Platz ein, der Position derselben in Prophetentexten verwandt. Ankündigung und Durchführung der Plagen[50] geschehen ohne Hinweis auf Reaktionen in schematischer Abfolge bis zum „Schlagen" der Erstgeburt der Ägypter unter Schonung Israels. Die Dimensionen der letzten Plage „von der Erstgeburt des Pharao, der auf seinem Throne sitzt, bis zur Erstgeburt der Sklavin, die hinter der Handmühle sitzt" (11,5), bzw. bis zur „Erstgeburt des Kriegsgefangenen, der im Gefängnis sitzt" (12,29), geben nur scheinbar auswertbare Daten, da offenbar nur stilistische Redeweise (Merismen) vorliegt.[51] Dennoch muß hier gerade der phraseologischen Verbindung des Gottesnamens mit dem Verbum „schlagen" großes Gewicht beigemessen werden, da das „Schlagen der Erstgeburt" eine bereits im Alten Reich Ägyptens belegte Vorstellung mythologischen Gepräges darstellt[52] und in biblischer Per-

---

[49] Dies gilt m. E. auch nach den zwischenzeitlichen und kritischen Anschlußuntersuchungen u. a. von F. Kohata, Jahwist und Priesterschrift in Exodus 3–14, BZAW 166, Berlin – New York 1986, und H. Lamberty-Zielinski, Das „Schilfmeer". Herkunft, Bedeutung und Funktion eines alttestamentlichen Exodusbegriffs, BBB 78, Frankfurt a. M. 1993.

[50] Vgl. dazu Weimar, Plagengeschichten, NBL III, s.v.

[51] Vgl. Weimar – Zenger, Exodus, 46.

[52] Vgl. dazu M. Gilula, The Smiting of the First-Born – An Egyptian Myth?, TA 4, 1977, 94 f. Zur Vorstellung des Niederschlagens der Feinde vgl. u. a. E. Swan Hall, The Pharao Smites his Enemies, München–Berlin 1986. A. H. Schulman, Ceremonial Execution and Public Rewards, Freiburg–Göttingen 1988. R. Müller-Wollermann, Der Mythos vom Ritus „Erschlagen der Feinde", GM 105, 1988, 69–76. Zur biblischen Rezeption vgl. zuletzt M. Görg, Der „schlagende" Gott in der „älteren" Bibel, BiKi 51, 1996, 94–100.

spektive die souveräne Mächtigkeit *JHWH*s über alle Maßen ansetzen läßt.[53]

Auch im letzten Teil sind die Angaben keineswegs aufschlußreicher. Die Informationen über die Flucht Israels und das Nachsetzen der Ägypter haben keinerlei greifbare Daten zur Seite. Die Gestaltung des Textes verfährt teilweise in literarischer Parallele zur Darstellung der Flucht und Einholung Jakobs durch Laban (Gen 31,22–25), so daß es ganz abwegig ist, nach historischer Verifikation zu fragen. Literarischer Gestaltungswille beherrscht die Rede des Mose (14,10–14), die mit gutem Grund als „Anti-Kriegsansprache"[54] charakterisiert worden ist. Bewußte Stilisierung[55] ist auch in diesem Teil, der den sog. Jahwekriegserzählungen (Ri 4 Jos 9/10 1 Sam 7) nahesteht, zu spüren. Im Zentrum der Darstellung ist offenbar ein narratives Bekenntnis zur Prädominanz *JHWH*s zu sehen, eine Zielrichtung, die über ein chronistisches Interesse weit hinausgreift. Dazu ist der Text nur zu deutlich eine Spiegelung politischer Interessen der frühen Königszeit, so daß er eher ein zeitkritisches Bild jener Periode entwirft und deswegen erst später in seiner eigentlichen Bedeutung für das Verhältnis Israel – Ägypten gewürdigt werden muß, um zugleich von einer Verankerung in der vorstaatlichen Zeit Israels ganz abzusehen.

Es ergibt sich aus dem Gesagten zwangsläufig, daß diejenigen Darstellungen des Exodus, die auf jüngerer literarischer Stufe stehen, noch weniger dem Interesse einer historischen Rekonstruktion des Geschehens dienen können. Dies gilt zunächst von der jahwistischen „Fortschreibung" bis zur spätjahwistischen Redaktion, die auch mit der unglücklichen Bezeichnung „jehowistisch" belegt worden ist. Das Exodusgeschehen ist innerhalb der jahwistischen Reflexionsprozesse immer mehr zu einem Erweis göttlicher Befreiungstat geworden, wobei Details nicht mehr als Mosaiksteine im erweiterten Kunstwerk sind und zur Illustration der Geschichtsmächtigkeit *JHWH*s dienen.

Die jahwistische „Fortschreibung" legt anscheinend auf eine Verdeutlichung der Motivation für die Erschwerung der Arbeitskonditionen Wert. Die Auseinandersetzung erscheint deutlicher als Paradigma einer Kontroverse zwischen *JHWH* und dem Pharao. Eine Erweiterung der Plagenzahl auf sieben Eingriffe, die in der Tötung der Erstgeburt gipfeln, dient der Manifestation der fortschreitenden Demütigung des

---

[53] Vgl. dazu M. Görg, BK 51, 1996, 98f.
[54] Vgl. Weimar – Zenger, Exodus , 51f. mit Anm. 56.
[55] Weimar – Zenger, Exodus, 63. Vgl. auch P. Weimar, Die Jahwekriegserzählungen in Exodus 14, Josua 10, Richter 4 und 1 Samuel 7, Bibl 57, 1976, 38–73.

Pharao, bis das Meerwunder, nunmehr als ein Geschehen zum Tod Ägyptens erzählt, als eine Art Theophanie vor Augen tritt, so daß die Darstellung auch mit der biblischen Vorstellung vom „Tag *JHWH*s" verglichen worden ist[56].

Einer nachjahwistischen Sicht verdankt sich die Darstellung des Rettungsgeschehens unter Anknüpfung an die Josefsgeschichte (vgl. 13,17.19) vor allem als Wunderereignis, bei dem *JHWH* mittels eines „starken Ostwindes" (14,21) das Meer austrocknet. Zugleich bedient sich der Redaktor des im Alten Orient und in Ägypten verwurzelten Bildes von der schöpferischen Kraft des „Morgens", um den Untergang der Ägypter anzuzeigen (14,24.27). Schließlich kann das oben zitierte „Mirjamlied" hier erstmals einer narrativen Darstellung beigefügt worden sein. Der Akzent dieser literarischen Stufe liegt auf der Auszeichnung Jahwes als des Garanten des Überlebens Israels und auf der Charakteristik Ägyptens als verführerischer und todbringender (vgl. 14,11), aber auch todgeweihter Macht. Es versteht sich hiernach von selbst, daß auch hier eine literarische Intention maßgebend ist, keineswegs ein chronistisches Interesse.

Besonderer Aufmerksamkeit bedarf schließlich die extensive Darstellung des Exodus durch die Priesterschrift, deren Arbeit aller Wahrscheinlichkeit nach in Raum und Zeit des babylonischen Exils entstanden ist. Allerdings wird man auch bei diesem umfassenden Textmaterial mit Vorstufen rechnen müssen, die nach Art einer Vorlage oder auch als Frühfassung oder Erstentwurf priesterlicher Geschichtsschau zu verstehen sein werden. In einer gewissen Parallele zu weiteren Teilen ihres Geschichtswerkes hat die Priesterschrift auch beim Thema Exodus eine knapp gefaßte Grundversion aufgenommen, die allem Anschein nach in einem dreiphasigen Programm den Exodus thematisiert hat:

Dieses Programm führt in einer Exposition das beklagenswerte Geschick des unterdrückten Israel in Ägypten vor Augen, dessen Notruf zu Gott dringt und Erhörung findet (Ex 1,13 2,23.35). Ein Auftrag Gottes an Mose stellt die Befreiung in Aussicht, die in der Rede unter einer doppelten Dimension charakterisiert wird. Die Loslösung aus der Knechtschaft (6,6) entspricht einer grundlegenden Änderung der räumlichen Situation; die Ankündigung Gottes, das Volk werde „erkennen, daß ich Jahwe, euer Gott, bin" (6,7), drückt eine neue Gestalt der Verfassung Israels vor Gott aus. Ob sich an diese Rettungszusage ursprünglich eine Grundfassung der priesterlichen Meerwundererzählung ange-

---

[56] Weimar, Meerwundererzählung, 97f.

schlossen hat, wie neuerdings vermutet worden ist, muß noch dahingestellt bleiben.

Die literarische Struktur korrespondiert einem Schema, das bereits in den vorpriesterschriftlichen Fassungen der Schöpfungs-, Flut- und Abrahamsgeschichte greifbar ist und jeweils einen negativen Ausgangsbefund skizziert, um dann in den Dimensionen von Raum und Zeit eine positive Wende darzustellen. Da hier wiederum literarische Intentionen maßgebend sind, deren Orientierung an dem Exodusgeschehen thematischer und theologischer Natur ist, kann eine historische Evaluation nicht vorgenommen werden, es sei denn, man bemüht zeitgeschichtliche Aspekte, die dann aber zu einem späteren Zeitpunkt zur Geltung gebracht werden müssen.

Ob die priesterschriftliche Meerwundererzählung ihrerseits auf eine ältere Version zurückgeführt werden kann, die als unmittelbare Fortsetzung der Erstfassung der Exodusdarstellung zu deuten wäre, oder ob sich mit der Jetztfassung eine Sequenz von Folgegeschichten anschließt,[57] die ihrerseits einer vorgegebenen Grundstruktur mit dem Schema Notlage – Lebensraum – Lebenszeit verpflichtet sein könnten, bedarf weiterer Untersuchungen, die erst nach ausgiebigen literarischen Studien erfolgen können.[58]

Insbesondere wäre zu erfassen, ob sich die Priesterschrift bei der jetzt gebotenen Textfolge Plagengeschichte (Ex 13) – Meerwundererzählung (Ex 14) – Sinaigeschichte (Ex 24) nicht doch auch insgesamt an eine Szenenfolge hält, die mit dem ihr vorausgehenden Grundschema kompatibel ist. Immerhin ist zu Recht erkannt und betont worden, daß die zentrale Zielsetzung der priesterschriftlichen Anteile der Texte zu den Sinaiereignissen der „Aufweis der lebensnotwendigen Bedeutung des sich im Meerwunder vollziehenden Exodus" ist, „weil Israel nur unter dieser Voraussetzung als 'Volk Jahwes' bestehen kann"[59].

Aus diesem Befund ergibt sich, daß man von der priesterlichen Darstellung des Meerwunders – ob redaktionell bearbeitet oder nicht – von vornherein keinen Aufschluß über kontrollierbare Tatbestände zum Exodus erwarten darf. Dies sei besonders hervorgehoben, weil die Versuche nicht nachlassen, gerade die mirakulösen Details der Erzählung mit der spektakulären Illustration des Durchzugs von der reinen Bildebene zu lösen und in greifbare Realität zu transformieren. Mit dieser Einsicht, die den Textzusammenhang zugleich auf seine metaphorische

---

[57] Dazu Weimar, Meerwundererzählung, 175–184.
[58] Vgl. dazu vorläufig die Hinweise in M. Görg, BiKi 42, 1987, 28.
[59] Weimar, Meerwundererzählung, 227.

Dimension hebt, ist naturgemäß ein Deutungskriterium gegeben, das Intention und Tendenz der priesterschriftlichen Literatur überhaupt bedenken muß, um den Standort der Beziehungen nach Ägypten aus der Sicht der exilischen Existenz Israels zu beschreiben.

e) Die geographischen Angaben

Eine Sonderposition im Rahmen unserer Fragestellung nehmen die Ortsangaben ein, da sich mit ihrer Orientierung und Haftung am ehesten kontrollierbare Beziehungsfelder zwischen Israel und Ägypten gewinnen zu lassen scheinen. Für die nachfolgende Einzelbetrachtung der Angaben ist wegweisend, daß zwischen der literarischen Position und Funktion der Ortsnamen einerseits und der auch mit außerbiblischen Informationen zu prüfenden Möglichkeit einer Exodusroute andererseits unterschieden wird.

Die Bezeichnungen für den Ort des Meerwunders differieren bekanntlich derart, daß an eine konvertierbare Umschreibung der gleichen Ortslage nicht zu denken ist. Wenn auf der Ebene der J-Darstellungen zunächst nur vom „Meer" (Ex 14, 9.27.30), zuletzt von einem „Schilfmeer" (*yam-sūp*) gesprochen wird (Ex 15,22), ist dies ohne jeden Wert für den topographisch interessierten Exegeten. Der Ausdruck *yam-sūp* kann zwar mit dem ägyptischen Ausdruck *p3 ṯwfj* (Pap. Anastasi III, 2.11 f.) für das „Papyrusdickicht" in formaler Hinsicht nicht gleichgestellt werden, gegen eine semantische Entsprechung spricht jedoch nichts[60]. Für eine Lokalisierung des *p3 ṯwfj* an der Ostgrenze Ägyptens spricht der Kontext der Belegstelle mit der Formulierung: „Die Papyrusmarschen kommen zu ihr (d.h. der Ramsesstadt) mit Papyrus, der Schi-Hor mit Binsen", da der auch im Alten Testament genannte Schihor (hebr. *šiḥōr*, von ägypt. *š-Ḥr* „Teich des Horus" o.ä.)[61]

---

[60] Vgl. dazu u.a. M. Bietak, Tell el-Dabʿa, 136 f. Ders., Comments on the Exodus, in: A.F. Rainey (Hrsg.), Egypt, Israel, Sinai. Archaeological and Historical Relationships in the Biblical Period, Tel Aviv 1987, 163–171. Ders., LÄ V, 629–634. Zum Ausdruck *yam-sūp* vgl. jetzt H. Lamberty-Zielinski, Das „Schilfmeer". Herkunft, Bedeutung und Funktion eines alttestamentlichen Exodusbegriffs, BBB 78, Frankfurt a.M. 1993, die allerdings den hebr. Ausdruck *yam-sūp* von der ägypt. Bezeichnung *p3 ṯwfj* trennen will, weil sie u.a. den ägypt. Artikel *p3* für ein „Ortsdeterminativ" (22) hält und beobachten möchte, daß bei *yam* und *p3* „keine Bedeutungsidentität vorliegt" (31).

[61] Vgl. dazu HALAT 1369 f. und M. Görg, Schihor, NBL III, s.v.

allem Anschein nach mit „dem langgestreckten See nördlich des Isthmus und entlang des *Horusweges* zu identifizieren" ist.[62] Ob es sich topographisch bei *p3 ṯwfj* und *yam-sūp* um die gleiche Region an der Ostdeltagrenze handelt, ist eine ganz andere Frage, die naturgemäß offenbleiben muß.[63] Es muß sich nun zeigen, wie es mit dem Informationsanspruch der weiteren und eigentlichen Toponyme bestellt ist, die auf den ersten Blick dem Bedürfnis nach einer qualifizierbaren Rekonstruktion der Exodusroute entgegenkommen.[64]

Das „Land Goschen"
Das „Land Goschen", als solches schon in der Josefsgeschichte als Reservat Israels ausgewiesen (Gen 45,10 46,28 b.34 47,1 b.4. 6 b.27 a 50,8) und hier auch nur „Goschen" genannt (Gen 46,28 a.29), wird allgemein als Bezeichnung angesehen, die ein bestimmtes und hinreichend umgrenzbares Territorium im Ostdeltagebiet umfaßt und dazu im Blick auf Gen 45,10 auch nicht allzu weit von der Residenzstadt lokalisiert werden sollte.[65] Auch die Zitation im Textzusammenhang des Exodusgeschehens (Ex 8,18 9,26) scheint sich diesem Befund zu fügen. Es kann kein Zweifel bestehen, daß der Name nicht zur Grundlage der beiden Erzählkomplexe gehört.[66] Die Verbindungen des Namens entweder mit

---

[62] Bietak, Tell el-Dabʿa, 137.

[63] Daß mit dem Hinweis auf die Vernichtung der Heuschrecken im *yam-suf* nach Ex 10,19 a und die komplette Ausrottung der Tiere „im ganzen Gebiet Ägyptens" nach 19b ein außerhalb der ägyptischen Grenzen, gar am nördlichen Golf von Akaba befindliches „Schilfmeer" anvisiert sei, so Lamberty-Zielinski, Schilfmeer, 190–192, ist eine ganz unhaltbare Annahme. Nicht weniger spekulativ ist die Überzeugung der Autorin, daß es sich um die älteste Belegstelle für das „Schilfmeer" im Alten Testament handele (191). Ob mit dem „Schilfmeer" mit Bietak, Tell el-Dabʿa, 137 „die Ballah-Seen südlich des Isthmus" zu verbinden sind, steht damit noch nicht außer Frage. Vgl. auch die grundsätzliche Kritik bei D.B. Redford, Comments on the Exodus, in: A.F. Rainey (Hrsg.), Egypt, Israel, Sinai. Archaeological and Historical Relationships in the Biblical Period, Tel Aviv 1987, 137–161. Dagegen wiederum M. Bietak, Comments on the Exodus, in: Rainey, Egypt, 163–171 und u.a. S.I. Groll, The Egyptian Background to the Exodus and the Crossing of the Reed Sea, in: ÄAT 38 (im Druck).

[64] Zur positiven Urteilsfindung vgl. die ausführlichen Dokumentationen v.a. von H. Cazelles, Données géographiques sur l'Exode, RHPhR 35, 1955, 51–58. Ders., Les localisations de l'Exode et la critique littéraire, RB 62, 1955, 321–364.

[65] Vgl. dazu zuletzt Weimar, Meerwundererzählung, 263 mit Anm. 18.

[66] Nach Weimar, Meerwundererzählung, 263 mit Anm. 18 gehören alle Belege zur Pentateuchredaktion.

dem Namen *Gsm* für die Hauptstadt des 20. unterägyptischen Gaus oder mit *Fakussa* als der Metropole des Gaus von Arabia in griechisch-römischer Zeit (im heutigen Stadtnamen *Faqus* erhalten) haben keine allgemeine Anerkennung gefunden. Da eine sichere Identifikation nicht greifbar erscheint, darf auch mit einer rezeptiven Namengebung gerechnet werden, die an die ägyptische, schulliterarische Bezeichnung *t3 n qsnt* „Land des Elends/Hungers" (Prophezeiung des *Nfr.tj* 35) anschließt, womit nunmehr seitens Israels an die Zeit des Notstandes in Ägypten erinnert würde.[67]

Pitom und Ramses (Ex 1, 11)
Die Erwähnung dieser beiden Ortsnamen im Anschluß an die Mitteilung über die Zwangsbeschäftigung der „Söhne Israels" an pharaonischen Bauprojekten läßt von ihrer literarischen Einbindung her nicht ohne weiteres eine Isolierung verbunden mit der These eines Nachtrags zu. Die syntaktische Verknüpfung ist andererseits nicht so eng, so daß die Versuchung zur Annahme einer redaktionellen Zutat naheliegt. Eine solche bleibt freilich hypothetisch, solange der Wortlaut kein zwingendes Argument hergibt. Selbst dann, wenn eine Erweiterung vorliegt, ist Zurückhaltung bei der literarischen Zuordnung geboten, da keine direkt auswertbare Parallele vorliegt. Von formalem Gewicht wird die Sequenz Pitom–Ramses sein, so daß eine Betonung der Präzedenz von Pitom einer bestimmten Intention entsprechen wird. Diese kann etwa darin bestehen, daß dem Autor an einer Einbringung zeitgenössischer Maßstäbe gelegen ist.[68] An die außerbiblische Geschichte ist die Frage zu stellen, ob eine Konstellation dieser Art zu einer konkreten geschichtlichen Situation in Beziehung zu setzen ist, die in keinem Kontakt zur Exodustradition stehen muß. Hier kann zunächst auf die zwischenzeitliche Aufhebung der Ramses-Stadt zu Beginn der 21. Dynastie hingewiesen werden, die eine Verlagerung der Monumente nach Tanis und anderen Orten im Ostdeltagebiet, z. B. wohl auch Pitom, zur Folge gehabt hat.[69] Des näheren konnten die Grabungsarbeiten auf dem in der Regel mit Pitom verbundenen *tell-el mashuta* im Wadi Tumilat[70]

---

[67] Vgl. dazu vorläufig M. Görg, Goschen, NBL I, 903 f. mit weiteren Literaturangaben.

[68] Mit Recht notiert Weimar, 1985, 263, Anm. 17 diese Besonderheit, er vermeidet aber weitere Konsequenzen aus dieser Beobachtung.

[69] Vgl. dazu M. Bietak, Ramsesstadt, in: Lexikon der Ägyptologie V, 128–146.

[70] Vgl. dazu vor allem D. B. Redford, Pithom, Lexikon der Ägyptologie IV, 1054–1058. M. Görg, NBL III, s. v.

keine Besiedlungsspuren vor dem Ende des 7. Jahrhunderts v. Chr. ausmachen, so daß die These einer Gründung durch Necho II. anläßlich des von diesem Pharao vorgenommenen Kanalbaus naheliegt, während die an Ort und Stelle gefundenen Bauteile z. T. aus dem benachbarten *tell-er-retabeh* stammen und, soweit es um ramessidisches Material geht, letztlich wohl aus dem mit dem biblischen Ramses identifizierbaren Qantir.

Die Sequenz Pitom–Ramses kann so eine Reflexion auf den geschichtlichen Stand nach dem Transfer von Architekturfragmenten etc. aus Pi-Ramesse/Qantir und vor allem von *tell-er-retabeh* nach Pitom darstellen. Die Erweiterung muß demnach nicht notwendig in die Kompetenz der Pentateuchredaktion fallen.

Ramses (Ex 12,37)

Die Erwähnung dieses Ortsnamens als Bezeichnung des Ausgangspunktes des Exodus darf nicht ohne weiteres mit der vorgenannten Gruppierung zusammengestellt werden,[71] so daß hier zum mindesten eine andere Redaktion tätig gewesen sein sollte. Welche? Immerhin ist der Name syntaktisch fest eingebunden, eine bloße Nachfügung liegt keinesfalls vor. Da der jetzige literarische Kontext auf jeden Fall jünger als die Fortschreibung der Darstellungen aus der jahwistischen Werkstatt ist, darf mit einer Datierung frühestens in der späteren Königszeit gerechnet werden, in der das Toponym „Ramses" längst zu einer bloßen Chiffre für einen prominenten Stadtnamen im Deltagebiet geworden sein muß.

Sukkot (Ex 12,37 13,20)

Dieser Ortsname dient zur Bezeichnung der ersten Station, ohne daß Informationen über seine Lage gegeben werden. Offen bleibt auch, ob der Ort noch zum Lande Goschen zu rechnen sein soll, das als primäre Aufenthaltsregion Israels in Ägypten gilt. Die Darstellung kann anscheinend die Bekanntschaft mit dem Namen und seiner Lokalisierung voraussetzen. Die Vergesellschaftung mit dem Namen Ramses und die literarische Ansetzung der Notiz auf einer gegenüber der J-Gruppe jüngeren Ebene läßt auch hier nach Bezugspunkten fragen,[72] die mit außerbiblischen Informationen zu präzisieren sind. Hier kommt ein längst

---

[71] Anders Weimar, 1985, 262f., wonach die Angabe in Ex 12,37 „auf die Baunotiz in Ex 1,11b ... zurückverweist".

[72] Nach Weimar, Meerwundererzählung, 262 gilt die Stationenfolge Ramses–Sukkot–Etam erst auf der Ebene der Pentateuchredaktion.

bekannter Hinweis in Pap. Anastasi VI,53–60 zu Hilfe, der einen Brief eines ägyptischen Grenzbeamten der Zeit Sethos' II. mit den folgenden Informationen enthält.[73]

„Eine andere Mitteilung für meinen (Herrn):
Wir sind damit zu Ende gekommen,
die Š3św-Stämme von Edom durch die Festung des Merenptah in *Ṯkw* passieren zu lassen,
bis zu den Teichen von *Pr-Jtm* des Merenptah in *Ṯkw*,
um sie und ihr Vieh durch den guten Willen des Pharao,
der guten Sonne eines jeden Landes,
am Leben zu erhalten.

Der Ortsname *Ṯkw*, mit dem hebr. Sukkot in den tragenden Konsonanten problemlos kompatibel,[74] stellt demnach anscheinend eine Grenzregion dar,[75] die allem Anschein nach als übergeordnete Bezeichnung zur geographischen Fixierung der konkreten Festungsanlage zu verstehen ist. Die Möglichkeit einer lautlichen und topographischen Identifizierung besagt aber noch lange nicht, daß die Nennung des Toponyms eine verifizierbare Station der Exodusroute markiert,[76] zumal „keineswegs auszuschließen ist, daß die Erwähnung von Sukkot als erste Station des Exodusweges schon im Blick auf die Bestimmungen zur Feier des Laubhüttenfestes in Lev 23,43 geschehen ist"[77].

Etam (Ex 13,20)
Dies ist der erste Stationenname, der im Kontext mit einer Lokalisation versehen ist: „am Rande der Wüste". Obwohl auch dieser Kommentar nicht gerade erheblich weiterführt, ist doch bezeichnend, daß der Bekanntheitsgrad des Ortes nach Meinung des Autors minderen Ranges sein muß. Der folgende Zusammenhang erläutert die Modalität

---

[73] Zum Text vgl. die Bearbeitung bei R. A. Caminos, Late-Egyptian Miscellanies, London 1954, 293–296, zur Wiedergabe zuletzt Donner, Geschichte, 99.

[74] Vgl. etwa W. Helck, *Ṯkw* und die Ramsesstadt, VT 15, 1965, 35–48.

[75] Zu den ägyptischen Belegen und zur Diskussion der topographischen Identität vgl. zuletzt H. Goedicke, LÄ VI, 609. Gegenüber W. Helck, VT 15, 1965, 35 ff. ist wohl mit D. B. Redford an eine Gebietsbezeichnung zu denken, vgl. schon die Nennung eines „Truppenobersten von *Ṯkw*" unter Tuthmosis IV., vgl. dazu R. Giveon, TA 5, 1978, 171 ff. Vgl. auch M. Görg, Sukkot, NBL III, s. v. Spätere Stadtdeterminative stehen dem nicht im Wege.

[76] Selbst Bietak, Tell el-Dabʿa, 218 bemerkt, daß für die weithin vertretene Identifizierung von *Ṯkw* mit Sukkot „außer einer sehr allgemeinen Ähnlichkeit der Namen nicht einmal annähernd eine Sicherheit gegeben" sei.

[77] Weimar, Meerwundererzählung, 264, Anm. 26.

der göttlichen Präsenz beim Exodus mit Hilfe der Konzeption von der Wolken-und-Feuersäule, vielleicht Signale für eine deuteronomistische Bearbeitung, mindestens aber für eine von der J-Version unabhängige Darstellung aus der späteren Königszeit,[78] so daß auch hier an ein jüngeres Lokalisierungsbestreben zu denken ist, das aber von einer Distanzierung zu den genannten Ortschaften ausgeht. Der Name Etam ist bis auf den ersten Konsonanten dem Namen Pitom nicht unähnlich, so daß man fragen kann, ob hier nicht lediglich eine Variante des gleichen Namens, diesmal ohne Wiedergabe des ägyptischen Nomens *pr*, vorliegt.[79] Dieser möglichen Identität muß sich der Autor freilich nicht bewußt gewesen sein, so daß er eine eigene Lokalisierung für nötig befunden hat. Ob sich für die Erwähnung des Ortsnamens unter diesen Umständen eine zeitgenössische Anbindung namhaft machen läßt,[80] erscheint insbesondere dann fraglich, wenn man der problematischen Verbindung Etams mit der ägyptischen Bezeichnung *ḫtm* „Festung" den Zuschlag geben möchte.[81] So ist eine fiktive Namengebung wahrscheinlich, die sich auch literarisch auf der Ebene der jüngeren Zitation des „Ortsnamens" Ramses bewegen könnte.

Pi-Hahirot (Ex 14,2)
Die Ortsangabe steht in Verbindung mit einer scheinbar exakten topographischen Fixierung: „zwischen Migdol und dem Meer". Nähere Kontrolle zeigt jedoch, daß der Autor hier nur den Anschein eines kartographischen Spezialwissens erweckt, in Wahrheit aber wohl eine ganz andere Intention verfolgt. Angesichts der diversen Versuche zur Deutung des Namens, dessen geographische Fixierung nicht gelingen wollte, ist vor allem mit lautlich problematischen Identifikationen mit künstlichen Namenbildungen oder auch mit Emendationen der Namensschreibung operiert worden. Nach einem zuletzt gegebenen Interpretationsversuch sollte Pi-Hahirot aus dem ägyptischen Element *pr* „Haus" und dem Namen der ägyptischen Göttin Hathor komponiert worden sein, wobei vielleicht eine semantische Orientierung des „Exodusgeschehens als eines Gerichtes über die 'Götter Ägyptens'" erzielt werden sollte[82]. Die Verbindung mit Hathor stößt allerdings auf nicht

---

[78] Dazu Weimar, Meerwundererzählung, 148–164.
[79] Vgl. zuletzt M. Görg, Etam, NBL I, 606f.
[80] HALAT 99 und Ges[18] 116 buchen Etam als zweite Wüstenstation, ohne sich für eine Lage zu entscheiden.
[81] Vgl. Cazelles, RB 62, 357–360.
[82] Vgl. Weimar, Meerwundererzählung, 262, Anm. 15.

weniger Bedenken als frühere Vorschläge, so daß doch noch weitere Versuche statthaft sind. Ohne verbindlichen Charakter möge daher die Idee bleiben, den Ortsnamen als hebräische Entsprechung zum ägyptischen Ausdruck *r3-ḥ3wt* „Mündung der Wasserläufe" zu verstehen.[83] Zugleich entspräche man damit dem jetzigen Kontext des Ortsnamens, der eine Lage zwischen Migdol „und dem Meer" vorsieht. P hätte in diesem Fall keinen Beweis für eine religionskritische Konzeption, wohl aber für eine sprachspielbestimmte Namensfindung gegeben, wie dies auch für andere Gelegenheiten nachweisbar ist. Daß mit dieser Konstruktion keine stabile Grundlage für eine historische Ansetzung gegeben ist, versteht sich ein weiteres Mal von selbst.

Migdol (Ex 14,2)

Die Nennung dieses Ortsnamens im soeben erörterten Kontext ist gewiß nicht ohne Beziehung auf eine Zitation von Migdol im Zuge einer geographischen Angabe bei Ezechiel zu sehen (29,10 30,6), wonach Migdol als Gegenpol zu Syene (Assuan) zur Bezeichnung des bewohnten Ägypten dasteht und dem Gericht des Gottes Israels anheimfällt.[84] Der Name mit deutlich semitischer Provenienz („Turm") erscheint hier als formelhafte Fixierung der Nordausdehnung, so daß es naheliegt, auch bei P an die Anknüpfung an eine bekannte Redeweise zu denken, ohne daß es nötig sein müßte, eine auf Kontrollierbarkeit angelegte Fixierung des im folgenden erzählten Meerwunders zu unterstellen.

Baal-Zefon (Ex 14,2.9 Num 33,7)

Wiederum als Name semitischen Ursprungs („Baal des Nordens") kann diese Erwähnung auf ein weiteres Bedürfnis zur Kommentierung zurückgehen, da sie zur unmittelbar vorangehenden Orientierungshilfe von P in Konkurrenz steht. Dabei wird man mit einer nachexilischen Zutat rechnen müssen, die eine Anknüpfung an konkrete Informationen[85] zur geographischen Situation im Ostdelta zum Zweck haben kann. Dabei soll wohl zugleich eine Akzentuierung der Majestät des Gottes Israels vor dem auch in Ägypten verehrten Baal zum Ausdruck kommen. Da sich hier jedoch eine literarische Kontroverse[86] be-

---

[83] Näheres bei M. Görg, BN 50, 1989, 7f. Vgl. auch NBL III, s.v.

[84] Vgl. dazu M. Görg, Migdol, NBL II, 805.

[85] Weimar, Meerwundererzählung, 264, Anm. 26 denkt an den Pentateuchredaktor.

[86] Vgl. Weimar, Meerwundererzählung, 264, Anm. 26; M. Görg, Baal–Zefon, NBL I, 1991, Sp. 225f.

Das Exodusproblem 141

merkbar macht, kann von einer tendenzfreien Bestimmung keine Rede sein.

Die Übersicht über die geographischen Angaben zeigt damit keinerlei Möglichkeit an, eine kontrollierbare Rekonstruktion der Exodusroute mit innerbiblischen Beobachtungen zu erstellen. Das vielfältige Bekenntnis zur Herausführung steht gleichwohl der Annahme historischer Prozesse von lokal nicht definierbaren Absetzbewegungen, sei es durch Flucht, sei es durch Vertreibung vor allem im Verlauf der 19. Dynastie, grundsätzlich nicht im Wege.[87] Die Route ist ebenso perspektivisches Gut wie die Dimension des Exodus überhaupt.[88] Auch in den Lokalangaben manifestiert sich anscheinend auf allen Ebenen ein Wissen, das nicht mit den Maßstäben einer historischen Verifikation der Exodusroute zu bemessen ist, sondern in erster Linie literarischen Tendenzen unterliegt und formkritisch betrachtet werden muß. Die Historie ist bescheiden, die Geschichte überwältigend.

So muß sich der Gesamteindruck der Exodusüberlieferung als der einer gewachsenen Erinnerung begreifen lassen, die in erster Linie der Innenschau Israels und seiner Reflexion der ureigenen Gottesbeziehung zukommt. In diesem Licht wird auch eine Charakteristik zu beurteilen sein, die J. Assmann dem Exodusgeschehen zukommen lassen möchte, wenn er sagt: „Aus Ägypten mußte ausgezogen werden, um in eine neue und ganz andere Form von Gottesnähe einzuziehen."[89] Wenn zudem mit vollem Recht der „Exodus" als „Erinnerungsfigur" in Israel und im Judentum reflektiert wird,[90] muß doch auch mitbedacht werden, daß der „Exodus" gerade in seiner fundamentalen Bedeutung für Israel und das Judentum eine „geschichtliche" Dimension gewonnen hat, die selbst auch aufgrund politischer Vorgaben in der Zeitgeschichte den wechselhaften Perspektiven und Tendenzen literarischer Rückschau unterliegt. Dem historisch in beschränktem Rahmen denkbaren „Exodus" – u. U. im mehrfachen Phasen – steht ein ebenfalls historischer Eisodos Israels und des Judentums nach Ägypten gegenüber, der sich seit vorexilischer Zeit in mehrfachen Schüben vollzogen hat. Man kann also durchaus von einer Gegenbewegung sprechen, die sich, wie früher aufgezeigt, auch in positiven Reflexionen Israels niederge-

---

[87] Vgl. auch M. Görg, Exodus, NBL I, 631–636.
[88] Vgl. Weimar, Meerwundererzählung, 265.
[89] J. Assmann, Politische Theologie zwischen Ägypten und Israel, München 1992, 64.
[90] J. Assmann, Das kulturelle Gedächtnis. Schrift, Erinnerung und politische Identität in frühen Hochkulturen, München 1992, 291.

schlagen hat. Israel und das Judentum sind eben gekennzeichnet durch das keineswegs spannungsfreie Nebeneinander des Pro und Contra in Sachen Ägypten. Wie noch zu zeigen sein wird, hat das ganz Andere des Gottesbildes Israels auch jenes zur Seite, das sich mit dem scheinbar ganz anderen Gottesbild Ägyptens versöhnt hat.

4. Mose – „Ägypter" und „Hebräer"

An den Anfang seiner Ausführungen über Mose im Rahmen seiner ›Geschichte des Volkes Israel und seiner Nachbarn‹ setzt H. Donner den ernüchternden Satz: „Niemand weiß genau, wer Mose war."[91] Das Urteil des Historikers steht offensichtlich in einem scharfen Kontrast zu dem Eindruck, den eine „kanonische" bzw. „holistische" Lektüre oder Sichtweise jener Texte vermittelt, in denen Mose eine zentrale Rolle spielt.[92] Eine knappe Schilderung der biblischen „Biographie" des Mose sei hier vorangestellt.[93]

a) Der „kanonische" Mose

Eine auf den ersten Blick idyllische Geschichte eröffnet den Reigen der Mose-Szenen. Das Buch Exodus präsentiert eine Kurzerzählung zur Kindheit des Mose, der aus dem Hause Levi stammend als Säugling von seiner Mutter ausgesetzt, aber von einer ägyptischen Königstochter aus dem Nil geborgen und am Hofe aufgezogen wird (Ex 2, 1–10). Als Hebräer ergreift Mose Partei für einen bedrängten Volksgenossen, er tötet den ägyptischen Gegner, muß darum vor dem Pharao nach Midian fliehen, wo er den Töchtern eines gewissen Reguel, der später auch Jitro bzw. Hobab heißt, beisteht und dessen Tochter Zippora zur Frau erhält (2, 11–22). In der Wüste wird ihm eine Gotteserscheinung im brennenden, aber nicht verbrennenden Dornbusch zuteil, die ihm auch den Namen *JHWH*s nahebringt und mit dem Auftrag ausstattet, sein Volk aus Ägypten zu führen (2, 23–3, 22). Die Drangsal Israels in Ägypten nimmt solches Ausmaß an, daß *JHWH* durch Mose Israel den Auszug abfordert und dem Pharao mit zehn spektakulären Plagen, der Tötung

---

[91] Donner, Geschichte, 123.
[92] Jüngste Darstellung der Fragen um Mose bei E. Zenger, Mose/Moselied/ Mosesegen/Moseschriften, TRE XXIII, 330–341.
[93] Zur Mose-Literatur vgl. zuletzt vor allem Zenger, Mose, 338–341.

der ägyptischen Erstgeburt als letzter Provokation, die Freilassung abzwingt (4, 1–13, 16). Mose steht weiterhin als Protagonist der Szenen des Exodus da, er organisiert nicht nur die Flucht und den Durchzug durch das Meer, sondern begleitet sein Volk auch in die unwirtliche Wüste Sinai, wo er am Gottesberg Gebote und Richtlinien empfängt, die die Grundlage der Tora Israels bilden (13, 17–23, 33). Mose baut auf göttlichen Auftrag hin ein Zeltheiligtum, das nunmehr als Ort der „Begegnung" und des Kultes dienen soll (26–40, Lev 1–9). Während des weiteren Zuges durch die Wüste über Kadesch bis ins Ostjordanland erweist er sich als gottgeleiteter Protektor des Volkes (Num 11–14. 21–25), der in großangelegten Reden Willen und Gebot *JHWH*s vermittelt (Dtn 1–11). Der 40jährige Weg durch die Wüste führt freilich auch zur Krise, die Mose bei aller Freundschaft zu seinem Gott (Ex 33f.) auch mit seinen Schwächen darstellt und wiederum als Ursache dafür gilt, daß Mose zwar das „Gelobte Land" vom Berge Nebo aus schauen, aber doch nicht selber betreten darf (Dtn 32, 48–52 34, 1–6).

b) Der historische „Mose"

Im Kontrast zu dieser dramatischen Szenenfolge im Pentateuch steht die Tatsache, daß es keinen sicheren Hinweis auf Existenz und Wirksamkeit des Mose außerhalb der Bibel gibt. Dabei ist der Name „Mose" lautlich ohne Probleme mit ägyptischer Namenbildung zu verbinden, so am ehesten etwa mit Namen wie Tuthmose oder Ptahmose, Namen also, die mit einem Gottesnamen und dem Verbum *msj* „gebären, erzeugen" und zum Satznamentyp „Die Gottheit ist geboren" gestaltet sind. Nicht ausgeschlossen wäre auch eine Verknüpfung mit ägyptischen Bildungen wie *Rʿ-msj-św* "Re (ist es), der ihn (d. h. den König) geboren hat" (Geburtsname Ramses' II.). Das Namenselement „Mose" kann auch als Kurzname auftreten, so etwa auf einer Stele im Museum Hildesheim, die einen Offizier dieses Namens aus der Zeit Ramses' II. als Empfänger einer besonderen Auszeichnung (sog. „Ehrengold") zeigt.[94] Hinweise solcher Art können lediglich vermuten lassen, daß der Name „Mose" als Kurzname gerade in der Ramessidenzeit beliebt war. Daß es sich wahrscheinlich um eine frühe Namensform ägyptischen Ursprungs handelt, kann nicht zuletzt die Wiedergabe des ägyptischen Sibilanten /ś/ mit dem hebräischen /š/ bezeugen, welche Entspre-

---

[94] Vgl. den Katalog: Pelizaeus-Museum Hildesheim. Die ägyptische Sammlung, Mainz 1993, 72 f.

chung im Kontrast zur jüngeren Wiedergabe des Namens Ramses in der hebräischen Fassung *Ra'amses* (Ex 1,11 u. ö.) steht.[95]

Ein Blick in die zeitgenössische Landschaft der Ramessidenzeit läßt dazu in prominenten Gestalten vergleichbare Persönlichkeiten erkennen, die mit spezifischen Eigenheiten bezeugt sind, wie sie auch an dem biblischen Mose zu hängen scheinen. So tritt in der bewegten Periode vor Beginn der 20. Dynastie ein gewisser *By* (= wohl *Bi/eja* zu lesen)[96] im Deltagebiet auf, der mit dem Hofnamen R'-$m\acute{s}j$-$\acute{s}w$-h'-$mn\underline{t}rw$ versehen wird, offenbar Ausländer ist und in seinem letztgenannten, ägyptischen Namen die auch dem Mosenamen zugrundeliegende Basis *msj* enthält. Überdies begegnet er als Absender eines Briefes an 'Ammurapi, König von Ugarit, unter der keilschriftlichen Wiedergabe *Bi/e-ja*.[97] Dieser Mann wird offenbar nach dem Tode Sethos' II. politisch besonders aktiv, da er als eine Art „Königsmacher" (des späteren Pharao Siptah) erscheint. Vielleicht handelt es sich um den gleichen Mann, der, im Paypyrus Harris I mit dem Beinamen '*rśw* (Irsu), d. h. vielleicht: „der sich selbst (zum Amtsträger) gemacht hat", versehen, als „Syrer" und als „Großer" (*wr*) gekennzeichnet wird[98].

Eine andere Vergleichsfigur, vielleicht noch attraktiver als der genannte *Bi/eja*, ist ein hochrangiger Hofbeamter, der anscheinend über eine längere Periode hinweg (unter Ramses II. und noch unter Ramses III.) in verantwortungsvoller Position tätig ist. Auch diese Persönlichkeit trägt einen Namen, dem die Wurzel *msj* inhärent ist: R'-$m\acute{s}j$-$\acute{s}w$-m-pr-R'(„Ramses im Hause de Re").[99] Auch dieser Mann ist ein ägyptisierter Ausländer, der seinen semitischen Namen *BN-'ZN* bewahrt hat. Vielleicht entstammt er dem Ostjordanland. Während die Tätigkeit des obengenannten *By* auf das Inland begrenzt erscheint, ist dieser Mann als eine Art Inspektor nachweislich in dem Kupfergewinnungsareal von Timna, wohl dem im Großen Papyrus Harris genannten „Atika", nördlich von Elat, tätig gewesen, möglicherweise als Vermittler zwischen den ägyptischen Arbeitgebern und den örtlichen, semitischen Arbeitern im Bergbau, die wahrscheinlich zur Bevölkerung der Schasu gehört haben.[100]

---

[95] Vgl. dazu W. Helck, Tkw und die Ramsesstadt, VT 15, 1965, 35–48.
[96] Vgl. dazu W. Helck, Bai, in: LÄ I, 604f.
[97] Vgl. RS 86.2230, dazu J. Freu, Syria 65, 1988, 395f. J. C. de Moor, BEThL 91, 1990, 136, Anm. 161. Zenger, Mose, 332.
[98] Vgl. dazu zuletzt Cl. Maderna-Sieben, GM 123, 1991, 78f.
[99] Zum Folgenden vgl. M. Görg, ÄAT 2, 1989, 175–179.
[100] Vgl. dazu u. a. M. Görg, ÄAT 2, 1989, 190.

Bei aller begrenzten Vergleichbarkeit: Mit keiner der beiden oder anderen Personen der außerbiblischen Texte ist der biblische Mose ohne weiteres identifizierbar.[101] Die ägyptischen Nachrichten helfen lediglich zu einer historischen Rollenbestimmung und zur Illustration eines möglichen Ambiente oder des Hintergrunds, so daß zu einer historischen Ineinssetzung zwischen der Mose-Figur hinter den biblischen Traditionen und einem der bisher bekannten Zeitgenossen des auslaufenden 13. Jahrhunderts und beginnenden 12. Jahrhunderts v. Chr. keine Legitimation besteht. Geschichtliche Erfahrungen mit prominenten Asiaten in Ägypten während der Ramessidenzeit können jedoch die Wurzel einer gebündelten Erinnerung sein, die sich zur erzählerischen Breite und Farbigkeit der biblischen Traditionen entfaltet hat.

c) Der biblische „Mose"

Die dramatische Szenenfolge in der Bibel ist gegenüber der historischen Befundlage das Ergebnis eines literarischen Gestaltungsweges, der „Mose" zum Repräsentanten Israels vor seinem Gott und zugleich zu einer Identifikationsfigur erhebt, in der Israel bzw. das Judentum seine Erwählung begreift. Hier erfüllt „Mose" letztlich seine Berufung zum Vermittler der göttlichen Tora, die die „Lebensweisung" für Israel darstellt.

Das Spektrum der Mose-Bilder vereinigt nunmehr ältere und jüngere Perspektiven, die sich im wesentlichen in nachexilische, exilische und vorexilische Illustrationen teilen lassen. Ein kritischer Durchgang durch die bereits vorgestellten Erzählzusammenhänge soll dies verdeutlichen:

Ex 2,1–10[102]: *Das „Kind"*
In der Kurzerzählung läßt sich auf der Basis der Unausgeglichenheit zwischen V.1 (Heirat des Leviten) und V.4 (Existenz der Schwester) eine zweiphasige Entwicklung ausmachen, die eine Grunddarstellung zur heutigen Fassung erweitert. In der ersten Textgestalt dominiert eine Charakteristik von zwei Frauen, der „Tochter Levis" (V.1) und der

---

[101] Anders bei aller historisch-kritischen Skepsis Knauf, Midian, 136f., der von der Möglichkeit einer „Identifikation" des Mose mit einer der genannten Gestalten aus ägyptischen Quellen redet.
[102] Näheres zur Textwerdung und Tendenz bei M. Görg, Die Tochter Pharaos, ÄAT 32, 1997.

„Tochter Pharaos" (V.5). Die „Tochter Levis" unterliegt einer kritischen Qualifikation, da sie ihr Kind aussetzt, während die „Tochter Pharaos" als humane Persönlichkeit erscheint, die sich des fremden Kindes annimmt.[103] Die zweite Phase der Textentstehung stellt die Mutter des Kindes in ein weitaus positiveres Licht und versucht eine Rehabilitierung, die sich vermutlich schon in einem vorangesetzten Kommentar mit dem Hinweis auf die angebliche Tötungsabsicht des Pharao greifen läßt (1,22). Im Mittelpunkt der beiden Erzählphasen spielt Mose nur eine Nebenrolle: Es geht um einen Wandel der Perspektive, die zunächst levitenkritisch und ägyptenfreundlich, dann aber levitenfreundlich und ägyptenkritisch ausfällt.

Die auffällige Zitation der „Tochter Pharaos" ruft die einzigen sonst im Alten Testament nachweisbaren Zeugnisse dieser Titulatur in Erinnerung: die Hinweise auf die Präsenz der „Tochter Pharaos" im Harim des Königs Salomo (1Kön 3,1 7,8 11,1). Die hier greifbare Überlieferung, welche historische Entsprechung ihr auch im Detail zukommen mag, kann den Hintergrund verstehen lassen, vor dem die Intentionen der Erzählung erkennbar werden. Die erste Phase des Textes begrüßt allem Anschein nach die Gegenwart der Ägypterin als einer fremden Persönlichkeit am Hofe, während die zweite Phase einer proisraelitischen Parteinahme entspricht. Demnach wäre unsere Textentstehung ein Spiegelbild der politischen Auseinandersetzung mit Ägypten, wie sie sich im vorexilischen Juda ereignet und bekanntlich in der jesajanischen und jeremianischen Prophetie in besonderer Weise niedergeschlagen hat. Die Erinnerung an die „Tochter Pharaos" in Jerusalem entspricht im übrigen der positiven und negativen Tendenz einschlägiger Textzusammenhänge im Alten Testament, die das Pro und Contra der ägyptenfreundlichen Aktivitäten Salomos, aber auch weiterer Könige in Israel und Juda zu reflektieren scheinen.

Ex 2,11–22: Der Held

Auch in diesem Text mit den Szenen Niederschlagen des Ägypters, Ruchbarwerden der Tat, Flucht nach Midian ist die literarische Gestaltung mit steigernder Dramaturgie offenkundig. Die Zielsetzung ist klar: Es geht einerseits um eine Verknüpfung der Mose-Gestalt mit Mi-

---

[103] Nach Zenger, Mose, 333, „spielt" die Erzählung „mit dem Wortfeld 'gebären' = *mšj*". Das allerdings wäre eine Überforderung des Autors. Genauer ist es die Bezeichnung „Kind" (hebr. *jld* = ägypt. *ms*), die den Verfasser der ersten Textphase animiert, während die sprachlich ganz unzutreffende Erklärung in 2,10b auf das Konto des Erweiterers geht.

dian, andererseits um die Rollenbeschreibung des Vermittlers zwischen Midian und Ägypten.

Die erste Szenenfolge kehrt eine in Ägypten vielfach belegte Konstellation um. Die typische Darstellung des Niederschlagens eines Feindes, auch in der Miniaturkunst auf dem Boden Palästinas bezeugt, wird in bildsprachlicher Umsetzung geformt, um dann eine gegenläufige Variante im Gefolge zu haben: Der Protagonist beim Niederschlagen der Feinde ist nicht mehr der Ägypter, sondern Mose. Die ägyptische Illustration, sonst der symbolischen Überwindung des Chaos dienlich, wird somit einer israelfreundlichen Tendenz unterworfen, so daß die Modifikation des Bildes gleich zu Anfang der Tätigkeit des Mose deutlich macht, wer am Ende als der überlegene Gottesstreiter dastehen wird.

Die Informationen über den Kontakt mit Midian unter Namensnennung von Reguel, Zippora und Gerschom zeigen ein deutliches Interesse an der Anbindung der Mose-Gestalt an das sippenbezogene, nichturbane Milieu, wofür auch die Brunnenszene bezeichnend ist. Midian steht anscheinend prototypisch für die Erinnerung an die frühe Beheimatung des migrativen Teils Israels in den sog. Schasu-Sippen.[104] Diese Erinnerung spiegelt sich nicht zuletzt darin wider, daß Midian nicht nur im Vorfeld der Exodus-Geschichten, sondern auch in dessen Auslaufzone erscheint (Ex 18) und deswegen als ein rahmender Bezugspunkt gelten dar.[105]

Ex 3f.: Der berufene Retter
Der folgende Erzählzusammenhang mit der berühmten Dornbuschszene und der göttlichen Beauftragung des Mose – früher als Musterbeispiel für die Effizienz exegetischer Methoden mit der Nachweisbarkeit einer Aufteilung des Textbestandes auf die angeblich klassischen Pentateuchquellen J (= Jahwist) und E (= Elohist) vorgeführt[106] – kann sich als

---

[104] Nach E. A. Knauf, Midian, NBL II, 803 nährt das „Fehlen spezifisch midianitischer Züge" „den Verdacht, daß schon die ältesten erhaltenen Pentateuch-Erzähler" die Midianiter „im Zusammenhang mit Mose, dem Exodus und der Vermittlung des Jahwe-Glaubens an Israel nur erwähnten, weil sie mußten, d. h. weil diese vier Größen in der ihnen vorliegenden Tradition vergesellschaftet waren". Ich rechne eher mit einem ambivalenten Verhältnis der nationalen Schriftstellerei zur sippengebundenen Vergangenheit, die insoweit reklamiert wird, als sie mit der urbanen Sphäre konfrontiert werden kann.
[105] Vgl. dazu Knauf, Midian, 802.
[106] Vgl. etwa W. Richter, Die sogenannten vorprophetischen Berufungsberichte. Eine literaturwissenschaftliche Studie zu 1Sam 9, 1–10, 16, Ex 3f. und

ein literarisches Konstrukt mehrschichtigen Wachstums verstehen lassen, das am ehesten und überwiegend als Produkt der fortgeschrittenen und späten Königszeit gelten darf. Der Konsens der Perspektiven wird in der Zeichnung einer Gestalt zu sehen sein, die als außerordentlicher Empfänger und Anwalt des *JHWH*-Glaubens vor Augen treten soll, wobei *JHWH* als eigentlicher Initiator und Vollstrecker der Rettung aus Ägypten erscheint. So gibt auch dieser Textzusammenhang eher Aufschluß über die sukzessive Orientierung Israels an seinem Bezugsgott *JHWH* als über konkrete Erfahrungen im Vorbereich des Exodus. Dennoch führt wohl kein Weg daran vorbei, gerade die *JHWH*-Beziehung in ihrer originären Dimension mit der Mose-Gestalt im kollektiven Gedächtnis Israels verankert zu sehen. Zur Beziehung *JHWH*-Midian stimmt die ägyptischerseits bezeugte Zugehörigkeit des „Schasu-Landes *JHW*" zu den Seir-Ländern, die ihrerseits dem Einzugsgebiet der Midianiter entsprechen. Doch hiermit ist „nur" die historisch greifbare Basis angedeutet, die Geschichte des *JHWH*-Glaubens in und mit Israel hat ihre eigene, außerbiblisch nicht nachweisbare Relevanz und für Israel ihre genuine Evidenz.

Ex 5–18: Der Anführer im „Exodus"
Der große thematische Zusammenhang des „Exodus" unter Führung des Mose präsentiert sich mit der wiederum als literarisches Konstrukt aufzufassenden Plagengeschichte als erstem Akt des dramatischen Schauspiels. Ein überdimensionales, facettenreiches Gebilde von sich überbietenden Szenen, die allem Anschein nach teils auf priesterschriftliche oder in priesterlicher Tradition stehende Gestaltung und teils auf eine ältere, jedenfalls vorexilische Plagensequenz zurückzuführen sind. Auf der älteren Stufe tritt Mose noch als unmittelbarer Sachwalter des Willens *JHWHs* auf, dessen Ausführung geradezu unwiderstehlich ist, während die exilisch-nachexilische Sichtweise Mose als Gegenspieler des Pharao und als erfolgreichen Konkurrenten der ägyptischen Zauberer zeigt sowie den Gott Israels im siegreichen Wettstreit mit den Göttern Ägyptens. Die Basis dieser Rollenbeschreibung kann nur in der Erinnerung an eine Teilhabe des Mose an dem Interessenbereich der Ägypter und der östlichen Nachbarn gesucht werden. Dennoch wird Mose hier in eine Position gehoben, die ihn über jede historische Dimensionierung hinauswachsen läßt, da er als Mittler zwischen Gott und

Ri 6,11 b–17, FRLANT 101, Göttingen 1970, 58–72. Kritische Weiterführung bei P. Weimar, Die Berufung des Mose. Literaturwissenschaftliche Analyse von Exodus 2,23–5,5, OBO 32, Freiburg–Göttingen 1980.

Israel einerseits und als Anwalt Israels gegenüber den Ägyptern andererseits fungiert.

Das ägyptisierende Kolorit der Plagenerzählungen spiegelt sich nicht nur in dem genuinen geographisch-zoologischen „Wissen" der Autoren, sondern gerade auch in der Anspielung auf ägyptische Märchenliteratur wie den Erzählungen des Papyrus Westcar wider, von diversen ägyptischen Fremdwörtern im hebräischen Textbestand ganz zu schweigen.

Die letzte Plage, die zugleich den Abzug Israels vom Pharao erzwingt, weitet sich zu einer Szene aus, die *JHWH* als den eigentlichen Bezwinger seiner Gegner ausweist. Das schon in Ex 2,15 im Hintergrund erkennbare Bild vom Schlagen der Feinde findet hier nunmehr seine vollkommene Entsprechung, da es nicht nur Mose ist, der als Sieger aus der Konfrontation hervorgeht, sondern *JHWH* selbst der Herr über Pharao ist, und daß es nicht nur die aktuellen Gegner sind, die auf Seiten Ägyptens unterliegen, sondern die Erstgeburt als Inbegriff des kommenden Ägypten und seiner Zukunft. In jedem Fall also eine radikale Überhöhung des bekannten Topos.

Das Fest des Pesach vergegenwärtigt die Rettungstat eines Gottes, der seine Feinde endgültig „schlägt". Wahrscheinlich leitet sich der Ausdruck *paesaḥ* von einer ägyptischen Kombination, bestehend aus dem Artikel *p3* und der Partizipialbildung *sḫ*, d. h. von einem Ausdruck mit der Bedeutung „der Schlagende" ab. Damit wäre auf israelitischer Seite eine ägyptische Bezeichnung gewählt und tradiert worden, um sich Bild und Vorstellung der grandiosen Rettungstat des seine Gegner bezwingenden Gottes zu vergegenwärtigen, eines Gottes, der alle seine ägyptischen Konkurrenten, einschließlich des Pharao, absolut in den Schatten stellt.

Die Vorgänge am Meer suggerieren wiederum ein aufwendiges Szenario, dessen textliche Verfassung jedoch auf einem Werdeprozeß beruht, der eine mehrschichtige vorexilische Vergangenheit und eine exilisch-nachexilische Phase zeigt. Unbeschadet der weiteren Diskussion um die Zugehörigkeit eines ältesten Bestandes zu einer Exodusgeschichte der „jahwistischen" Schreibergeneration, der dann jüngere Fortschreibungs- und Redaktionsphasen gefolgt sind, darf hier in besonderen Blick auf die literarische Position des Mose festgestellt werden, daß er auf der frühesten Erzählebene als „Sprachrohr" und Vollstrecker *JHWH*s auftritt.[107] Je später die schriftstellerische Darstel-

---

[107] Ob aus 11,3 12,35a zu schließen ist, daß es eine noch frühere Erzählung mit dem Motiv der Selbstbereicherung Israels gegeben habe (Knauf, Midian,

lung des Mose, um so mehr wachsen ihm Funktionen zu, die freilich auch später noch dazu dienen, seine unvergleichliche Position vor und unter *JHWH* zu illustrieren. Bezeichnend dafür ist das Erheben des Stabes bzw. das Ausstrecken der Hand (Ex 14,16.21), bildsprachliche Indizien für die autorisierte Profilierung des Mose.

Ein gewisser Konsens der Forschung zeigt sich nicht zuletzt darin, daß Mose schon auf der frühesten Traditionsebene als Anwalt des furchtlosen Vertrauens auf *JHWH* dasteht:

Ex 14,13 a   Da sprach Mose zum Volk:
       b   Fürchtet euch nicht!
       c   Stellt euch hin
       d   und schaut auf die Rettungstat *JHWH*s.
   14 a   *JHWH* wird für euch kämpfen,
       b   und ihr bleibt still!

Moses Ansprache ist mit gutem Grund als „Anti-Kriegsrede" bezeichnet worden, die freilich in erster Linie ein Votum für die uneingeschränkte Rettungsinitiative *JHWH*s ist.[108]

Unter diesem Eindruck der Garantie *JHWH*s für das Leben und Überleben Israels stehen dann auch die jüngeren Szenen, die im Wüstenbereich spielen. Die göttliche Begabung in Gestalt von Manna und Wachteln (Ex 16) steht der Versorgung mit dem Felsenwasser (Ex 17) und Moses Niederwerfung der Amalekiter (Ex 17) in der jetzigen Textfolge voran, ist aber doch als das relativ jüngste Produkt der erzählenden Phantasie anzusehen, die aus der bildlichen Konzeption der Wüste als lebensfeindlicher Zone lebt und diese der lebenschaffenden Initiative und Begleitung *JHWH*s gegenüberstellt. Wie diese Szenen paradigmatischen Charakter haben, ist die abschließende Szene mit Jitro (Ex 18) geeignet, den Bogen über die ganze Exodusthematik zum Anfang zu spannen, da Midian Ausgangspunkt und Zielpunkt des Exodus ist.

Ex 19–24: Der Bote der Tora
So ist es kein Wunder, daß die folgenden Interpretationsphasen gerade auch die spezielle und unvergleichliche Position des Mose als Mittler zwischen *JHWH* und seinem Volk ins Zentrum der Betrachtung rücken. Je weiter die literarische Reflexion schreitet, um so mehr wird

---

134), wird nicht ohne weiteres mit dem Hinweis auf ein vielleicht in der Sethnacht-Inschrift vorfindliches Parallelmotiv bestätigt werden können.
[108] Vgl. dazu besonders P. Weimar, ÄAT 9, 1985, 81.

Mose vom Vollstrecker des göttlichen Tuns zum Empfänger und Vermittler des göttlichen Wortes. Das Sinaigeschehen belegt die Mittlerfunktion des Mose in umfassender Weise, da jetzt die zeitübergreifende Willenskundgabe *JHWH*s in der Tora durch Mose dem Volk übereignet wird. Im Pentateuch widmen sich insbesondere die Priesterschrift und die deuteronomische Literatur der Entfaltung der für Israel gültigen Tora. Dies gilt sowohl für die ausgedehnten Anweisungen zur Herstellung des Heiligtums, die einerseits auf die vorexilische Tempelwirklichkeit zurückschauen, andererseits ein utopisches Programm für die Illustration des idealen Heiligtums und die Vorstellung der göttlichen Gegenwart hergeben, wie auch für die potentiell ausbaufähigen Anordnungen zur Regelung des Kultes (Lev Num). Hier werden unter der Autorität des Mose verbindliche Instruktionen geboten, die unbeschadet älterer Vorlagen aus vorexilischer Zeit ein ideales System einer kommenden Ritualordnung vermitteln, das den Vorstellungen des sich in nachexilischer Zeit entwickelnden Judentums entgegenkommt. In nicht weniger extensiver Weise kommt in den Mose in den Mund gelegten Reden des Buches Deuteronomium zum Ausdruck, wie sehr den Verfassern an der Autorität des Vermittlers gelegen ist. Von der Fülle des auf ihm ruhenden Segens zeugt gerade der in Dtn 33 vorliegende „Mosesegen", der nicht zuletzt ein Spiegelbild des Selbstbewußtseins der Stammestraditionen Israels ist.

Die dramatische Gestaltung der Überlieferungen um Mose mündet in einem rückschauenden Urteil: „Niemals wieder ist in Israel ein Prophet wie Mose aufgetreten. Ihn hat der Herr Auge in Auge berufen. Keiner ist ihm vergleichbar, wegen all der Zeichen und Wunder, die er in Ägypten im Auftrag des Herrn am Pharao, an seinem ganzen Hof und an seinem ganzen Land getan hat, wegen all der Beweise seiner starken Hand und wegen all der furchterregenden und großen Taten, die Mose vor den Augen von ganz Israel vollbracht hat" (Dtn 34, 10–12).

5. *JHWH und der Weltgott in Ägypten*[109]

Die Rückfrage nach dem Inbegriff israelitischer Gotteserfahrung, der Bedeutungsdimension des Namens *JHWH*, läßt immer wieder bei dem „Kerntext" der Selbsterschließung, der Offenbarung des Gottesnamens

---

[109] Im folgenden werden Erwägungen aufgenommen, modifiziert und erweitert, die in: M. Görg, Wege zu dem Einen. Perspektiven zu den Frühphasen der Religionsgeschichte Israels, MthZ 37, 1986, 97–115 vorgetragen worden sind.

im Kontext der „Berufung des Mose" (Ex 2,23–5,5) innehalten, um in der paronomastischen Formulierung vom „Sein/Werden" Gottes (Ex 3,14) eine sprachliche Verdichtung nach Art einer „Kurzformel des Glaubens" an die Wesenheit Gottes wahrzunehmen. Mit dieser Gewichtung der freilich kaum gänzlich in unseren Sprachbereich transformierbaren Diktion verbindet sich meist auch die Vorstellung, so gut wie unüberbietbar nahe am ursprünglichen Verständnis des *JHWH*-Namens zu sein, um so eher, da der Kontext selbst allen Anlaß zu geben scheint, an eine relativ frühe und zugleich auch, da Gott in den Mund gelegt, kompetenteste Interpretation des Gottesnamens zu denken.

Die Intention des in den Pfaden des frühen Jahwisten operierenden, aber mit noch größerer Radikalität die Dominanz *JHWH*s betonenden Autors werden bereits in dem von ihm verantworteten Doppelnamen „*JHWH*-Elohim" programmatisch sichtbar (vgl. Gen 2,4!).[110] Hier geht es keineswegs nur um eine formale Assoziation des vom Jahwisten verwendeten Gottesnamens Elohim, sondern um eine theologische Neuprägung eines radikalen Gottesverständnisses, das am ehesten deutlich wird, wenn man religionsgeschichtliche Perspektiven geltend macht. Man darf hier wohl auf eine analoge Namengebung hinweisen, die in der Nachbarkultur des spätzeitlichen Ägypten eine zeitgenössische Blüte erfahren hat, nämlich den „Doppelnamen" Amun-Re, dort gern mit dem Zusatz „König der Götter" versehen (griechisch: „Amonrasonther"). Auch die ägyptische Gottesvorstellung zielt hier auf die umfassende Kompetenz des Schöpfergottes, der Distanz und Nähe zur geschaffenen Welt in sich begreift. Doch ist Amun-Re keinesfalls der Souverän der geschichtlichen Wege und Schicksale des Volkes oder der Gemeinschaft, wenngleich er auch als Gott des Einzelnen um Hilfe angerufen werden kann. „*JHWH*-Elohim" ist demgegenüber der in die Menschheitsgeschichte eingreifende, die menschlichen Hoffnungen absolut bindende Gott, der nach ureigenem Ermessen Sicherheit und Zukunft gewährt.

Der literarische Anwalt der, wie wir sagen dürfen, „Pro-*JHWH*-Bewegung" des 8. Jahrhunderts v. Chr. hat allem Anschein nach auch in seiner Formulierung von Ex 3,14 eine Art kontrastierenden Gottesbildes gezeichnet. Auch für die vom Autor gewählte Formulierung ist

---

[110] Zum „morphosyntaktischen Problem" der Wortverbindung vgl. vor allem J. P. Floss, Sprachwissenschaftliche Textanalyse als Konkretion der hermeneutischen Regeln in der dogmatischen Konstitution „Dei verbum" am Beispiel Gen 2,4b–9*, in: Biblische Notizen. Beiträge zur exegetischen Diskussion 19 (1982), 93–96 mit Anm. 8.

ein ägyptisches Gegenstück gesucht worden. So hat A. Alt in der einem König in den Mund gelegten Wendung *wn(n)j wn.kwj* „Ich bin, indem ich bin" aus der Lehre für Merikare (Z. 94f.) einen mit unserer Phrase gleichartigen „Ausdruckstypus für ein hoch gesteigertes, des eigenen Wesens und der eigenen Kraft sicheres Selbstbewußtsein des jeweils Sprechenden" erkennen wollen.[111] Diese Tendenz mag sich gleichwohl auf die Gewichtung (Topikalisierung) des Verbums beziehen lassen, wird aber nicht der semantischen Orientierung der hebräischen Basis *HYH (HYY)* in der Vollverbqualität gerecht, insofern hier gerade in der Gottesrede und Gottesprädikation neben der souveränen Existenzqualität auch die relative, auf die Begleitung des Menschen bezogene Wirklichkeit *JHWH*s artikuliert wird.

Dennoch bleibt der Bezug auf ägyptische Nachbarschaft auch hier nicht ohne eine Möglichkeit der Anknüpfung. In keiner der orientalischen Hochkulturen ist in so ausladender Weise von „Sein" oder „Werden" der höchsten Gottheit die Rede wie in Ägypten. Unter Verwendung der einschlägigen Verbbasis *ḫpr* („sein, werden") kann etwa in einem ägyptischen Hymnus der Ramessidenzeit der schon zitierte Hochgott Amun wie folgt tituliert werden:

> „Geheim an Verwandlungen, funkelnd an
> Erscheinungsformen
> wunderbar erscheinender Gott, reich an Gestalten",

um dann u. a. in dialektischer Weise charakterisiert zu werden:

> „Er ist ferner als der Himmel,
> er ist tiefer als die Unterwelt.
> Kein Gott kennt seine wahre Gestalt,
> sein Bild wird nicht entfaltet in den
> Schriften,
> man lehrt nicht über ihn etwas Sicheres.
> Er ist zu geheimnisvoll, um seine Hoheit
> zu enthüllen,
> er ist zu groß, um ihn zu erforschen,
> zu mächtig, um ihn zu erkennen.
> Man fällt nieder auf der Stelle vor
> Schrecken,
> wenn man seinen geheimen Namen wissentlich
> oder unwissentlich ausspricht."[112]

---

[111] Vgl. A. Alt, Ein ägyptisches Gegenstück zu Ex 3,14, ZAW 58, 1940/41, 159f. Dazu bes. S. Herrmann, Israels Aufenthalt in Ägypten, SBS 40, Stuttgart 1970, 79.

[112] Übersetzung im Anschluß an J. Assmann, Re und Amun. Die Krise des

Die ägyptische Theologie erkennt demnach bei aller urzeitlichen Präsenz des Schöpfergottes in der Welt dessen geheimnisvolle Verborgenheit, dringt aber aufs Ganze gesehen nicht zu einer Gottesvorstellung durch, die Ferne und Nähe Gottes im geschichtlichen Erfahrungsbereich eines Volkes oder eines Einzelnen zum gegenwartsbezogenen Glaubensbekenntnis erhebt und damit das Mysterium Gottes in einer noch tiefer greifenden Anerkennung namhaft macht.

Diesem Eindruck widerspricht nicht, daß auch der ägyptische Hochgott sowohl die kosmische Distanz und kreative Souveränität in sich birgt wie auch die Instanz der persönlichen Zuwendung in einem Spektrum von Zeichen der „Nähe" Gottes darstellt. So erscheint auch der Sonnengott als „der Ferne und Nahe, der nicht erkannt werden kann", als eine „Macht mit vielen Namen": „fern ist es als Schauender, nah (jedoch) als Hörender".[113] Der erkennbaren Dimension einer „persönlichen Frömmigkeit" entspricht die Breite einschlägiger Prädikationen, etwa des „Hirten", des „Gatten" oder „Vaters" bzw. der Mutter der „Waisen", des Retters des Armen oder Schwachen, des „Fährmanns", des „Steuerruders", des gerechten „Richters",[114] Perspektiven, die auch auf palästinischem Boden vor allem in den Amuns-Referenzen in der Miniaturkunst und den sog. Amuns-Devisen mit der Notation der „Zuflucht" zum Ausdruck gekommen sind.[115]

Gerade in der Eigentümlichkeit des sprachlichen Ausdrucks gewinnt gleichwohl die alttestamentliche Selbstkundgabe Ex 3, 14 eine religionsgeschichtlich genuine Perspektive, da in ihr nicht nur die kreative Mannigfaltigkeit und hintergründige Wirklichkeit Gottes zur Geltung kommen, sondern insbesondere die auf Gegenwart *und* Zukunft angelegte Dimension des göttlichen „Seins" und „Werdens" mit dem Blick auf den konkreten Einstieg in die Geschichte Israels eingefangen ist. *JHWH* ist eben nicht nur ferner und naher Schöpfergott, sondern auch übergeschichtlicher Gott Israels, der Raum und Zeit autonom dirigiert. Bei aller Zurückhaltung gegenüber einer verbindlichen Wiedergabe sollte sich daher eine Übersetzung wie „Ich bin, der ich sein werde" am ehesten empfehlen: Dieses hochpotentielle und dennoch „imperfek-

---

polytheistischen Weltbildes im Ägypten der 18.–20. Dynastie (OBO 51), Freiburg–Göttingen 1983, 201.

[113] Vgl. Assmann, Re und Amun, 273.

[114] Vgl. dazu Assmann, Re und Amun 278.

[115] Vgl. dazu u.a. M. Görg, „Persönliche Frömmigkeit" in Israel und Ägypten, in: M. Görg (Hrsg.), Fontes atque Pontes (Fs. H. Brunner), ÄAT 5, 1983, 162–185.

tive" Sein, die unbegreifliche lebendige Wirklichkeit Gottes macht *JHWH* in den Augen Israels Zug um Zug größer als Amun-Re, wirkmächtiger als jeden anderen Gott.

Vom Ursprung des JHWH-Glaubens
Die Selbstoffenbarung *JHWHs* in Ex 3,14 kann trotz ihrer Einbindung in die Begegnungsszene Mose am Dornstrauch nicht einfach als literarisches Echo einer Erstlingserfahrung Gottes in der Frühzeit Israels verstanden werden. Dagegen spricht nicht nur die relativ späte und zugleich zeitgebundene Reflexionsebene, sondern in erster Linie die Gestalt des *JHWH*-Namens selbst, der seiner etymologischen Ableitbarkeit nach nicht mehr ohne weiteres in Verbindung mit der hebräischen Basis „sein" bzw. „werden" betrachtet werden muß. Philologische Erwägungen unter Einbeziehung des altorientalischen Namenmaterials haben zwar begründeten Anlaß zu der Vermutung gegeben, daß *JHWH* soviel wie: „Er ist, oder er erweist sich" (W. v. Soden) bedeuten könnte,[116] um zugleich auch eine hinlänglich stabile Brücke zur Namensdeutung in Ex 3,14 schlagen zu dürfen, doch ist mit der noch weithin übernommenen Anbindung an eine Verbbasis des Semitischen mit der Bedeutung „sein" bzw. „sich erweisen" keinerlei Gewißheit gewonnen. Wir werden daher damit rechnen müssen, daß ebenso wie im außerisraelitischen Raum Etymologie und Interpretation von Götternamen auseinandergehen können sowie auch in der Religionsgeschichte Israels ursprüngliche Auffassung des Gottesnamens und nachherige Deutung differieren, ohne daß damit eine fundamentale Modifikation der Verständnisebene verbunden sein muß.

Schon J. Wellhausen als Wegbereiter kritischer Religionsgeschichte Israels hat die Annahme vertreten, daß *JHWH* etymologisch am ehesten mit dem im Hebräischen noch erhaltenen Äquivalent der Verbbasis „wehen" zu erklären sei: „er fährt durch die Lüfte, er weht."[117] Mit dieser Interpretation ist natürlich einer Sicht entsprochen, die *JHWH* als Beherrscher der Naturgewalten verstehen möchte und darin einen

---

[116] Vgl. W. von Soden, Jahwe „Er ist, Er erweist sich", in: Welt des Orients 3 (1964/6), 177–187 (Nachdruck in: H. P. Müller [Hrsg.], Bibel und Alter Orient. Altorientalische Beiträge zum Alten Testament von Wolfram von Soden [BZAW 162], Berlin–New York 1985, 78–88).

[117] J. Wellhausen, Israelitische und jüdische Geschichte, Berlin ⁵1904, 25, Anm. 2 („Die Etymologie ist durchsichtig"). Vgl. auch E. A. Knauf, Eine nabatäische Parallele zum hebräischen Gottesnamen, in: Biblische Notizen. Beiträge zur exegetischen Diskussion 23 (1984), 25–28. Ders., Midian. Untersuchungen

elementaren und ursprünglichen Zug göttlicher Manifestation erkennen will. Zugleich wäre eine unmittelbare Verwandtschaft mit einer charakteristischen Prädikation des kanaanäischen Gottes Baal, der „über die Wolken fährt", angesprochen, wie diese ja ebenso in der hymnischen Literatur Israels als seltenes Epitheton auch für *JHWH* reklamiert wird (Ps 68,5). Dabei könnte die universale Dominanz erst das allmähliche Resultat einer Entwicklung sein, die an ihrem Anfang *JHWH* als naturmächtigen Lokalgott begreift. Nicht erkennbar wäre freilich, ob und wie sich allein in bezug auf *JHWH*s Kontrollgewalt über kosmische Vorgänge seine Rolle als Dirigent und Anwalt der Geschichte von Gruppen und Individuen ausdeuten ließe. Auch vom Verständnis des Gottes Baal als eines „Wolkenfahrers" führt kein direkter Weg zu einer geschichtsbezogenen Gottheit, als welche Baal offenbar niemals in Erscheinung tritt. Doch kann das scheinbar nur auf natürliche Vorgänge zielende Grundwort für *JHWH* durchaus in einem umfassenderen Sinn verstanden werden, da sich zumindest in der ägyptischen „Randzone" des semitischen Sprachbereichs eine Bedeutungsseite im Verbum *h3j* erhalten hat, die auch das überraschende und beeindruckende „Herabfallen" einer Gestalt, das Hinabsteigen zum Zwecke des Beistands zum Inhalt haben kann.[118] Demnach wäre keinesfalls zwingend geboten, im Blick auf die originäre Sinngebung des Gottesnamens ausschließlich an Naturerscheinungen zu denken. *JHWH* ließe sich vielmehr (auch) als der von oben Kommende, als jemand, der „herabsteigt", deuten. Gerade das Herabsteigen Gottes findet als Vorstellung der Epiphanie *JHWH*s in den frühen Überlieferungen deutliche Resonanz.[119] Das Herabsteigen von oben ist freilich nach den Belegstellen in zwei Richtungen offen, es kann um des Beistands, aber auch um der Vernichtung willen realisiert werden. Die doppelte Orientierung des Schützens und Zerstörens ist in der Bedeutungsseite des Grundworts auf dem profanen Sektor überzeugend nachweisbar, auf die Semantik des „herabsteigenden" Gottes übertragen meint sie die „Doppelgesichtigkeit"

---

zur Geschichte Palästinas und Nordarabiens am Ende des 2. Jahrtausends v. Chr., ADPV, Wiesbaden 1988, 43-48.

[118] Vgl. Wb III, 472-474. Im Vorfeld einer ausführlicheren Diskussion sei hier nur auf die etymologischen Bemerkungen in F. Buhl – W. Gesenius, Hebräisches und Aramäisches Handwörterbuch über das Alte Testament. Unveränderter Neudruck der 1915 erschienenen 17. Auflage, Berlin 1962, 176f., hingewiesen. Vgl. auch M. Görg, Jahwe, NBL II, 260-266.

[119] Vgl. dazu u. a. J. Jeremias, Theophanie. Die Geschichte einer alttestamentlichen Gattung (WMANT 10), Neukirchen-Vluyn ²1977, 106, 184f.

JHWH und der Weltgott in Ägypten 157

Gottes, das in Israel anscheinend von allem Anfang an empfundene Zusammengehen des „Bewahrenden" und „Schlagenden" in der Gottheit, das „Apotropäische" schlechthin. Im Gottesnamen wäre so die für Israel so herausfordernde Ambivalenz des Majestätischen grundgelegt.

Noch von einem anderen außerbiblischen Befund her lassen sich Ursprungsbeziehungen namhaft machen, die zur Klärung der Konturen des originären Umfeldes der *JHWH*-Verehrung einen Beitrag leisten können. Der Gottesname ist nämlich als Ortsname in ägyptischen topographischen Listen des Neuen Reichs belegt, die auf Bauteilen ägyptischer Tempelanlagen im sudanesischen Nubien eingraviert sind. Es handelt sich um die Tempelbauten Amenophis' III. in Soleb und Ramses' II. in Amarah-West. Die angehende Namenseintragung lautet in beiden Fällen:

„Land der Schasu, (nämlich) *JHW*"[120],

wobei die Bezeichnung „Schasu" eine teils seßhafte, teils nomadische Bevölkerungsgruppe meint, die sich allem Anschein nach zunächst vorwiegend in den nördlichen Kulturrandzonen Syrien-Palästinas aufgehalten hat, um dann im weiteren Verlauf des Neuen Reichs auch in Südpalästina in konzentrierter Weise präsent zu sein. Die Namensform *JHW*, deren hieroglyphische 'Gruppenschreibung' *jj-h-w3-w* (= *jhw*) mit einer Auslautschreibung *w* aufwartet und so auch eine Lesung *Jahwu* rechtfertigt, stellt eine Art Vorform des sog. Tetragramms dar und bedeutet im Kontext einer jeweils von den Listen gebotenen Gruppe von „Schasu"-Ländern eine Subregion des von den „Schasu" in Beschlag genommenen Aufenthaltsbereichs. Noch nicht befriedigend geklärt ist, ob die genannten Listen mit der Eintragung *JHW* jeweils die gleiche historische und geographische Situation widerspiegeln. Während die jüngere Liste Ramses' II. (2. H. 13. Jh.) eine partielle Kopie der älteren aus der Zeit Amenophis' III. (1. H. 14. Jh.) zu sein scheint, beide Listen sogar auf eine noch ältere Grundlage zurückgehen können,[121] kann noch nicht mit letzter Sicherheit gesagt werden, ob mit den

---

[120] Zu den Belegen vgl. M. Görg, Jahwe – Ein Toponym?, in: Biblische Notizen 1 (1976), 7–14 (= ÄAT 2, 1989, 180–194). Vorsorglich sei darauf hingewiesen, daß die von Freedman – O'Connor, ThWAT III, 542 gegebenen Daten im Detail nicht zutreffend sind.

[121] Näheres dazu einstweilen bei E. Edel, Die Ortsnamenlisten in den Tempeln von Aksha, Amarah und Soleb im Sudan, in: Biblische Notizen 11, 1980, 63–65.

"Schasu"-Distrikten jeweils die gleiche Region südöstlich des Toten Meeres gemeint ist, wie man in der Regel annimmt. Möglich ist, daß mit der „Völkerwanderung" der „Schasu" von Norden nach Süden auch eine qualifizierte Gruppe von Untergliederungen, darunter auch die Gruppe der „Schasu" mit dem Namen *JHW*, den Weg in das südpalästinische Gebiet gefunden hätte, um dort eine teils ansässige, teils bewegliche Formation zu bilden. Sicher ist jedenfalls, daß es zu Beginn der 19. Dynastie zu einer massiven Konzentration von „Schasu"-Formationen im unmittelbaren Interessenbereich der Ägypter in Südpalästina gekommen ist, wie uns zeitgenössische Darstellungen aus der Regierungszeit Sethos' I., des Vaters Ramses' II., bezeugen. Auch die Bevölkerungseinheit mit dem Namen *JHW*, der also sowohl die Gruppe selbst wie auch deren „Reservat" bezeichnen kann, befindet sich so spätestens zu Beginn des 13. Jahrhunderts im Einzugsgebiet militärischer Operationen ägyptischer Pharaonen. Leider erfahren wir aus den ägyptischen Nachrichten wenig über die besonderen Lebensverhältnisse und schon gar nichts über die religiöse Orientierung der „Schasu", von den speziellen Erlebnissen und Erfahrungen der „*JHW*-Gruppe" ganz zu schweigen. Die Rahmenbedingungen des Schicksals dieser Gruppe werden jedoch augenfälliger, wenn man die besonderen Interessen der Ägypter an möglichst ungestörten Expeditionswegen nach Syrien-Palästina (mit der speziellen Blickrichtung auf die strategisch wichtige Stadt Qadesch am Orontes in Syrien) und nicht zuletzt an der Sicherung der Zugangswege zu den Kupferminen von Timna und Punon bedenkt, die beide im Einzugsbereich der „Schasu"-Gruppen in Südostpalästina gelegen waren. Man wird damit rechnen dürfen, daß der Handel mit den Produkten der frühen Bergbaubetriebe von den ortsansässigen und von den Ägyptern als Facharbeiter ausgebildeten „Schasu"-Leuten mit begehrlichen Augen angesehen wurde, bis es zu immer häufigeren Konfrontationen kam, die die Ägypter ihrerseits mit Gewalt und vor allem mit dem „bewährten" Mittel der Zwangsdeportation zu beenden suchten. Einen naturgemäß hochstilisierten und so spektakulären Deportationszug mit „Schasu"-Leuten auf dem Wege zur Grenze Ägyptens zeigt eine Illustration Sethos' I. auf der Nordwand des berühmten Säulensaales im Amun-Tempel von Karnak.[122]

Es wird daher nicht befremden, daß die „Schasu"-Gruppen Südostpalästinas, darunter die „*JHW*-Gruppe", ungleich militanter gewesen

---

[122] Vgl. dazu zuletzt A. S. Spalinger, The Northern Wars of Seti I: An Integrative Study, in: Journal of the American Research Center in Egypt 16, 1979, 29–47.

JHWH und der Weltgott in Ägypten 159

sein dürften als etwa ihre Stammesgenossen aus den übrigen Randzonen Syrien-Palästinas. Wenn wir auch kein außerbiblisches Material über die religiöse Erfahrungswelt dieser „JHW-Gruppe" zur Hand haben, darf man doch annehmen, daß die Vorstellungen vom Stammesgott dieser Gruppe, dessen Name nach dem Beispiel manch anderer Gottesnamen aus dem Orient (vgl. etwa Assur als Orts-, Volks- und Gottesname) zugleich den Stamm oder eher die Sippe und den Aufenthaltsbereich umfassen kann, die so verehrte Bezugsgottheit für Land und Bevölkerung als eine eher kriegerische, zum Schutz der Sippe und zur Abwehr der Feinde eingreifende Instanz erscheinen ließen. Die Gottheit nimmt den Namen *JHW* an, welche Form auch unabhängig von den ägyptischen Belegen als Vorform des „Tetragramms" *JHWH* angesehen wird.[123] Sie kann zugleich vor allem im Zusammenhang mit den frühen Auseinandersetzungen mit Ägypten als „Kriegsmann" gedacht worden sein, wie dies im sog. Schilfmeerlied artikuliert worden ist (Ex 15,3). Die frühen Erfahrungen der „*JHW*-Gruppe" sind daher allem Anschein nach vom Kampf um ihre Lebensinteressen geprägt. Dabei muß sich ihr Bezugsgott ein ums andere Mal als „schützender" und „schlagender" Gott erwiesen haben, in erster Linie aber wohl zu dem Zeitpunkt, da es gelang, sich dem Zugriff der Ägypter endgültig zu entziehen.

Auf dem Hintergrund der Sippenbildung und deren Konsequenzen kann der Name *JHW* bzw. *JHWH* erneut in einem besonderen Licht gedeutet werden. Die Bezeichnung der „Schasu"-Sippe geschieht im Ägyptischen mit einem Ausdruck, der sich auf das gleiche Grundwort zurückführen läßt, der möglicherweise dem Gottesnamen zugrunde liegt.[124] Während die Sippe als Organisationsform verstanden wird, die sich als Verwandtschaftsgruppe im Unterschied zur Kleinfamilie bzw. zur größeren Stammesformation konstituiert und der außerbiblischen Dokumentation gemäß einer Führerpersönlichkeit unterstellt ist, um so ein überlebensfähiger Verband zu bleiben, kann ihre Gottesbeziehung kaum anders denn als Hinordnung auf denjenigen begriffen werden, der „von oben kommt" und zugleich das „Zueinanderkommen" seiner Verehrergruppe inszeniert. Es hat so den Anschein, als sei bereits in den Anfängen des „Jahwismus" ein Zusammengehen der

---

[123] Vgl. etwa M. Rose, Jahwe. Zum Streit über den alttestamentlichen Gottesnamen, Zürich 1978, 34–43.
[124] Zur Terminologie der „Sippe" in ägyptischen Texten vgl. D. Franke, Altägyptische Verwandtschaftsbezeichnungen im Mittleren Reich (Hamburger Ägyptologische Studien 3), Hamburg 1983, 197–203.

vertikalen und horizontalen Dimension erkennbar, eine Art Koinzidenz jedoch, die im Gottesbegriff selbst ihre Wurzeln hat, d. h. das Resultat einschlägiger Gotteserfahrungen darstellt: *JHWH* deszendiert, und er stabilisiert die Seinen.

Die Orientierung an *JHWH* ist allem Anschein nach im wesentlichen drei einschneidenden Krisen ausgesetzt gewesen: der Bewährung unter der Dominanz Ägyptens, der Integration in die Konsolidierungsprozesse der vorstaatlichen Zeit und schließlich der Begegnung mit der nationalköniglichen Herrschaftsform Israels bzw. Israels und Judas in der Zeit bis zum Exil.

Die Lage der deportierten „Schasu"-Sippenteile in Ägypten entspricht dem Schicksal dienstverpflichteter Gastarbeiter überhaupt: Eine Integration in die Lebensverhältnisse der Städtebewohner und herrschenden Schichten findet nicht statt. Es ist freilich auch kaum damit zu rechnen, daß das Sippenbewußtsein etwa der *JHW*-Gruppe irgendeine Verschmelzung mit ägyptischen Gesellschaftsformen im Ostdeltagebiet zugelassen hätte, von mancherlei Verbindungen mit den Bevölkerungsteilen abgesehen, die bereits seit längerem aus Asien eingewandert und im Lande hinlänglich etabliert gewesen sein mögen oder ebenfalls zwangsverpflichtet worden waren, ohne den „Schasu"-Sippen anzugehören.[125] Vielleicht ist der schon mehrfach zitierte Name des *Bi/eja*, jenes semito-ägyptischen Politikers zum Ende der 19. Dynastie, von einschlägigem Interesse, sollte man ihn mit allem Vorbehalt als theophoren Namen interpretieren dürfen, etwa als ägyptisierten Kurznamen für *Abija* o. ä., würde er doch dann die Verehrung dieses Gottes *JHWH* auf seiten einer bestimmten Bevölkerungsgruppe signalisieren können. Im Zuge der Verbindung mit gleichgerichteten Interessen verwandter Gruppen von Asiaten mag es zu gemeinsamen Aktionen und Operationen gekommen sein, wie es zum Ende der 19. Dynastie (um 1200) zu einer ausgesprochenen Aufstandsbewegung unter massiver Beteiligung semitischer Gruppen im Ostdelta gekommen ist, welcher der Pharao Sethnacht ein markantes Ende setzte. Die Präsenz der „Schasu"-Leute in Ägypten wird sich freilich dort konzentriert haben, wo der Pharao Arbeitskräfte zur Erstellung seiner Bauten nötig hatte.

---

[125] Donner, Geschichte, 90 f., möchte am ehesten an „semitische Nomaden nach Art der" Schasu denken, „die ins Ostdelta eingewandert waren und dort in die Mühle der ägyptischen Frondienstpraxis gerieten". Man wird indes mit einer differenzierten „Einbindung" von Fremdarbeitern in die ägyptische Dienstleistungsgesellschaft sowohl prinzipiell (vgl. etwa W. Helck, Fremdarbeit, in: LÄ II, 304–306) wie auch speziell im Ostdeltagebiet rechnen dürfen.

Hier ist in erster Linie an die „Ramsesstadt" zu denken, die beim heutigen Dorfe Qantir im Ostdelta an einem ehemaligen Nilarm gelegen war und nach dem Vorbild älterer Anlagen auch eine Arbeitersiedlung im Einzugsbereich aufgewiesen haben wird. Neben der gesellschaftlichen Differenz zu den höfischen Gepflogenheiten muß vor allem das Herrscherbild Ramses' II. mit dessen Ambitionen zur Gottgleichheit bei denen Anstoß erregt haben, die sich mit einem derart zugespitzten Erwählungsbewußtsein und einer so zur Schau getragenen Dominanz nicht befreunden konnten. Die Konfrontation der Gottesbilder geht auch hier mit der Diskrepanz zwischen den Klassen konform. Der von den „Schasu"-Leuten der Sippe *JHW* gepflegte Gottesglaube konnte in der unmittelbaren Begegnung mit den Herrschaftsbedingungen in der Ramsesstadt und mit dem Göttlichkeitswahn des regierenden Pharao nur an Attraktivität gewinnen, da ihm ja Souveränität und Nähe bei der Sippe mehr bedeutet haben mögen als Selbstherrlichkeit des urbanen Statusdenkens. Da auch asiatische Götter wie Astarte und Anat in der Ramsesstadt Verehrung genossen haben, kann das spätere Gegenüber des Gottes Israels mit den kanaanäischen Göttern eine gewisse Präfiguration auf ägyptischem Boden gefunden haben. Die politische Dimension des „Wettergottes" *JHWH* begann, den ägyptischen Göttern, aber auch den kanaanäischen Göttern den Rang abzulaufen. Allerdings sind Deportation und Zwangsverpflichtung zweifellos auch geeignet gewesen, eben diese Vorstellung vom „schützenden" und „schlagenden" Gott in eine eklatante Krise zu stürzen, die erst in der wie auch immer vollzogenen Loslösung von Ägypten behoben werden konnte, um dann freilich der neuen Idee vom rettenden und befreienden Gott Nahrung zu geben. Der Widerstand der *JHW*-Leute endet in der sogenannten Exodusbewegung, die allem Anschein nach Absetzvorgänge nach Art einer Flucht oder auch einer Vertreibung in sich schließt[126] und in den diversen literarischen Reflexionen aus der frühen Königszeit bis hin zur exilisch-frühnachexilischen Zeit Israels ihre Spuren hinterlassen hat. Der Gott dieses Exodus ist religionsgeschichtlich als ein Gott zu beschreiben, der seine Kompetenz nicht nur in der angestammten Region Südostpalästinas geltend macht, sondern die Seinen in das aufgenötigte „Exil" begleitet und sie von dem irdischen Herrschaftsanspruch machtbesessener Potentaten befreit.

In die zweite große Krise gerät der Glaube an *JHWH*, mittlerweile

---

[126] Vgl. dazu M. Görg, Ausweisung oder Befreiung? Neue Perspektiven zum sogenannten Exodus, in: Kairos 20 (1978), 279f.; P. Weimar, Meerwundererzählung, 266.

um den Aspekt des auf militante Weise für die Seinen Partei ergreifenden Gottes programmatisch bereichert, als es nicht nur zur Begegnung mit den „Vätergöttern", d. h. mit den Religionsformen des noch nicht *JHWH*-orientierten „Clans" Israel als eines losen Sippenverbandes kommt, sondern auch zu Ineinander- und Auseinandersetzungen mit den Gottesvorstellungen jener kanaanäisch-bäuerlichen Bevölkerungsschicht, die sich in Distanz und Abwehrstellung zur urbanen Gesellschaft behaupten konnte. Während eine Annäherung an die Gottesidee der anderen, nicht in die Konfrontation mit Ägypten verwickelten „Schasu"-Gruppen, denen wohl auch die Sippen mit den „Bezugsfiguren" Abraham, Isaak, Jakob zuzurechnen wären, kaum auf nennenswerte Probleme gestoßen sein wird, dürfte die Integration in die bäuerliche und zugleich antiurbane Population Mittelpalästinas mit ihrer genuinen Religiosität konfliktreicher verlaufen sein. Denn im Unterschied zu der Erfahrungswelt der teilweise migrativen „Schasu"-Sippen der Randzonen des Kulturlandes hatten die freien Bauernverbände im Spannungsfeld der Stadtstaaten, wohl mit den sogenannten Ḫa-BI-ru (Keilschriftquellen) bzw. ʿprw (hieroglyphische Urkunden) identisch, an der Verehrung des kanaanäischen Pantheons, dabei vor allem der Göttergruppe um Baal, spezifischen Anteil. Da sich die Bauern Mittelpalästinas allem Anschein nach aus stadtflüchtigen Verwandtschaftsgruppen rekrutiert haben, ist deren religiöse Orientierung vor allem in kritischer Beziehung zur Stadtkultur und zum Stadtkult auszumachen. Bauern und Hirten verbinden sich aber in der Opposition zu heterogenen Dominanzbestrebungen, vornehmlich seitens der Ägypter, so daß zumindest ein gemeinsames Aktionsbündnis versucht werden konnte. Die antiurbane und zugleich antiägyptische Ausrichtung wirkt sich auch auf die weitere Profilierung des *JHWH*-Glaubens aus, insofern der adaptionsfähige „Gott der Väter" eine Symbiose mit *JHWH* eingeht, die Bezugsgötter der Bauernsippen aber allmählich in den Hintergrund treten, da ihnen bei aller Konfrontation mit dem Stadtstaatensystem doch jene militant-aggressive Konzeption zu fehlen scheint, die vor allem die „Schasu"-Sippe *JHW* auf ihren Bezugsgott übertragen konnte. Die sich aus Bauernverbänden und Hirtensippen bildende Größe „Israel" findet in der Exodus-Gruppe die protagonistische Vertretung ihrer Interessen: *JHWH* kann so ein Bezugsgott einer Sippengesellschaft werden, die im Anschluß an die neuere Ethnologie wegen der fehlenden Zentralinstanz als „segmentäre Gesellschaft" bezeichnet werden kann.[127] Nach wie vor schließt die Konzeption eines

---

[127] Zur Konstitution des frühen Israels vgl. die ausgewogenen Beobach-

übergreifenden Bezugsgottes keineswegs aus, daß Götter und Göttinnen verschiedener Provenienz im Raum dieser Gesellschaftsordnung ihren Platz haben. Doch ist der Grundstein gelegt, um *JHWH*s Dominanz nach Art einer „Monolatrie" eine allmähliche Anerkennung zu verschaffen.

Eine dritte, wohl die härteste, weil folgenreichste Probe auf die eigene Identität stellt sich dem Bekenntnis zu dem Sippengott *JHWH* mit der Einführung des Königtums dar. Die Bildung einer „Nation" Israel mit dem Anspruch, eine international respektierte Größe zu werden, bedeutet nicht nur einen entscheidenden Umbruch in der israelitischen Gesellschaftsordnung,[128] sondern auch eine besondere Herausforderung für das überkommene Gottesverständnis, da *JHWH* sich nunmehr über seine Kompetenz als „Bezugsgott" eines qualifizierten Sippenverbandes hinaus als eine Hauptgottheit nach dem Muster orientalisch-ägyptischer Hochgötter an der Spitze eines Pantheons etablieren sollte, um zugleich als Nationalgott über das Wohl und Wehe von Stadt und Land zu wachen. Ob sich dieser *JHWH*, dessen elementare Nähe zu den Wettergöttern in die souveräne Position als der wahre „König" überführt wird, der er analog zum kanaanäischen El immer ist und nicht analog zu Baal erst wird, in Jerusalem an die Stelle eines dort verehrten Sonnengottes gesetzt hat,[129] bedarf noch weiterer Bestätigung. Aus der ungebundenen und unbindbaren Gottheit *JHWH* sollte nicht zuletzt in Analogie zur Demonstration machtvollen Königtums innerhalb und außerhalb Israels die göttliche Majestät des auf erhabenem Throne Sitzenden erstehen, der im Tempelheiligtum auf eigene Weise präsent gedacht und dort kultisch verehrbar werden durfte. In dieser nachvollziehbaren Blickrichtung muß auch die Übertragung des Titels „Zebaot" auf *JHWH* gesehen werden, ein Würdeprädikat, das von Haus aus nichts mit militärischen Assoziationen („Heerscharen") zu tun hat, sondern auf den ägyptischen Hoheitstitel des *Ḏb3tj*, d.h. des „Thronenden" Gottes zurückgeht.[130] Um der Gleichrangigkeit oder doch der

---

tungen von Donner, Geschichte, 126f. Zur „segmentären Gesellschaft" vgl. F. Crüsemann, Der Widerstand gegen das Königtum. Die antiköniglichen Texte des Alten Testaments und der Kampf um den frühen israelitischen Staat (WMANT 49), Neukirchen-Vluyn 1978, 201 ff.

[128] Hierzu bes. Crüsemann, Widerstand, 215 ff.

[129] Vgl. hier die Argumente von O. Keel, Fern von Jerusalem. Frühe Jerusalemer Kulttraditionen und ihre Träger und Trägerinnen, BBB 90, 1993, 439 ff.

[130] Näheres dazu bei M. Görg, *Ṣb'wt* – ein Gottestitel, BN 30, 1985, 15–18 (= ÄAT 11, 1991, 207–210) und demnächst in ZAW.

internationalen Anerkennung auf allen Ebenen willen war *JHWH* die „Rolle" eines künftigen „Bezugsgottes" für die (noch) vereinigten Reichsteile Juda und Israel zugedacht, vor allem von dem Zeitpunkt an, da David Jerusalem zum nationalen Zentrum erhoben hatte und Salomo den Tempelbau vollenden konnte. Mit dem Einzug der Anhänger *JHWHs* in die traditionsreiche Stadt Jerusalem war zugleich die Notwendigkeit einer Integration elementarer Gottesvorstellungen des Sippenverbandes in heterogene Gottes- und Götterbeziehungen der Stadtkultur gegeben, was ohne gewichtige Kompromisse unvollziehbar war. Die Parteigänger der Idee des nationalen Königtums taten sich hier leichter als die Befürworter einer „harten Linie" in Distanz zu „urbanen" Gottesbildern. Die Identität des Glaubens an die Identität *JHWHs* selbst stand auf dem Spiel. Die Geburt der Idee vom universalen Königtum *JHWHs* trat nunmehr in wirksame Konkurrenz zu „Amun-Re, König der Götter". Zugleich begann man, die Raum und Zeit dirigierende und dabei stets gegenwartsbezogene Mächtigkeit eines Gottes zu reflektieren, der seine Unvergleichlichkeit bis zur Ausschließlichkeit im Glauben Israels und des Judentums erfahrbar machen sollte.

AUSWAHLBIBLIOGRAPHIE ISRAEL - ÄGYPTEN

Teilbibliographien

Engel, H., Die Vorfahren Israels in Ägypten. Forschungsgeschichtlicher Überblick über die Darstellungen seit Richard Lepsius (1849), Freiburger Theologische Studien 27, Frankfurt a. M. 1979, 199-244.

Janssen, J. M. A., A travers les publications égyptologiques récentes concernant l'AT, OBL 1, 1957, 29-63.

Keel, O., Corpus der Stempelsiegel-Amulette aus Palästina/Israel. Von den Anfängen bis zur Perserzeit, Einleitung, OBO.SA 10, Freiburg/Schweiz-Göttingen 1995, 291-360.

Weippert, M., Palästina in vorhellenistischer Zeit, München 1988, 140-145. 200-206. 255-264. 344-351. 417-425. 507-509. 559-572.

Spezialreihe

M. Görg (Hrsg.), Ägypten und Altes Testament. Studien zu Geschichte, Kultur und Religion Ägyptens und des Alten Testaments, Wiesbaden seit 1979, bisher 79 Bände.

Monographien, Sammelwerke

Aling, C. F., Egypt and Bible History From Earliest Times to 1000 B. C., Grand Rapids 1981.

Alt, Albrecht, Israel und Aegypten. Die politischen Beziehungen der Könige von Israel und Juda zu den Pharaonen nach den Quellen untersucht, BWAT 6, Leipzig 1909.

Brugsch, H., Steininschrift und Bibelwort, Berlin ²1891.

Ebers, G., Aegypten und die Bücher Mose's. Sachlicher Commentar zu den aegyptischen Stellen in Genesis und Exodus, Leipzig 1868.

Görg, M., Beiträge zur Zeitgeschichte der Anfänge Israels. Dokumente - Materialien - Notizen, ÄAT 2, Wiesbaden 1989.

Görg, M., Aegyptiaca-Biblica. Notizen und Beiträge zu den Beziehungen zwischen Ägypten und Israel, ÄAT 11, Wiesbaden 1991.

Görg, M., Studien zu biblisch-ägyptischen Religionsgeschichte, SBAB 14, Stuttgart 1992.

Hengstenberg, E. W., Die Bücher Mose's und Ägypten nebst einer Beilage: Manetho und die Hyksos, Berlin 1841.

Knight, G. A. F., Nile and Jordan being The Archaelogical and Historical Interrelations between Egypt and Canaan. From the Earliest Times to the Fall of Jerusalem in A.D. 70, London 1921.
Montet, P., L'Egypte et la Bible, Cahiers d'Archéologie Biblique 11, Neuchâtel 1959. In Übersetzung: Das alte Ägypten und die Bibel, Zürich 1960.
Peet, E., Egypt and the Old Testament, Liverpool–London 1923, Reprint 1924.
Pfeifer, G., Ägypten im Alten Testament, BNB 8, München 1995.
Rainey, A. F. (Hrsg.), Egypt, Israel, Sinai. Archaeological and Historical Relationships in the Biblical Period, Tel Aviv 1987.
Redford, D. B., Egypt, Canaan and Israel in Ancient Times, Princeton, New Jersey 1992, Cairo 1993.

Historische Kontakte Palästinas

Ahituv, S., Economic Factors in the Egyptian Conquest of Canaan, IEJ 28, 1978, 93–105.
Ahituv, S., Canaanite Toponyms in Ancient Egyptian Documents, Jerusalem–Leiden 1984.
Albright, W. F., The Smaller Beth-Shan Stele of Sethos I, 1309–1290 B.C., BASOR 125, 1952, 24–32.
Albright, W. F., Northwest-Semitic Names in a List of Egyptian Slaves from the Eighteenth Century B.C., JAOS 74, 1954, 222–233.
Amiran, R. et al., Early Arad: The Chalcolithic Settlement and Early Bronze City, I, Jerusalem 1978.
Amiran, R., The Date of the End of the EB II City of Arad. A Complementary Note to Early Arad, I, IEJ 28, 1978, 182–184.
Astour, M. C., Yahveh in Egyptian Topographical Lists, in: Festschrift Elmar Edel, ÄAT 1, Bamberg 1979, 17–34.
Beit-Arieh, I., New Evidence on the Relations between Canaan and Egypt during the Protodynastic Period, IEJ 34, 1982, 21–23.
Ben-Tor, A., The Relations between Egypt and the Land of Canaan during the Third Millennium B.C., AJA 85, 1981, 449–452.
Ben-Tor, A., The Relations between Egypt and the Land of Canaan during the Third Millennium, JJS 23, 1982, 3–18.
Bietak, M., Tell-El Dabʿa II, Wien 1975.
Borger, R., Das Problem der ʿapiru, „Habiru", ZDPV 74, 1958, 121–138.
Caminos, R. A., Late-Egyptian Miscellanies, London 1954.
Cerny, J., Semites in Egyptian Mining Expeditions, ArOr 7, 1935, 384–389.
Donner, H., Geschichte des Volkes Israel und seiner Nachbarn in Grundzügen, ATD Erg. 4, 2. Aufl., Göttingen 1995.
Dothan, T., Excavations at the Cemetery of Deir el-Balah, Qedem 10, Jerusalem 1979.
Edel, E., Die Stelen Amenophis II. aus Karnak und Mephis, ZDPV 69, 1953, 97–176.

Edel, E., Ein Kairener Fragment mit einem Bericht über den Libyerkrieg Merenptahs, ZÄS 86, 1961, 101–103.
Gardiner, A. H., Ancient Egyptian Onomastica, Oxford 1947.
Gauthier, H., Dictionnaire des noms géographiques contenus dans les textes hiéroglyphiques I–VII, Le Caire 1925–1931.
Giveon, R., Les bédouins Shosou des documents égyptiens, Leiden 1971.
Giveon, R., Remarks on some Egyptian Toponym Lists Concerning Canaan, ÄAT 1, Bamberg 1979, 135–141.
Giveon, R., The XIIIth Dynasty in Asia, REg 30, 1978, 163–167.
Giveon, R., Two Unique Egyptian Inscriptions from Tel Aphek, Tel Aviv, TA 5, 1978, 188–191.
Goedicke, H., „Irsu, The Kharu" in Papyrus Harris, WZKM 71, 1979, 1–17.
Goedicke, H., Some Remarks on the 400-Year-Stele, CdE 41, 1966, 23–39.
Görg, M., Der Estatiker von Byblos, GM 23, 1977, 31–33.
Görg, M., Identifikation von Fremdnamen. Das methodische Problem am Beispiel einer Palimpsestschreibung aus dem Totentempel Amenophis III., in: Fs. Elmar Edel, Ägypten und Altes Testament, Bd. 1, Bamberg 1979, 152–173.
Görg, M., Tuthmosis III. und die $S3sw$-Religion, JNES 38, 1979, 190–202.
Görg, M., Zur Erklärung des Namens des Hyksosprinzen, MDAIK 37, 1981, 71–73.
Görg, M., Das Land *J33* (Sin B 81.238), in: J. Osing – G. Dreyer (Hrsg.), Form und Mass. Beiträge zur Literatur, Sprache und Kunst des alten Ägypten, ÄAT 12, Wiesbaden 1987, 142–153.
Gottwald, N. K., Where the Early Israelites Pastoral Nomads?, in: Rhetorical Criticism. Essays in Honnor of J. Muilenburg, ed. by J. J. Jackson – M. Kessler, Pittsburgh, Theologica MS I, Pittsburgh, Pa. 1974, 223–255.
Gottwald, N. K., The Tribes of Yahweh: A Sociology of the Religion of Liberated Israel, 1250–1000 B. C., Maryknoll, N. Y., 1978.
Grdseloff, B., Édôm, d'après les sources égyptiennes, Revue de l'Histoire Juive en Égypte 1, 1947, 69–99.
Habachi, L., Khata'na – Quantîr: Importance, ASAE 52, 1954, 443–562.
Habachi, L., The Second Stele of Kamose and His Struggle against the Hyksos Ruler and His Capital, ADAIK, Glückstadt 1972.
Hayes, W. C., A Papyrus of the Late Middle Kingdom in the Brooklyn Museum, New York 1955.
Helck, W., *Tkw* und die Ramses-Stadt, VT, 1965, 35–48.
Helck, W., Die Bedrohung Palästinas durch einwandernde Gruppen am Ende der 18. und am Anfang der 19. Dynastie, VT 18, 1968, 472–480.
Helck, W., Einige Betrachtungen zu den frühesten Beziehungen zwischen Ägypten und Vorderasien, UF 11, 1979, 357–363.
Herrmann, S., Basic Factors of Israelite Settlement in Canaan, in: J. Amitai (Hrsg.), Biblical Archaeology Today, Jerusalem 1985, 47–53.
Hoch, J. E., Semitic Words in Egyptian Texts of the New Kingdom and Third Intermediate Period, Princeton NY 1994.

Janssen, J. M. A., Fonctionnaires sémites au service de l'Égypte, CdÉ 26, 1951, 50–62.
Kempinski, A., Syrien und Palästina (Kanaan) in der letzten Phase der Mittelbronze IIB-Zeit (1650–1570 v. Chr.), ÄAT 4, Wiesbaden 1983.
Kitchen, K. A., Some Light on the Asiatic Wars of Ramesses II, JEA 50, 1964, 47–70.
Kitchen, K. A., Egypt, Ugarit, Qatna and Covenant, UF 11, 1979, 453–464.
Kitchen, K. A., Pharaoh Triumphant. The Life and Times of Ramesses II, Warminster 1982.
Kochavi, M., Canaanite Aphek. Its Acropolis and Inscriptions, Expedition, Philadelphia, Penn. 20, No. 4, 1978, 12–17.
Kochavi, M., Rainey, A. F., Singer, I., Giveon, R., Demsky, A., Aphek – Antipatris 1974–1977. The Inscriptions, Tel Aviv 1978.
Kochavi, M., The History & Archaeology of Aphek – Antipatris, BA 44, 1981, 75–86.
Kuentz, C., Le double de la Stèle d'Israel à Karnak, BIFAO 21, 1923, 113–117.
Kuschke, A., Das Terrain der Schlacht bei Qades und die Anmarschwege Ramses' II. Summarium einer ebenso kritischen wie selbstkritischen Bestandsaufnahme, vorwiegend im Hinblick auf die geographischen Gegebenheiten, ZDPV 95, 1979, 7–35.
Müller, W. M., Asien und Europa nach altägyptischen Denkmälern, Leipzig 1893.
Müller, W. M., Studien zur vorderasiatischen Geschichte. 1. Die Hyksos in Aegypten und Asien, MVAG 3, 1898, 107–132.
Müller, W. M., Die Palästinaliste Thutmosis III., MVAG 12/1, Berlin 1907.
Müller, W. M., Egyptological Researches. Results of a Journey in 1904, Washington 1906. Vol. II: Results of a Journey in 1906, Washington 1910.
Na'aman, N., Economic Aspects of the Egyptian Occupation of Canaan, IEJ 31, 1981, 172–185.
Owen, D. I., Ugarit, Canaan and Egypt. Some New Epigraphic Evidence from Tel Aphek in Israel, in: Ugarit in Retrospect. Fifty Years of Ugarit and Ugaritic. Edited by Gordon Douglas Young, Winona Lake, Indiana 1981, 49–53.
Posener, G., Les asiatiques en Égypte sous le XIIe et XIIIe dynasties, Syr 34, 1957, 145–163.
Posener, G., Les textes d'envoûtement de Mirgissa, Syr 43, 1966, 277–287.
Posener, G., Princes et pays d'Asie et de Nubie. Textes hiératiques sur des figurines d'envoûtement du Moyen Empire, Bruxelles 1940.
Rainey, A. F., The Military Camp Ground at Taanach by the Waters of Megiddo, EI 15, 1981, 61*–66*.
Redford, D. B., The Hyksos Invasion in History and Tradition, Or 39, 1970, 1–51.
Redford, D. B., Egypt & Asia in the New Kingdom: Some Historical Notes, JSSEA 10, 1979–1980, 63–70.
Redford, D. B., Egypt and Canaan in the New Kingdom, Beer-Sheva. Studies by the Department of Bible and Ancient Near East IV, Beer-Sheva 1990.

Rendsburg, G., Merneptah in Canaan, JSSEA 11, 1981, 171–172.

Rothenberg, B. and Ordentlich, I., A Comparative Chronology of Sinai, Egypt and Palestine, Bulletin of the Institute of Archaeology, London 16, 1979, 233–237.

Rowe, A., The Topography and History of Beth-Shan I, Philadelphia 1930.

Sass, B., Note on some Proto-Sinaitic and Egyptian Inscriptions from Sinai, in: S.I. Groll (Hrsg.), Egyptological Studies, ScrHie 28, Jerusalem 1982, 360–370.

Sass, B., The Genesis of the Alphabet and its Development in the Second Millennium B.C., ÄAT 13, Wiesbaden 1988.

Sass, B., Studia Alphabetica. On the Origin and Early History of the Northwest Semitic, South Semitic and Greek Alphabets, OBO 102, Freiburg/Schweiz–Göttingen 1991.

Sauneron, S. – Yoyotte, J., Traces d'Établissements asiatiques en Moyenne-Égypte sous Ramsès II, REg 7, 1950, 67–70.

Säve-Söderbergh, T., The Hyksos Rule in Egypt, JEA 37, 1951, 53–71.

Schneider, Th., Asiatische Personennamen in ägyptischen Quellen des Neuen Reiches, OBO 114, Freiburg/Schweiz–Göttingen 1992.

Schneider, Th., Asiatic Personal Names from the New Kingdom. An Outline with Supplements, in: Sesto Congresso Internazionale di Egittologia, Atti, II, Turin 1993, 453–470.

Schneider, Th., Ausländer in Ägypten, ÄAT 39, Wiesbaden 1997.

Seters, J. van, The Hyksos, New Haven und London 1966.

Sethe, K., Die Ächtung feindlicher Fürsten, Völker und Dinge auf altägyptischen Tongefäßscherben des mittleren Reiches nach Originalen im Berliner Museum hrsg. und erklärt, APAW 1926, 5, Berlin 1926.

Shea, W.H., The Conquests of Sharuhen and Megiddo Reconsidered, IEJ 29, 1979, 1–5.

Shisha-Halevy, A., An Early North-West Semitic Text in the Egyptian Hieratic Script, Or 47, 1978, 145–162.

Simons, J., Handbook for the Study of Egyptian Topographical Lists Relating to Western Asia, Leiden 1937.

Spalinger, A., Some Additional Remarks on the Battle of Megiddo, GM 33, 1979, 47–54.

Spalinger, A.J., A Canaanite Ritual Found in Egyptian Reliefs, JSSEA 8, 1977–1978, 47–60.

Spiegelberg, W., Zu der Erwähnung Israels in dem Merneptah-Hymnus, OLZ 11, 1908, 403–405.

Stadelmann, R., Die 400-Jahr-Stele, CdE 40, 1965, 46–60.

Stadelmann, R., Syrisch-palästinensische Gottheiten in Ägypten, Leiden 1966, 75–84.

Strange, J., Caphtor/Keftiu. A New Investigation, Acta Theologica Danica 14, Leiden 1980.

Timm, S., Moab zwischen den Mächten. Untersuchungen zu historischen Denkmälern und Texten, ÄAT 17, Wiesbaden 1989.

Weinstein, J. M., The Egyptian Empire in Palestine. A Reassessment, BASOR No. 241, 1981, 1–28.
Weippert, M., Die Landnahme der israelitischen Stämme in der neueren wissenschaftlichen Diskussion, FRLANT 92, Göttingen 1967.
Weippert, M., Semitische Nomaden des zweiten Jahrtausends. Über die S3sw der ägyptischen Quellen, Bibl 55, 1974, 265–280. 427–433.
Wright, M., Contacts between Egypt and Syro-Palestine during the Old Kingdom, BA 51, 1988, 143–161.
Yeivin, S., Ya'qob 'el, JEA 45, 1959, 16–18.
Yurco, F., Merenptah's Palestinian Campaign, JSSEA 8, 1977–1978, 70.

Politische Kontakte Israels

Aharoni, Y., The Use of Hieratic Numerals in Hebrew Ostraca and the Shekel Weights, BASOR 184, 1966, 13–19.
Aharoni, Y., A 40-Shekel Weight with a Hieratic Numeral, BASOR 201, 1971, 35–36.
Albright, W. F., The Elimination of King „So", BASOR 171, 1963, 66.
Alt, A., Jes 8, 23–9, 6. Befreiungsnacht und Krönungstag, in: Fs. Alfred Bertholet, Tübingen 1950, 29–49 (= ders., in: Kleine Schriften zur Geschichte des Volkes Israel II, München 1953, 206–225).
Alt, A., Die Weisheit Salomos, ThLZ 6, 1951, 139–144.
Ball, E., The Coregency of David and Salomon, 1 Kings 1, VT, Leiden 27, 1977, 268–279.
Begrich, J., Sofer u. Mazkir, ZAW 58, 1940/1, 1–29 (= ders., Gesammelte Studien zum AT, München 1964, 67–98).
Cody, A., Le titre égyptien et le nom propre du scribe de David, RB 72, 1965, 381–393.
Donner, H., Der „Freund des Königs", ZAW 73, 1961, 269–277.
Donner, H., Geschichte des Volkes Israel und seiner Nachbarn in Grundzügen, ATD 4, 2. Aufl. Göttingen 1995.
Fitzmyer, J. A., The Aramaic Letter of King Adon to the Egyptian Pharao, in: A Wandering Aramean. Collected Aramaic Essays, SBLM 25, Missoula, Montana 1979, Nr. 11, 231–242.
Goedicke, H., The End of „So, King of Egypt", BASOR 171, 1963, 64–66.
Green, A. R., Solomon and Siamun: A Synchronism between Early Dynastic Israel and the Twenty-First Dynasty of Egypt, JBL 97, 1978, 353–367.
Green, A. R., Israelite Influence at Shishak's Court?, BASOR 233, 1979, 59–62.
Herrmann, S., Geschichte Israels in alttestamentlicher Zeit, München 1973.
Hoffmeier, J. K., A New Insight of Pharao Apries from Herodotus, Diodorus und Jeremiah 46:17, JSSEA 11, 1981, 165–170.
Kitchen, K. A., The Third Intermediate Period in Egypt, 1100–650 B. C., Warminster 1972.

Krahmalkov, C. R., The Historical Setting of the Adon Letter, BA 44, 1981, 197–198.
Lemaire, A. and Vernus, P., L'origine égyptienne du signe X des poids inscrits de l'époque royale Israélite, Sem. 28, 1978, 53–58.
Malamat, A., The Kingdom of David & Solomon in its Contact with Egypt & Aram Naharaim, BA 21, 1958, 96–102 = BA Reader II, Garden City 1964, 89–98.
Malamat, A., The First Peace Treaty Between Israel and Egypt, BAR 5/4, 1979, 58–61.
Malamat, A., Das davidische und salomonische Königreich und seine Beziehungen zu Ägypten und Syrien. Zur Entstehung eines Großreichs. Österreichische Akademie der Wissenschaften, 407. Bd., Wien 1983.
Mazar, B., The Campaign of Pharao Shishak to Palestine, VTS 4, 1957, 57–66.
Mettinger, T. N. D., Solomonic State Officials, CB.OT 5, Lund 1971.
Na'aman, N., „Hebron Was Built Seven Years Before Zoan in Egypt", Numbers XIII 22, VT 31, 1981, 488–492.
Na'aman, N., The Brook of Egypt and the Assyrian Policy on the Borders of Egypt, Tel Aviv, TA 6, 1979, 68–90.
Na'aman, N., The Shihor of Egypt and Shur that is before Egypt, Tel Aviv, TA 7, 1980, 95–109.
Noth, M., Könige I, 1–16, BK IX/1, Neukirchen 1968.
Porten, B., The Identity of King Adon, BA 44, 1981, 36–52.
Redford, D. B., Studies in Relations between Palestine and Egypt during the First Millennium B. C. 1. The Taxation System of Solomon: Studies on the Ancient Palestinian World. Fs. Fred Victor Winnett, Toronto 1972, 141–156.
Rosenvasser, A., Pharaonic Egypt and Israel in the Light of Isaih's Oracles against Egypt, Revista de Instituto de Historia Antigua Oriental, Buenos Aires 3, 1976, 107–125.
Spalinger, A. J., Psammetichus, King of Egypt. II, JARCE 15, 1978, 49–57.
Vaux, R. de, Titres et fonctionnaires égyptiens à la cour de David et de Salomon: RB 48, 1939, 394–405.
Yeivin, S., Who was „So" the King of Egypt?, VT 2, 1952, 164–168.
Yurco, F., Sennacherib's Third Campaign and the Coregency of Shabaka and Shebitku, Serapis 6, 1980, 221–240.

Sprachlich-literarische Beziehungen

Alt, A., Ein ägyptisches Gegenstück zu Ex 3, 14, ZAW 58, 1940/1, 159–160.
Auffret, P., Hymnes d'Égypte et d'Israel. Études de structures littéraires, OBO 34, Fribourg–Göttingen.
Barucq, A., L'expression de la louange divine et de la prière dans la Bible et en Égypte, 1962, BEt 33.
Burchardt, M., Die altkanaanäischen Fremdworte und Eigennamen im Aegyptischen, Leipzig 1910.

Couroyer, B., Quelques égyptianismes dans l'Exode, RB 63, 1956, 209–219.
Couroyer, B., Un égyptianisme biblique. „Depuis la fondation de l'Égypte", Exode, IX, 18, RB 67, 1960, 42–48.
Couroyer, B., Un égyptianisme en Exode, XVII, 15–16, *YHWH-nissi*, RB 88, 1981, 333–339.
Drioten, É., Le Livre des Proverbes et la Sagesse d'Aménémopé: Sacra Pagina. Miscellanea biblica congressus internationalis Catholoci de re biblica, BETHL 12, Paris 1959, 229–241.
Drioton, É., Sur la Sagesse d'Aménémopé: Mélanges bibliques redigés en l'honneur de André Robert. Hrsg. v. Henri Cazelles, Paris 1957, 254–280.
Ellenbogen, M., Foreign Words in the OT, London 1962.
Erman, A., Eine ägyptische Quelle der „Sprüche Salomos", SPAW 15, 1924, 86–93.
Gavillet, M., L'evocation do roi dans la littérature royale égyptienne comparée à celle des Psaumes royaux et spécialement: le rapport ro-Dieu dans ces deux littératures, BSEG 5, 1981, 3–14.
Gilbert, P., La composition des recueils de poèmes amoureux égyptiens et celle du Cantique des Cantiques, CEg 23, 1948, 22–23.
Gilula, M., An Egyptian Parallel to Jeremiah I 4–5, VT 17, 1967, 114.
Görg, M., Die „Wiedergeburt" des Königs (Ps 2,7b), ThGl 60, 1970, 413–426 (= ders., SBAB 14, 1992, 17–31).
Görg, M., Untersuchungen zur hieroglyphischen Wiedergabe palästinischer Ortsnamen, BOS 29, Bonn 1974.
Görg, M., Die Gattung des sogenannten Tempelweihespruchs (1 Kg 8,12f.), UF 6, 1974, 55–63 (= ders., SBAB 14, 1992, 32–46).
Görg, M., Gott-König-Reden in Israel und Ägypten, BWANT 105, Stuttgart 1975.
Görg, M., Komparatistische Untersuchungen an ägyptischer und israelitischer Literatur, in: Fragen an die altägyptische Literatur, Gedenkschrift Eberhard Otto, Wiesbaden 1977, 197–215.
Görg, M., Eine neue Deutung für *kaporaet*, ZAW 89, 1977, 115–118.
Görg, M., *qmh* und *qm* in den Arad Ostraka, Bn 6, 1978, 7–11.
Görg, M., Ein weiteres Beispiel hebraisierter Nominalbildung, Henoch 3, 1981, 336–339.
Görg, M., *Nes* – ein Herrschaftsemblem?, BN 14, 1981, 11–17.
Görg, M., Methodological Remarks on Comparative Studies of Egyptian and Biblical Words and Phrases, in: S.I. Groll (IIrsg.), Pharaonic Egypt, The Bible and Christianity, Jerusalem 1985, 57–64.
Görg, M., „Binding" für das Leben. Ein biblischer Begriff im Licht seines ägyptischen Äquivalents, in: Studies in Egyptology presented to Miriam Lichtheim I, Jerusalem 1990, 241–256 (= ders., SBAB 14, 1992, 108–116).
Görg, M., Der Name im Kontext. Zur Deutung männlicher Personennamen auf *-at* im Alten Testament, in: W. Gross – H. Irsigler – Th. Seidl, Text, Methode und Grammatik, St. Ottilien 1991, 81–95.

Görg, M., Die „ehernen Säulen" (I Reg 7,15) und die „eiserne Säule" (Jer 1,18). Ein Beitrag zur Säulenmetaphorik im Alten Testament, in: Prophetie und geschichtliche Wirklichkeit im alten Israel (Fs. S. Herrmann), Stuttgart 1991, 134–154 (= ders., SBAB 14, 1992, 47–71).

Goldberg, A. M., Die ägyptischen Elemente in der Sprache des Alten Testaments, Diss. phil. Freiburg i. Br. 1957.

Griffiths, J. G., The Egyptian Derivation of the Name Moses, JNES 12, 1953, 225–231.

Herrmann, S., Die Königsnovelle in Ägypten und in Israel, WZ, L, 3, 1953/54, 51–62.

Hintze, F., *Hdm rdwj* „Fußschemel", ZÄS 79, 1954, 77.

Humbert, P., Maher Salal Has Baz, ZAW 50, 1932, 90–91.

Jirku, A., „Das Haupt auf die Knie legen". Eine ägyptisch-ugaritisch-israelitische Parallele, ZDMG 103, 1953, 372.

Jirku, A., Die ägyptischen Listen palästinischer und syrischer Ortsnamen in Umschrift und mit historisch-archäologischem Kommentar, Berlin 1937 = Aalen 1962, ²1967.

Karlberg, G., Über die ägyptischen Wörter im Alten Testamente, Uppsala–Stockholm 1912.

Keel, O., Eine Diskussion um die Bedeutung polarer Begriffspaare in den Lebenslehren, in: Studien zu altägyptischen Lebenslehren, 225–234.

Kitchen, K. A., The Basic Literary Forms and Formulations of Ancient Instructional Writings in Egypt and Western Asia, OBO 28, 1979, 235–282.

Knauf, E. A., Zum „Einzelkämpfer" Sinuhe B 110 und 1 Sam 17,4.23, GM 33, 1979, 33.

Lambdin, T. O., Egyptian Loan Words in the Old Testament, JAOS 73, 1953, 145–155.

Lanczkowski, G., Die Geschichte vom Riesen Goliath und der Kampf Sinuhes mit dem Starken von Retenu, MDAI.K 16, 1958, 214–218.

Lieblein, J., Mots égyptiens dans la Bible, PSBA 20, 1898, 202–210.

Morenz, S., Ägyptische und davidische Königstitulatur, ZÄS 79, 1954, 73–74.

Morenz, S., Eilebeute, ThLZ 74, 1949, 697–699.

Morenz, S., Eine weitere Spur der Weisheit Amenopes in der Bibel, ZÄS 84, 1959, 79–80.

Morenz, S., Feurige Kohlen auf dem Haupt, ThLZ 78, 1953, 187–192.

Müller, D., Der gute Hirte, ZÄS 86, 1961, 126–144.

Müller, W. M., Ägyptologisch-Biblisches, OLZ 3, 1900, 325–328.

Nordheim, E. von, Der große Hymnus des Echnaton und Psalm 104. Gott und Mensch im Ägypten der Amarnazeit und in Israel, SAK 7, 1979, 227–241.

Noth, M., Aufsätze zur biblischen Landes- und Altertumskunde I–II, hrsg. v. H. W. Wolff, Neukirchen 1971.

Ockinga, B. G., An Example of Egyptian Royal Phraseology in Psalm 132, BN 11, 1980, 38–42.

Ockinga, B. G., *ros wezanab kippah we 'agmôn* in Jes 9,13 und 19 15, BN 10, 1979, 31.

Oesterley, W. O. E., The „Teaching of Amen-em-ope" and the OT, ZAW 45, 1927, 9–24.
Quaegebeur, J., On the Egyptian Equivalent of Biblical *hartummim*, in: S. I. Groll (Hrsg.), Pharaonic Egypt, the Bible and Christianity, Jerusalem 1985, 162–172.
Rad, G. von, Das jüdische Königsritual, ThLZ 72, 1947, 211–216.
Ruffle, J., The Teaching of Amenemope and its Connection with the Book of Proverbs, TynB 28, 1977, 1979, 29–68.
Spiegelberg, W., Aegyptologische Randglossen zum Alten Testament, Straßburg 1904.
Tvedtness, J. A., Egyptian Etymologies for Biblical Cultic Paraphernalia, in: S. I. Groll (Hrsg.), Egyptological Studies, ScrHie 28, Jerusalem 1982, 215–221.
White, J. B., A Study of the Language of Love in the Song of Songs and Ancient Egyptian Poetry, Missoula, Montana 1978.
Williams, R. J., The Alleged Semitic Original of the Wisdom of Amenemope, JEA 47, 1961, 100–106.
Williams, R. J., Some Egyptianisms in the OT. Studies in Honor of John A. Wilson, 1969, 93–98, SAOC 35.
Yahuda, A. S., Die Sprache des Pentateuch in ihren Beziehungen zum Aegyptischen, I., Berlin–Leipzig 1929.

Ikonographische Beziehungen

Giveon, R., The Impact of Egypt on Canaan. Iconographical and Related Studies, Freiburg/Schweiz–Göttingen, 1978.
Giveon, R., Hyksos Scarabs with Names of Kings and Officials from Canaan, CdE 49, 1974, 222–233.
Giveon, R., Egyptian Finger Rings and Seals from South of Gaza, TA 4, 1977, 66–70.
Keel, O., Die Welt der altorientalischen Bildsymbolik und das Alte Testament, Zürich–Einsiedeln–Köln 1972, 2. Aufl. 1977.
Keel, O., Wirkmächtige Siegeszeichen im Alten Testament. Ikonographische Studien zu Jos 8, 18–26; Ex 17, 8–13; 2 Kön 13, 14–19 und 1 Kön 22, 11, OBO 5, Freiburg/Schweiz–Göttingen 1974.
Keel, O., Jahwe-Visionen und Siegelkunst. Eine neue Deutung der Majestätsschilderungen in Jes 6, Ez 1 und 10 und Sach 4, SBS 84/85, Stuttgart 1977.
Keel, O., Der Bogen als Herrschaftssymbol. Einige unveröffentlichte Skarabäen aus Ägypten und Israel zum Thema „Jagd und Krieg", ZDPV 93, 1977, 141–177 (= ders., OBO 100, 1990, 27–66).
Keel, O., Vögel als Boten, Studien zu Ps 68, 12–14, Gen 8, 6–12, Koh 10, 20 und dem Aussenden von Botenvögeln in Ägypten, OBO 14, Freiburg/Schweiz–Göttingen 1977.
Keel, O., Jahwes Entgegnung an Ijob. Eine Deutung von Ijob 38–41 vor dem Hintergrund der zeitgenössischen Bildkunst, FRLANT 121, Göttingen 1978.

Keel, O., Zwei kleine Beiträge zum Verständnis der Gottesreden im Buch Ijob XXXVIII 36f., XL 25, VT 31, 1981, 220–225.

Keel, O., Der Pharao als „Vollkommene Sonne". Ein neuer ägypto-palästinischer Skarabäentyp, ScrHier 28, 1982, 406–529 (= ders., OBO 135, 1994, 53–134).

Keel, O., Review Article: Ancient Seals and the Bible, JAOS 106, 1986, 307–311.

Keel, O., Das Recht der Bilder, gesehen zu werden. Drei Fallstudien zur Methode der Interpretation altorientalischer Bilder, OBO 122, Freiburg/Schweiz–Göttingen 1992.

Keel, O., Studien zu den Stempelsiegeln aus Palästina/Israel IV. Mit Registern zu den Bänden I–IV, OBO 135, Freiburg/Schweiz–Göttingen 1994.

Keel, O. – Keel-Leu, H. – Schroer, S., Studien zu den Stempelsiegeln aus Palästina/Israel II, OBO 88, Freiburg/Schweiz–Göttingen 1989.

Keel, O. – Shuval, M. – Uehlinger, Ch., Studien zu den Stempelsiegeln aus Palästina/Israel III, OBO 100, Freiburg/Schweiz–Göttingen 1990.

Keel, O. – Schroer, S., Studien zu den Stempelsiegeln aus Palästina/Israel I, OBO 67, Freiburg/Schweiz–Göttingen 1985.

Keel, O. – Uehlinger, Ch., Göttinnen, Götter und Gottessymbole. Neue Erkenntnisse zur Religionsgeschichte Kanaans und Israels aufgrund bislang unerschlossener ikonographischer Quellen, QD 134, Freiburg i. Br. 1992.

Schroer, S., In Israel gab es Bilder. Nachrichten von darstellender Kunst im Alten Testament, OBO 74, Freiburg/Schweiz–Göttingen 1987.

Weippert, H., Zu einer neuen ikonographischen Religionsgeschichte Kanaans und Israels, BZ 38, 1994, 1–28.

Väter- und Exodustraditionen

Albright, W. F., Historical and Mythical Elements in the Story of Joseph, JBL 37, 1918, 111–143.

Albright, W. F., From the Patriarchs to Moses. I. From Abraham to Joseph, BA 36, 1973, 5–33. II. Moses out of Egypt, BA 36, 1973, 48–76.

Asmussen, H. G., Zur Datierung des Auszugs. Eine kritische Untersuchung der mit dem Auszug Israels aus Ägypten zusammenhängenden Datierungsprobleme, Diss. theol., Kiel 1960.

Barucq, A., Plaies d'Égypte, DBS VIII, 1972, 6–18.

Bimson, J. J., Redating the Exodus and Conquest, JSOT Suppl. Ser. 5, Sheffield 1978.

Botterweck, G. J., Israels Errettung im Wunder am Meer. Glaube und Geschichte in den Auszugstraditionen von Ex 13,17–14,31, BiLeb 8, 1967, 8–33.

Buck, A. de, De Hebreen in Egypte, in: Varia Historica. Mél. A. W. Byvanck, Assen 1954, 1–16.

Cazelles, H. – Leclant, J., Pithom, DBS VIII, 1972, 1–6.

Cazelles, H., La location de Goshen: problème de méthode, in: La Toponymie Antique, Actes du Colloque de Strasbourg, 12.–14. Juin 1975, Leiden 1977, 143–150.
Cazelles, H., Les localisations de l'Exode et la critique littéraire, RG 62, 1955, 321–364.
Cazelles, H., Moise, DBS V, Paris, 1957, 1308–1337.
Cazelles, H., Perspectives sur l'exode, BSocFrÉg 42, 1965, 12–18.
Childs, B. S., A Traditio-Historical Study of the Reed Sea Tradition, VT 20, 1970, 406–418.
Childs, B. S., Deuteronomic Formulae of the Exodus Traditions, VTS 16, 1967, 30–39.
Childs, B. S., The Birth of Moses, JBL 84, 1965, 109–122.
Coats, G. W., Despoiling the Egyptians, VT 18, 1968, 450–457.
Coats, G. W., From Canaan to Egypt. Structural and Theological Context for the Joseph Story, CBQ.MS 4, Washington 1976.
Coats, G. W., Redactional Unity in Genesis 37–50, JBL 93, 1974, 15–21.
Coats, G. W., The Joseph Story and Ancient Wisdom: A Reappraisal, CBQ 35, 1973, 285–297.
Copisarow, M., The Ancient Egyptian, Greek and Hebrew Concept of the Red Sea, VT 12, 1962, 1–13.
Cornelius, F., Mose urkundlich, ZAW 78, 1966, 75–78.
Couroyer, B., L'Exode, BiJer, Paris, 1952, ³1968.
Couroyer, B., L'origine égyptienne du mot „Pâque", RB 62, 1955, 481–496.
Couroyer, B., La résidence ramesside du Delta et le Ramsès biblique, RB 53, 1946, 75–98.
Donner, H., Die literarische Gestalt der alttestamentlichen Josephsgeschichte, Heidelberg 1976.
Drioton, É., La date de l'Exode, RHPhR 35, 1955, 36–49.
Dumermuth, F., Folkloristisches in der Erzählung von den ägyptischen Plagen, ZAW 76, 1964, 323–325.
Fohrer, G., Überlieferung und Geschichte des Exodus. Eine Analyse von Ex 1–15, BZAW 91, Berlin 1964.
Gardiner, A. H., The Ancient Military Road between Egypt and Palestine, JEA 6, 1920, 99–116.
Görg, M., Ausweisung oder Befreiung? Neue Perspektiven zum sogenannten Exodus, Kairos, 20, 1978, 272–280.
Görg, M., Exodus, NBL I, 631–636.
Görg, M., Zu einem „Verstehensproblem" in der Josefsgeschichte, BN 75, 1994, 13–17.
Görg, M., Potifar und Potifera, BN 85, 1996, 8–10.
Groll, S. I., The Egyptian Background of the Exodus and the Crossing of the Sea. A New Reading of Papyrus Anastasi VIII, in: ÄAT 38/1 (im Druck).
Gunkel, H., Die Komposition der Joseph-Geschichten, ZDMG 76, 1922, 55–71.
Haran, M., Methodological Observations on the Depiction of the Exodus Route in the Pentateuchal Sources (hebr.), EI 10, 1971, 138–142.

Harel, M., The Route of the Exodus of the Israelites from Egypt and their Wanderings in the Sinai Desert: A Geographic Study, Diss., New York 1965.
Hay, L.S., What Really Happened at the Sea of Reeds, JBL 83, 1964, 397–403.
Herrmann, S., Geschichte Israels in alttestamentlicher Zeit, München 1973.
Herrmann, S., Israel in Ägypten, ZÄS 91, 1964, 63–79.
Herrmann, S., Israel Aufenthalt in Ägypten, SBS 40, Stuttgart 1970.
Herrmann, S., Joseph in Ägypten. Ein Wort zu J. Vergotes Buch „Joseph en Égypte", TLZ 85, 1960, 827–830.
Herrmann, S., Mose, EvT 28, 1968, 301–328.
Heyes, H.J., Bibel und Ägypten. Abraham und seine Nachkommen in Ägypten I. Teil. Gen. Kapitel 12–41 inkl., Münster 1904.
Hort, G., The Plagues of Egypt, ZAW 69, 1957, 84–103; 70, 1958, 48–59.
Huffmon, H.B., The Exodus, Sinai and the Credo, CBQ 27, 1965, 101–113.
Humbert, P., Dieu fait sortir, ThZ 18, 1962, 357–361. 433–436.
Janssen, J.M.A., Egyptological Remarks on the Story of Joseph in Genesis, JEOL 14, 1955/56, 63–72.
Knauf, E.A., Midian, Untersuchungen zur Geschichte Palästinas und Nordarabiens am Ende des 2.Jahrtausend v. Chr., ADPV, Wiesbaden 1988.
Koch, K., Die Hebräer vom Auszug aus Ägypten bis zum Großreich Davids, VT 19, 1969, 37–81.
Kraus, H.J., Das Thema „Exodus". Kritische Erwägungen zur Usurpation eines biblischen Begriffs, EvTh 31, 1971, 608–623.
Laberty-Zielinski, H., Das „Schilfmeer", Herkunft, Bedeutung und Funktion eines alttestamentlichen Exodusbegriffs, BBB 78, Frankfurt a.M. 1993.
Lauha, A., Das Schilfmeermotiv im AT, VTS 9, Leiden 1963, 32–46.
Leibovitch, J., Le problème des Hyksos et celui de l'Exode, IEJ 3, 1953, 92–112.
Loewenstamm, S.E., The Tradition of the Exodus in Its Development, (hebr.), Jerusalem 1965.
Lowenthal, E.I., The Joseph Narrative in Genesis. An Interpretation, New York 1973.
Lubsczyk, H., Der Auszug Israels aus Ägypten. Seine theologische Bedeutung in prophetischer und priesterlicher Überlieferung, EThSt 11, Leipzig 1963.
Mallon, A., Les Hébreux en Égypte, Or 3, Roma 1921.
Martin-Achard, R., Problèmes soulevés par l'étude de l'histoire biblique de Joseph, Genèse 37–50, RThPh 22, 1972, 94–102.
May, H.G., The Evolution of the Joseph Story, AJSL 47, 1930/31, 83–93.
McCarthy, D.J., Moses' Dealings with Pharao: Exodus 7,8–10,27, CBQ 27, 1965, 336–347.
McCarthy, D.J., Plagues and Sea of Reeds: Exodus 5–14, JBL 85, 1966, 137–158.
Meinhold, A., Die Gattung der Josephsgeschichte und des Estherbuches: Diasporanovelle, ZAW 87, 1975, 306–324; 88, 1976, 72–93.
Mettinger, T., L'exode, la lutte contre le dragon et la recherche historique des dépendances, Annuaire Exégétique suédois, XLIII, 1978, 86–97.
Morenz, S., Joseph in Ägypten, ThLZ 84, 1959, 401–416.

Müller, W. M., Exodus, Geographical, EB, C, II, 1901, 1436–1440.
Müller, W. M., Pithom, EB, C, III, 1902, 3782–3784.
Müller, W. M., Ramses, EB, C, IV, London 1903, 4012–4014.
Naville, É., The Geography of the Exodus, JEA 10, 1924, 18–39.
Nicholson, E. W., Exodus and Sinai in History and Tradition, Oxford 1973.
Nims, C. F., Bricks without Straw?, BA 13, 1950, 22–28.
North, R., Date and Unicity of the Exodus, AmER 134, 1956, 161–182.
Noth, M., Das zweite Buch Mose. Exodus, ATD 5, Göttingen 1958, ³1965.
Patrick, D., Traditio-History of the Reed Sea Account, VT 26, 1976, 248–249.
Pedersen, J., Passahfest und Passahlegende, ZAW 52 NF 11, 1934, 161–175.
Pfeiffer, C. F., Egypt and the Exodus, Grand Rapids, Mich. 1964.
Plastaras, J., The God of Exodus. The Theology of the Exodus Narratives, Milwaukee 1966; dt. Übers.: Und rettet sie aus Ägypten, Bibl. Forum 5, Stuttgart 1970.
Porter, J. R., Moses and Monarchy. A Study in the Biblical Tradition of Moses, Oxford 1963.
Prado, J., Las primeras etapas del Exodo. De Rameses al Mar Rojo, Sef 17, 1957, 151–168.
Pury, A. de, Genèse XXXIV et l'Histoire, RB 76, 1969, 5–49.
Rabenau, K. von, Die beiden Erzählungen vom Schilfmeerwunder in Exod. 13, 17–14, 31, in: Wätzel, P. – Schille, G. (Hrsg.), Theologische Versuche I, Berlin 1966, 7–29.
Rad, G. von, Beobachtungen an der Moseerzählung Exodus 1–14, EvTh 31, 1971, 579–588 (= ders., in: Gesammelte Studien zum AT II, hrsg. v. R. Smend, TB 48, München 1973, 189–198).
Rad, G. von, Biblische Josephserzählung und Josephroman, München 1965.
Rad, G. von, Das erste Buch Mose. Genesis, ATD 2–4, Göttingen 1949, ⁷1964, ⁹1972 mit Nachwort.
Rad, G. von, Die Josephsgeschichte. Ein Vortrag, BSt 5, Neukirchen 1954, ³1959, ⁴1964, auch in: Gottes Wirken in Israel, hrsg. v. O. H. Steck, Neukirchen-Vluyn 1974, 22–41.
Rad, G. von, Josephsgeschichte und ältere Chokma, VTS 1, Leiden 1953, 120–127 (= ders., TB 8, München 1958, 272–280).
Redford, D. B., Exodus I 11, VT 13, 1963, 401–418.
Redford, D. B., The Literary Motif of the Exposed Child, cf. Ex 2, 1–10, Numen 14, 1967, 209–228.
Redford, D. B., A Study of the Biblical Story of Joseph (Genesis 37–50), VTS 20, Leiden 1970.
Rees, L. W. B., The Route of the Exodus. The First Stage. Ramses to Etham, PEQ 80, 1948, 48–58.
Rowley, H. H., A Recent Theory on the Exodus, in: Donum natalicium H. S. Nyberg oblatum, Uppsala 1954, 195–204 (= ders., OrSuec 4, 1955, 77–86).
Rowton, M. B., The Problem of the Exodus, PEQ 85, 1953, 46–60.
Rubin, S., Biblische Probleme I. Die Josephsgeschichte in neuer Beleuchtung, Wien 1931.

Ruppert, L., Die Josephserzählung der Genesis. Ein Beitrag zur Theologie der Pentateuchquellen, StANT 11, München 1965.
Schedl, C., Zur Chronologie des Aufenthalts Israels in Ägypten, BO 18, 1961, 218–219.
Schmid, H., Mose. Überlieferung und Geschichte, BZAW 110, Berlin 1968.
Schmidt, J. M., Erwägungen zum Verhältnis von Auszugs- und Sinaitradition, ZAW 82, 1970, 1–31.
Schmidt, R., Meerwunder- und Landnahme-Tradition, ThZ 21, 1965, 260–268.
Schmidt, W. H., Exodus, Liefg. 1, S. 1–80 zu Ex 1, 1–2, 10, BK II 1, Neukirchen-Vluyn 1974.
Schmidt, W. H., Jahwe in Ägypten. Unabgeschlossene historische Spekulationen über Moses Bedeutung für Israels Glauben, in: DBAT, Beiheft 1, Dielheim 1975, 94–112.
Schmitt, R., Exodus und Passah. Ihr Zusammenhang im Alten Testament, OBO 7, Freiburg/Schweiz–Göttingen 1975.
Schwartz, J., Le cycle de Petoubastis et les commentaires égyptiens de l'Exode, BIFAO 49, 1950, 67–83.
Schwartz, J., Note sur l'archéologie des LXX, RÉg 8, 1951, 195–198.
Seebass, H., Geschichtliche Zeit und theonome Tradition in der Joseph-Erzählung, Gütersloh 1978.
Smend, R., Der Auszug aus Ägypten: Bekenntnis und Geschichte, in: Ein anderes Evangelium?, hrsg. v. K. Aland, Witten 1967, 27–50.
Spiegelberg, W., Der Aufenthalt Israels in Aegypten im Lichte der aegyptischen Monumente, Straßburg 1904.
Strobel, A., Der spätbronzezeitliche Seevölkersturm. Ein Forschungsüberblick mit Folgerungen zur biblischen Exodusthematik, BZAW 145, Berlin–New York 1976.
Thompson, T. L., The Historicity of the Patriarchal Narratives. The Quest for the Historical Abraham, BZAW 133, Berlin–New York 1974.
Thompson, T. L. – Irvin, D., The Joseph and Moses Narratives, in: J. H. Hayes – J. M. Miller (Hrsg.), Israelite and Judaean History, London 1977, 159–212.
Uphill, E. P., Pithom and Raamses: Their Location and Significance, JNES 27, 1968, 291–316; 28, 1969, 15–39.
Vergote, J., Joseph en Égypte. Genèse chap. 37–50 à la lumière des études égyptologiques récentes, OBL 3, Louvain 1959.
Vergote, J., „Joseph in Egypte": 25 ans après, in: S. I. Groll (Hrsg.), Pharaonic Egypt, the Bible and Christianity, Jerusalem 1985, 289–306.
Ward, W. A., Egyptian Titles in Genesis 39–50, BS 114, 1957, 40–59.
Ward, W. A., The Egyptian Office of Joseph, JSS 5, 1960, 144–150.
Weimar, P., Die Meerwundererzählung. Eine redaktionskritische Analyse von Ex 13, 17–14, 31, ÄAT 9, Wiesbaden 1985.
Weimar, P., Exodusbuch, NBL I, 636–648.
Weimar, P., Zum Problem der Entstehungsgeschichte von Ex 12, 1–14, ZAW 107, 1995, 1–17.

Weimar, P., Ex 12,1–14 und die priesterschriftliche Geschichtsdarstellung, ZAW 107, 1995, 196–214.
Weimar, P. – Zenger, E., Exodus. Geschichten und Geschichte der Befreiung Israels, SBS 75, Stuttgart 1975.
Westermann, C., Genesis 12–50, EdF 48, Darmstadt 1975.
Whybray, R. N., The Joseph Story and Pentateuchal Criticism, VT 18, 1968, 522–528.
Wifall, W., The Sea of Reeds as Sheol, ZAW 92, 1980, 325–332.
de Wit, C., The Date and Route of the Exodus, London 1960.
Wreszinsky, W., Die Kinder Israel in Aegypten. Ein Vortrag, Deutsche Rundschau Jg. 50, Bd. 199, 1924, 251–268.
Wright, G. E., Two Misunderstood Items in the Exodus-Conquest-Cycle, BASOR 86, 1942, 32–35.
Wright, G. R. H., The Passage of the Sea, GM 33, 1979, 55–68.
Yahuda, A. S., The Accuracy of the Bible. The Stories of Joseph, the Exodus and Genesis Confirmed and Illustrated by Egyptian Monuments and Language, London 1934.

Weisheits- und Kulttraditionen

Assmann, J., Politische Theologie zwischen Ägypten und Israel, München 2. Aufl. 1995.
Briend, J., La création de l'homme dans les textes égyptiens, MoB 9, 1979, 28–29.
Brunner, H., Das hörende Herz. Kleine Schriften zur Religions- und Geistesgeschichte Ägyptens, hrsg. von W. Röllig, OBO 80, Freiburg/Schweiz–Göttingen 1988.
Bryce, G. E., A Legacy of Wisdom. The Egyptian Contribution to the Wisdom of Israel, London 1979.
Couroyer, B., Idéal spaientiel en Égypte et en Israel, à propos du Psaume xxxix, verset 13, RB 57, 1950, 174–179.
Couroyer, B., Le chemin de vie en Égypte et en Israel, RB 56, 1949, 412–432.
Couroyer, B., Le „Glaive" de Béhémoth, RB 84, 1977, 59–79.
Gerleman, G., Ruth. Das Hohelied, BK 18, Neukirchen-Vluyn 1965.
Görg, M., Religionsgeschichtliche Beobachtungen zur Rede vom „Geist Gottes", Wi Wei 43, 1980, 129–148 (= ders., SBAB 14, 1992, 165–189).
Görg, M., „Asaselologen" unter sich – eine neue Runde?, BN 80, 1995, 25–31.
Görg, M., Thronen zur Rechten Gottes. Zur altägyptischen Wurzel einer Bekenntnisformel, BN 81, 1996, 72–81.
Görg, M., Der „Satan" – der „Vollstrecker" Gottes?, BN 82, 1996, 9–12.
Grumach, I., Untersuchungen zur Lebenslehre des Amenope, MÄS 23, München–Berlin 1972.
Gunkel, H., Ägyptische Parallelen zum AT, ZDMG 63, 1909, 531–539.
Hankoff, L. D., Body-Mind Concepts in the Ancient Near East: A Comparison of Egypt and Israel in the second Millennium B. C., in: Body and Mind. Past, Present and Future. Ed. by R. W. Rieker, New York etc. 1980, 3–33.

Herrmann, S., Der alttestamentliche Gottesname, EvTh 26, 1966, 281–293.
Herrmann, S., Der Name *JHW* in den Inschriften von Soleb. Prinzipielle Erwägungen, 4th World Congress of Jewish Studies, Papers I, Jerusalem 1967, 213–216.
Herrmann, S., Die Auseinandersetzung mit dem Schöpfergott, in: J. Assmann – E. Feucht – R. Grieshammer, Fragen an die altägyptische Literatur, Wiesbaden 1977, 257–272.
Herrmann, S., Die Naturlehre des Schöpfungsberichtes, ThLZ 86, 1961, 413–424.
Herrmann, S., Kultreligion und Buchreligion. Kultische Funktionen in Israel und in Ägypten, BZAW 105, 1967, 95–105.
Herrmann, S., Prophetie in Israel und Ägypten. Recht und Grenze eines Vergleichs, Congress Volume Bonn 1962, VTS 9, 1963, 47–65 (= ders. in: P. H. A. Neumann [Hrsg.], Das Prophetenverständnis in der deutschsprachigen Forschung seit Heinrich Ewald, Darmstadt 1979, 515–536).
Herrmann, S., Steuerruder, Waage, Herz und Zunge in ägyptischen Bildreden, ZÄS 79, 1954, 106–115.
Hornung, E. – O. Keel (Hrsg.), Studien zu altägyptischen Lebenslehren, OBO 28, Freiburg/Schweiz–Göttingen 1979.
Janowski, B., Rettungsgewißheit und Epiphanie des Heils. Das Motiv der Hilfe Gottes 'am Morgen' im Alten Orient und im Alten Testament I, WMANT 59, Neukirchen-Vluyn 1989.
Keel, O., Das Hohe Lied, ZBK.AT 18, Zürich 1986, 2. Aufl. 1992.
Kitchen, K. A., Ancient Orient and Old Testament, London 1966.
Morenz, S., Ägyptologische Beiträge zur Erforschung der Weisheitsliteratur Israels: Les sagesses du Proche-Orient ancien, Paris 1963, 63–71.
Morenz, S., Ägypten III. Ägypten und die Bibel, in: RGG[3] 1, 1957, 117–121.
Murphy, R., Hebrew Wisdom, JAOS 101, 1981, 21–34.
Oesterley, W. O. E., Egypt and Israel, in: The Legacy of Egypt, ed. S. R. K. Glanville, Oxford 1942, 218–248.
Rad, G. von, Hiob 38 und die altägyptische Weisheit, VTS 3, 1955, 293–301 (= ders., TB 8, 1958, 262–271).
Römheld, D., Wege der Weisheit. Die Lehren Amenemopes und Proverbien 22,17–24,22, BZAW 184, Berlin–New York 1989.
Rupp, A., Vergehen und Bleiben. Religionsgeschichtliche Studien zum Personenverständnis in Ägypten und im Alten Testament, Saarbrücken 1976.
Ruprecht, E., Das Nilpferd im Hiobbuch. Beobachtungen zu der sog. zweiten Gottesrede, VT 21, 1971, 209–231.
Savignac, J. de, Théologie pharaonique et messianisme d'Israel, VT 7, 1957, 82–90.
Shupak, N., Where can Wisdom be found. The Sage's Language in the Bible and in Ancient Egyptian Literature, OBO 130, Freiburg/Schweiz–Göttingen 1993.
Weinfeld, M., Instructions for Temple Visitors in the Bible and in Ancient Egypt, in: S. I. Groll (Hrsg.), Egyptological Studies, ScrHie 28, Jerusalem 1982, 224–250.

Weinfeld, M., Judge and Officer in Ancient Israel and in the Ancient Near East, IOS 7, 1977, 65–68.
Wildberger, H., Das Abbild Gottes. Gen I, 26–30, ThZ 21, 1965, 245–259. 481–501.
Wildberger, H., Die Thronnamen des Messias. Jes 9, 5 b, ThZ 16, 1960, 314–332.
Williams, R. J., „A People Come out of Egypt". An Egyptologist looks at the OT, VTS 28, Leiden 1975, 231–252.
Williams, R. J., Egypt and Israel, in: The Legacy of Egypt, ed. J. R. Harris, Oxford ²1971, 257–290.

NAMEN UND SACHEN

Abduḫepa 34. 36
Abimelech 115
Abraham 42. 110. 113 f. 115 f.
Abu Simbel 56 f.
Abydos 7. 46
Achisch 72
Achschaf 30
Ächtungstexte 16–18. 42
Administrationshypothese 28
Adon von Ekron 103
Ahab 93
Ahikam 105
Ahmose 22
Ahusat 115
Akschaf 17
Aksha 54
Alalaḫ 25
Alaschia 19
Aleppo 17. 26
Altaqu/Eltheke 99
Amalekiter 150
Amarah-West 34. 54. 157
Amarna-Wohnhaus 37
Amarnabriefe 28. 34. 36
Amarnazeit 36. 119
Amenemhet 15
Amenophis I. 24
Amenophis II. 31–33. 36
Amenophis III. 19. 28. 34 f. 46. 54. 58. 100. 157
Amenophis IV. 34. 37
Ammuneš 18 f.
Ammurapi 65
Amos 73
Amun 32. 35. 47. 56. 70 f. 97. 153 f. 158
Amun-Re 57. 97. 152. 164
Anaharat 31

Anamiter 113 f.
Anastasi I. 55
Annalen 26
Aperu 36. 60. 63
Aphek 17. 31
Apries 103
Araba 55
Arad 6 f. 96
Architektursprache 83
Arzawa 45
Asa 83. 92
Aschdod 73. 77. 99
Aschkelon 17. 58. 60 f. 73. 103
Assuan 107. 140
Assur, Assyrer 93. 95. 99. 159
Astarte 32. 74
Äthiopien 95. 120
Atika 68. 144
Auaris 20. 55
ʿ3mw 11
ʿnt-ḥr 20
ʿprw 31. 36. 43. 45 f. 49 f. 162
ʿrn 29 f.

Baal 32 f.
Baal-Zebub 74
Baal-Zefon 140 f.
Babel 108
Babylonien 45
Balsamierung 122
Baruch 105
Baruchschrift 104
Benjamin 72
Beqaʿ-Ebene 52
Bes 93
Bestattungspraxis 38
Bet-Schean 13. 37. 40. 42. 44. 53
Bezugsgott 163 f.

Namen und Sachen

bj3 110
Bn-'zn 144
Boas 38
brk 123
Bronze 19
Bt-šr 40f. 44
Bubastidentor 90
Bwtrt 53
By, Bi/eja 64f. 144. 160
Byblos 11f. 14. 24. 52. 71. 81

Chajan 20. 51. 63. 69. 110
Chatti 58

Dafne/Defenne 106f.
Dagon 74
Damaskus 52. 57
Dapur 52
David 72–75
Ḏ3hj 23
Ḏ3wnj 24
Ḏb3tj 163
Debir 83
Deir el-Balaḥ 38. 70
Deir el-Medina 70
Den 7
desert kites 6
Deuteronomium 101
Dharat el Humraiya 13
Ḏḥwtj 30
Dibon 53
Diskos von Phaistos 73
Djer 7

Eben-Eser 72
Echnaton 34. 37
Edfu 85. 108
Edom 49. 53. 55. 73
Ekstatiker 71
El 59
El šaddaj 109
Elat 80
Elephantine 65. 106
Eljakim 102
Elohist 147

Erinnerungsfigur 141
Erstgeburt 130
Etam 138f.
Euphrat 3. 25
Exodus 1. 62. 124–142. 148–150. 162f.
Ezechiel 107. 109
Ezjon-Geber 80

Falkenköpfiger 21
Faqus 136
Flucht 131
Formel 126f.
Fortschreibung 131
Fremdwörter 109
Freund des Königs 81
Friedensvertrag 56
Frondienst 85
Frondienstminister 81

Gat 73
Gaulisten 82
Gaza 27f. 47f. 58. 60. 70. 73. 77
Gazellennase 11
Geba 72f.
Gedalja 105
Gedaljahu 105
Genubat 87
Gerar 115
Gerschom 147
Geser 13. 33. 35. 60f. 73. 76. 78
Gibeon 33. 85
Gihon 3
Gilboa 72
Gintikirmil 34f.
Giza 33
Gola 105
Goliat 72. 74f.
Goschen 135f.
Götterthron 83
Gottesland 80
Gottessohn 57

Hadad 87
Halkur 29
Halunni 29

Namen und Sachen

Ham 113
Hamat 44. 103
Hapiru 23. 35. 162
Haremheb 37
Hathor 68. 139
Hatschepsut 81
Hauron 33
Hazor 17. 26. 30
H̱3mwdj 20
H̱3rw 47 f.
Hebräer 23. 36
Heiratspolitik 76
Heliopolis 67. 106 f. 121
Hephaistos 57
Herausführung 1. 124 f.
Hermupolis 108
Hethiter 51–53. 56
Hiskija 95. 97–100. 119. 128
H̱j3n 20
H̱mt 40 f. 44
Hobab 142
Hofra 103
Hoheslied 111 f.
ḫōrī 48
Horus 21
Horus *šdj* 109
Horusweg 48. 135
Hosea 93. 123
ḫpr 153
ḫrj smsw 82
Ḥrkr 29
ḫtm 139
Hurriter 22. 48
Ḥw-Sbk 15
Hyksos 19–23. 55. 63
Hymnus 127 f.

Idrimi 25
Irqata 52
Irsu 64
Isaak 113. 115
Israelstele 58–63

Jaʿaqob 116
Jachin 83

Jahwekrieg 131
Jahwist 99. 128
Jakob 113. 116 f.
Jamhad 17. 19. 26
Jannas 20
Januammu 29. 40. 44
Jarmuk 45
J33 18
j3sy 19
Jʿḥ-msjw-s3-Jb3b3 23. 25
Jʿḥ-msjw-P3-n-Nḫbt 23. 25
Jʿqb 116
Jʿqb-Hr 20. 116
Jd3 10
Jedidja 80
Jemma 27. 31
Jenoam/Januam 58–61
Jeremia 73. 104
Jericho 13 f.
Jerobeam 88. 91. 123
Jerusalem 17. 34–36. 54. 81. 83. 92. 102. 104. 164
Jesaja 95–98. 104
Jesreel 59
Jezebel 93
Jhw(3w) 54. 69. 106. 148. 157 f.
JHWH 1. 54. 84. 96–98. 101. 105. 107. 109. 114 f. 123–125. 127–129. 131. 142 f. 148–154
Jḥm 27
Jitro 142
Jmn-m-ḥb 30
Jnʿm 29. 41. 44 f.
Jntj 11
Jnzz 20
Joahas 102
Jojachin 105
Jojakim 102. 105
Jonatan 72
Joppe 30. 55. 99
Joschija 82. 100. 102
Josef 1. 117. 119. 121
Josefserzählung 117–124
jrs 19
Jrwmt 42

jsq 123
jsy 19
Juda 92. 101. 104. 106. 112
Judäa 105
Jurza 24. 27
jw3j 19
Jwfsnb 16
Jwn.tjw 7. 9f.

Kadesch 143
Kafer Garra 14
Kaftor 73
Kaftoriter 113
Kamose 22
Kamutef 97
Kanaan 47f. 58. 113
Kanais 45
Karkemisch 103f.
Karmel 11. 27. 34
Karnak 24. 26f. 45f. 158
Kasluhiter 73. 113f.
K3-ʿpr 10
K3-m-ḥst 11
Keramik 74
Keruben 83
Ketef Hinnom 108
Khirbet Kufin 13f.
Kinahhi 57
Kinneret 30. 43–45. 91
km.-t 113
Kolchiter 114
Kom el-Heitan 34
Königin von Saba 81
Königsgemahlin 87
Königsnovelle 85f.
Konjahu ben Elnatan 103
Korrespondenz 57
Kreta 73
Ksj 18
Kumidi 28
Kuntillet ʿAgrud 93
Kupfer 19. 50. 68. 97
Kusch 99. 113
Kuschiten 92

Lab'aju 35
Laban 131
Ladegeschichte 72
Läufer 89
Laschisch 14. 70. 103
Lebenslehren 86
Lehabiter 113f.
Levi 142. 145
Leviathan 36
Libanon 11. 46
Libyer 58. 67. 79. 114
Liebesdichtung 111
Lilimmar 24
Luditer 113f.
Luxor 53. 95. 97

Maat 26. 85
Manasse 119
Manetho 20
Mazkīr 81
mḏ3jw 114
Medinet Habu 69f. 73
Meerwunder 132f.
Megiddo 13f. 16f. 27. 29f. 91. 102
Memphis 106f.
Memphitische Theologie 101
Merenptah 54. 58–63
Mesopotamien 3. 25
Michmas 72
Midian 142. 146f. 150
Migdol 106f. 140
Migration 50
Milkili 35
Millo 78
Mirjamlied 127f.
Miṣraim 113
Miṣrayim 113
Mitanni 25f.
mlk rb 76
Mnṯw 10. 23
Mnws 18
Moab 53. 55
Mose 2. 69. 142–151
mr pr-nswt 82
mśj 143

Mukis 26
Muṣri 79
my nptwḥ 62

Naftuhiter 113f.
Nahariyeh 13f.
Nahr el-Kelb 52f.
Namenlisten 26. 90f.
Narmer 6
Ndj3 11
Nebo 143
Nebukadnezzar 103. 106
Nebusaradan 105
Neby Rubin 13
Necho II. 102f.
Negeb 27
Nehuschtan 97f.
Neith 122
Nesumont 15
Nfrtj 136
Ngb 27. 30
Ngs 29
Niederschlagen der Feinde 26. 75. 115. 130. 146f.
Nil 3
Nilpferd 15
Niuserre 10
No 107
Noach 110. 113
Nof 106f.
Nuzi 25

Oberägypten 106
Ofir 80
Omega 15
On 107
Orontes 102f. 158
Osorkon I. 92
Osorkon IV. 94

Paesaḥ 115. 149
Palast 83
Palästinaliste 27–29. 34
Palermostein 7
Palmetten 83

Pap. Anastasi I 30
Pap. Harris I 63. 67. 144
Pap. Westcar 149
Paradies 3. 86
Paran 87
Paschchur 104
Patros 106f.
Patrositer 113f.
p3 twfj 134
Pella 44
Pelusium 106f.
Perser 103
Perserzeit 105f.
Persönliche Frömmigkeit 154
Pharao 57. 87
Philister 69f. 72. 113. 115
Phönizien 37. 93
Phr 40. 44
Pi-Hahirot 139f.
Pi-Ramesse 56. 66
Pichol 115
Pinchas 106
Pischon 3
Pitom 136f.
Plagen 133. 142f. 149
Potifar 121f.
Potifera 121
Ppj-nḫt 11
Priester 81
Priesterschrift 109. 132
Prinzennovelle 33. 85f.
Privilegrecht 101
Pro-*JHWH*-Bewegung 84
Pronaos 83
Prophetie 111
Psalmen 36
Psammetich I. 100–102
Psammetich II. 103
Ptah 15. 56f. 101
Ptahmose 143
Punon 51. 68. 158
Punt 80
Put 113
pwrst 73
Pylos 73

Qa'a 7. 9
Qadesch 26. 29. 52. 158
Qantir 55. 66
Qatanum 26
Qdm 18. 24
qnjtj 75
qnbtj 87
qsnt 136
Que 79
Quellenscheidung 118

Rʿ msj-św 143
Rabschake 99
Ramessidenzeit 119. 143. 153
Ramses 136f. 144
Ramses II. 34. 51–58. 63. 90. 157
Ramses III. 63. 67. 90
Ramses IV. 63. 70
Ramses VI. 70
Ramsesstadt 56. 77
Raphia 6
raqiʿa 110
Ras el ʿAin 13
r3-ḥ3wt 140
Rʿ-msj-św-m-pr-Rʿ 69. 144
Re 66
Re-Harachte 56
Reguel 142. 147
Rehabeam 88. 90. 92
Rehob 17
Reichstriade 57
Reschef 32f.
Resedieh 45
Retribalisierung 43
rḫ nswt 82
Rḫb 40
rhm 116
Ribla 102
rrbni 24
Rtnw 18. 25. 31
Rwhm 42

šʾōl 108
S3rk 20
Š3św 11f. 25. 31. 34. 41. 45–51. 54

Safed 13
Sahure 10
Sais 94. 100
Saiten 100
Saitische Renaissance 101
Sakkara 11. 37
Salitis 20
Salmanassar V. 93
Salomo 1. 33. 58. 75–86. 112. 123. 146
Samaria 92
Samgar 72
Sanherib 99f.
Ṣapnat Paʿneaḥ 121
Saraf, Serafim 97f.
Saraj 114
Saṭan 86
Saul 72
Säulen 83
Schabaka 95
Schabaka-Stein 101. 110
Schabataka 99
Schabtuna 52f.
Schafan 105
Scharon 30f.
Scharuhen 13. 22–24. 77
Schasu 55. 59–61. 63. 67f. 144. 147f. 157f. 160f.
Schebitku 99
Schefela 38
Scheol 108
Schiffbrüchiger 80
Schihor 134f.
Schilfmeer 134f.
Schilo 72
Schischak 77f. 88f. 91
Schlange 86. 97. 99. 106
Schlangenkult 98
Schöpfungstext 57
Schoschenk I. 77f. 90
Schreiber 81
Seevölker 69f. 72–74
Seir 35. 54. 60. 67f. 148
Serabit el-Ḥadem 15
Sesostris II. 15
Sesostris III. 16

Seth 21. 65 f.
Sethnacht 63–67
Sethos I. 40. 42. 44–47. 51. 65. 158
Siamun 77
Sichem 15–17. 35. 55. 60
Sidon 52
Simson 72
Simyra 52
Sin 107
Sin el-Fil 14
Sinai 10. 33. 47. 62. 87
Sinuhe 75
Sippar 19
Sippe 159
Siptah 64
šj-j3rw 108
Skarabäen 14 f. 21. 36. 98
šmsj 122
Sngr 45
So' 93–95
Soko 31
Soleb 19. 34. 46. 54. 157
Sonnengottheit 84
šrm 5. 54
st̠.t 9
Stadtstaatensystem 39
Starker von Retenu 74
Stationshypothese 28
Sukkot 137 f.
Sumur 28
Sündenfall 86
Sūwēs 47
Syene 107. 140
Syrer 67
Syrien 46. 58. 103. 158

Taanach 30
Tachpanhes 105–107
Tachpenes 87
Taharka 97. 99 f.
Tanis 58. 77. 107
Tarschisch 80
Tausret 65 f.
T3rw 47 f.
Tefnachte 93 f.

Tel Aviv 13
Tel ʿErani 6 f.
Tel Haror 70
Tel Seraʿ 70
Tell el-ʿAğul 13. 36
Tell el-Dabʿa 14. 20. 77
Tell el-Far'ah 13. 70
Tell el-Mashuta 136 f.
Tell el-Shihab 45
Tell er-Retabeh 137
Tell Obeidieh 45
Tempel 83
Tempelweihespruch 84
Theben 52. 100. 107
Thinitenzeit 5
t̠hr 43
Thronen 163
Tiglat-Pileser III. 93
Tigris 3
Timna 50. 68. 73. 158
Tirhaka 99
tjrw 42 f.
T̠kw 138
tmp3w 19
Tochter Levis 146
Tochter Pharaos 76. 78. 115. 146
Tohu wabohu 110
Toledot 113
Tora 150 f.
Tp3 10
Travestie 112
Tunip 19. 24. 52
Tutanchamun 37
Tuthhotep 16
Tuthmose 143
Tuthmosis I. 25
Tuthmosis II. 25
Tuthmosis III. 26 f. 30
Tuthmosis IV. 33
Tyros 24. 52

ʾ*ullām* 83
Ullaza 52
Unas 11
Upe 52. 57

Ur-Ei 110
Ura 19
Uräensymbol 98
Urkundenhypothese 119

Vertreibung 161
Verwaltungseinheiten 82
Völkertafel 73

Wadi Maghara 15
Wenamun 71
wn.t 10
Wnj 10
wrm 83

yam-sūp 135

Zebaot 163
Zeker-Baal 81
Zeltheiligtum 111
Zerach 92
Ziklag 73
Zillu 27. 47f.
Zion 111
Zippora 142. 147
Zweiggöttin 15
Zypern 19